LA MAISON
DU BUAT

COMTES DU BUAT

SEIGNEURS DE LA SUBRARDIÉRE, BRASSÉ
LA MOTTE DE BALLOTS
BARILLÉ, CHANTELOU, GASTINES, SAINT-POIX, CHANTEIL
BESNÉART, LA BODINIÈRE, CRAMAILLÉ
MINGÉ, GRUGÉ, DU TEILLAY ET DE SAINT-GAULT, ETC.

AU MAINE ET EN ANJOU

MAMERS

G. FLEURY ET A. DANGIN, IMPRIMEURS-ÉDITEURS

15, PLACE DES GROUAS, 15

M D CCC LXXX VI

LA MAISON DU BUAT

AU MAINE ET EN ANJOU

G. Bouet, del.

ARMES DU BUAT DE LA SUBRARDIÈRE ET D'ANTHENAISE

LA MAISON

DU BUAT

COMTES DU BUAT

SEIGNEURS DE LA SUBRARDIÈRE, BRASSÉ
LA MOTTE DE BALLOTS
BARILLÉ, CHANTELOU, GASTINES, SAINT-POIX, CHANTEIL
BESNÉART, LA BODINIÈRE, CRAMAILLÉ
MINGÉ, GRUGÉ, DU TEILLAY ET DE SAINT-GAULT, ETC.

AU MAINE ET EN ANJOU

MAMERS

G. FLEURY ET A. DANGIN, IMPRIMEURS-ÉDITEURS

15, PLACE DES GROUAS, 15

M D CCC LXXX VI

PRÉFACE

L A critique a, de nos jours, des sévérités inconnues de l'ancienne école. Elle demande dans les études généalogiques, plus que dans les autres genres de l'histoire, la faculté d'un contrôle sérieux et la preuve irrécusable de toute assertion.

Nous ne croyons pas avoir failli à ce devoir d'un écrivain soucieux de répondre aux exigences du lecteur érudit; les notes multipliées, répandues dans ce volume, témoignent de notre constante préoccupation de ne rien affirmer sans une base solide.

Il ne sera pas inutile cependant d'indiquer d'avance, en quelques mots, les sources diverses auxquelles nous avons puisé les éléments de cette étude, exclusivement consacrée à *l'histoire généalogique des branches de la Maison du Buat fixées en Anjou et au Maine depuis le XIVᵉ siècle, et connues sous le nom de du Buat de Barillé (1), du Buat de Brassé (2) et de la Subrardière (3) et du Buat du Teillay (4). De ces trois branches sorties au XIVᵉ siècle d'un rameau unique, fixé aux environs de Dol, une seule subsiste aujourd'hui, celle du Buat de Brassé et de la Subrardière. Elle est représentée par M. le comte du Buat, son chef actuel, qui a conservé précieusement les titres de sa maison.*

Ces titres, qui se composent d'environ cinq cents pièces, sont formés de lettres et maintenues de noblesse, de contrats de mariage, testaments, acquêts et conventions diverses, parmi lesquels il faut compter les papiers et preuves de noblesse de la branche éteinte du Buat du Teillay, et ceux de l'ancienne maison du Mortier, qui s'est fondue dans celle du Buat de la Subrardière. Quant aux titres féodaux, ils sont en petit nombre, et ne paraissent pas avoir survécu à la Révolution. L'examen de tous ces documents permet de dessiner les grandes lignes de l'histoire de la famille, de pénétrer au vif dans sa vie intime et de s'asseoir en quelque sorte à son foyer.

L'état civil des communes de Méral, de Ballots et de Saint-Poix qui remontent à 1540, 1582 et 1590, nous a

---

(1) Ancien manoir aujourd'hui transformé en ferme, commune de Ballots, arrondissement de Château-Gontier.

(2) Ancien fief, commune de Beaulieu, arrondissement de Laval.

(3) Château, commune de Méral, arrondissement de Château-Gontier.

(4) Ancien manoir, aujourd'hui ferme, commune de Saint-Gault, arrondissement de Château-Gontier.

mis à même de compléter et de vérifier les documents du
chartrier de la Subrardière. Les archives de Laval (1),
les registres des Remembrances du château de Chanteil,
obligeamment communiqués, nous ont présenté les renseignements que nous pouvions emprunter aux documents
féodaux de l'époque ancienne. Nous avons demandé aux
archives de Maine-et-Loire (2) et à la bibliothèque de la
ville d'Angers (3), la plus grande partie de nos preuves
sur les alliances de la maison du Buat. Elles nous ont
été fournies par le fonds du feudiste Audouys, provenant
presque en totalité du cabinet Grille, considérablement
augmenté par les acquisitions de M. Célestin Port, l'archi-
viste érudit dont la puissance de travail a produit tant de
précieux ouvrages relatifs à l'histoire de l'Anjou.

Outre ces diverses sources, nous n'avons pas feuilleté
sans fruit quelques manuscrits de la bibliothèque de la
ville de Rennes (4), et les archives du château de Bréon qui
nous ont été ouvertes avec la plus parfaite courtoisie.

La Bibliothèque Nationale offre une série de documents
bien connus des généalogistes, parmi lesquels nous avons
consulté surtout les cartons de d'Hozier, de Chérin, et les
recueils de D. Villevieille.

Tel est l'ensemble des principaux recueils manuscrits
qui ont servi de base à ce travail. Nous en avons extrait des

(1) Série E.
(2) Série E, presque entière.
(3) Mss. nᵒˢ 994, 1004, 1005.
(4) *Nobiliaire et armorial de Bretagne*, ms. 2 vol. in-folio.

pièces justificatives inédites, qui jettent une lumière nouvelle sur l'histoire trop peu connue du Craonnais, et forment la seconde partie de ce volume.

Nous sommes heureux d'adresser ici l'expression de nos remerciements tout particuliers à M. le vicomte S. Menjot d'Elbenne, secrétaire d'ambassade, et à M. Planté, notaire à Ballots, membre de la Commission archéologique du département de la Mayenne, qui tous deux nous ont prêté une utile collaboration ; celui-là en nous faisant profiter de ses fructueuses recherches à la Bibliothèque nationale, et celui-ci en mettant à notre service ses connaissances sur la topographie et l'histoire du pays qu'il habite.

R. CHARLES.

Le Mans, 26 décembre 1885.

PREMIÈRE PARTIE

NOTICE HISTORIQUE ET GÉNÉALOGIQUE

LA MAISON

DU BUAT

AU MAINE ET EN ANJOU

CHAPITRE PREMIER

ORIGINE ET DIVERSES BRANCHES
DE LA MAISON DU BUAT

A maison du Buat paraît avoir eu pour berceau la terre du même nom, située dans la partie méridionale de la Normandie, et comprise aujourd'hui dans la petite commune de Lignerolles (1). Les plus anciens membres connus, Payen du Buat et Hugues, son fils, Gervais et Hugues, son fils, vivaient

(1) Canton de Tourouvre, arrondissement de Mortagne (Orne):

au milieu du XIIᵉ siècle. Ils sont cités pour la première fois dans une charte rétrospective datée de 1189, en qualité de bienfaiteurs de l'abbaye cistercienne de la Trappe, près Mortagne au Perche, récemment fondée par la maison de Rotrou (1).

Peu après avoir accompli ces pieuses libéralités, ils prenaient part à la troisième croisade, que dirigeait le roi de France, Philippe-Auguste, leur suzerain. Nous les retrouvons en effet en 1191, dans la ville d'Acre qui venait de tomber aux mains des Francs après un siège mémorable, et contractant ainsi que Guillaume de Montléard, leur compagnon d'armes, un emprunt de 200 marcs d'argent à des marchands génois, sous la caution de Guillaume de Prunelé, mandataire de Renaud, évêque de Chartres (2).

(1) L. Du Bois. *Histoire de l'abbaye de la Trappe*, p. 294. Charte de Rotrou du Perche, confirmant des donations antérieures faites en faveur de l'abbaye de la Trappe, par Rotrou, son père, par divers seigneurs, et entre autres..... « Ex dono Pagani de Buat et Hugonis, filii ejus, partem gastine juxta grangiam abbatie, et nemus sicut mete discernunt, et pasnagium in boscho de Buat. Ex dono Gervasii de Buat et Hugonis, filii ejus, et filiarum ejusdem Gervasii, terram de Sollat, sicut mete discernunt..... Ex dono Garini Burnel et Girardi filii ejus quemdam campum terre apud Buat, et tertiam partem decime que eis contingebat de feodo suo.... Ex dono Roberti de Haia unum campum apud Buat. Ex dono Girardi Hobe quemdam campum terre apud Buat.... Has omnes prefatas donationes fecerunt prefati homines liberas et quietas ab omni genere redditus et servitii, et eas in perpetuam elemosinam ecclesie Sancte Marie de Trapa contulerunt.... Actum est hoc publice apud Mauve, anno ab Incarnatione Domini MCLXXXIX. Datum per manum Ade de Losel ».

(2) Delley de Blanc-Mesnil. — *Les salles des croisades au Musée de*

Les descendants de Payen et de Jean ne se départirent point de la générosité de leurs ancêtres. Ils résidèrent dans la terre seigneuriale du Buat qui demeura leur patrimoine pendant environ quatre cents ans, jusqu'à son aliénation (1) en 1565. De nouvelles générations ne tardèrent pas à peupler un certain nombre de manoirs voisins, et à se répandre au dehors de la province. Une branche donne son nom à la petite paroisse de Saint-Jean-du-Buat, au diocèse d'Avranches, près de Mortain ; une autre appelée des Buats ou des Buards s'établit au château de Méhoudin en Ecouché (2). De là elle rayonne bientôt en diverses parties de la province. Elle fournit un conseiller clerc au parlement de Rouen, dans la personne de René des Buats (1533-1555) ; Philippe des Buats, receveur général du roi dans la même ville (1561-1566) ; Nicolas des Buats, seigneur de Bezion, capitaine du château de Toucques, chevalier de l'ordre de Saint-Michel (1565-1587).

Versailles. Paris, 1866, in-8°, pp. 428, 475. — Bougler, *Revue de l'Anjou*, 1853, t. II, p. 57.

(1) Vente par Jean, François et Jacques du Buat, passée devant Hatel, notaire à Mortagne, 6 avril 1565. Lecourt ; *Généalogie des branches Percheronnes et Normandes de la maison du Buat*, p. 13.

(2) Elle était représentée à la fin du XV° siècle par Jean des Buats, père de six enfants: Antoine, prêtre, curé de Grisi et de Chesnedouys, 1496-1499, Jean, écuyer, 1496-1499 ; Léonard, écuyer, seigneur de Bezion, v^te de la Carneille et garde du scel de la vicomté en 1499 ; Jacques, écuyer, 1496 ; Antoinette, mariée à N. de la Lande, écuyer, seigneur d'Ouilly et de Grousset, par contrat en date du 26 février 1496, devant Guillaume et Richart dits le Bouvier, tabellions d'Argentan. Cfr. Bibl. Nat., Carrés d'Hozier.

Au XVIe siècle apparaissent les du Buat, seigneurs de Garnetot et les du Buat de Saint-Denis aux XVIIe et XVIIIe siècles. Cette dernière branche a produit le comte Louis-Gabriel du Buat de Nançay (1), chevalier de Malte, diplomate, ministre de France à Vienne et à Ratisbonne, auteur de travaux historiques (2) qui l'ont fait comparer par Villemain, à Bréquigny (3) ; Pierre-Louis-Gabriel du Buat frère du précédent, connu par d'ingénieuses recherches sur l'hydraulique (4), et dont le fils André-Augustin du Buat devait trouver la mort au désastre de Quiberon (5).

En même temps que la maison du Buat forme diverses souches en Normandie, elle pénètre aussi dans les marches de Bretagne, se répand dès le XIVe siècle et le XVe aux environs de Dol ainsi que dans l'Anjou.

(1) Né au manoir de Buttenval le 2 mars 1732, mort le 18 octobre 1787. Il était fils de Louis-Jean du Buat, écuyer, seigneur de Saint-Louis et de Marie Chauvel de Buttenval. Cfr. *Notice sur Louis-Gabriel*, comte du Buat, par M. de Saint-Venant, Lille, 1866. in-8°.

(2) Citons parmi ses écrits : *Histoire ancienne des principaux peuples de l'Europe*, Paris, 1772, 12 vol ; *Les origines de la France, l'Allemagne, l'Italie*, Paris, 1789, 3 vol ; *Les éléments de la politique*, Londres, 1773 ; *Les maximes du gouvernement monarchique*, Londres, 1778, 4 vol. in-8°. Cfr. *Biographie universelle*, Paris, Furne, 1833, in-8°, p. 389.

(3) Villemain, *Choix d'études sur la littérature contemporaine*, 1858, Paris, in-12, p. 351.

(4) Né le 23 avril 1734 à Buttenval, mort à Condé (Nord), le 17 octobre 1809. Henry Le Court, *Généalogie des branches Normandes et Percheronnes de la maison du Buat*, Lisieux, 1885, in-4° p. 49.

(5) Il est appelé François par M. de la Gournerie, *Les débris de Quiberon*, 1875, in-8°, pp. 46, 47 et 114.

La communauté d'origine entre ces diverses branches est attestée par les généalogistes anciens et modernes, ainsi que par les traditions de la famille. Deshayes Doudast, dans son *Nobiliaire de la Bretagne* (1), affirme d'une façon péremptoire « que la maison du Buat, bien qu'originaire de Normandie, a acquis par un séjour de plus de deux cent cinquante ans en Bretagne, le droit de figurer dans son Armorial. » Au nord de la Bretagne, elle possède les seigneuries de la Fosse-aux-Loups dans la paroisse de Tréverien, de la Guierche et du Buat (2) dans la paroisse de la Boussac (3), près de Dol. On la trouve aussi dans la partie méridionale de la même province où Jean du Buat possède diverses rentes dans la paroisse d'Avessac (4), sous la mouvance de la châtellenie de Blain (23 novembre 1468); plus tard, le 20 septembre 1489, Gilles de Tiercent, chevalier, en qualité de garde noble de Jean du Buat, héritier

(1) Texte cité par Audouys, dans la *Généalogie de la maison du Buat de Brassé et de la Subrardière*. — La Chesnaye des Bois, *Nobiliaire universel*, t. II, col. 449. Le *Nobiliaire*, manuscrit de Deshayes-Doudast est conservé dans quelques bibliothèques de Bretagne. Cfr. P. de Courcy, *Nobiliaire et armorial de Bretagne*, t. III. Sources de l'ouvrage.

(2) Bibliothèque de Rennes; *Anciennes réformations de Bretagne*, ms. — Réformation de 1445, paroisse de Tréverien : L'hôtel de la Fosse-aux-Loups, au sieur du Buat. — Réf. de 1513 : Noble Jean du Buat a le lieu de la Fousse-aux-Loups. — H. de la Salle, *Anciennes réformations de l'évêché de Saint-Malo*. Paris, 1864, in-8°, pp. 125, 128.

(3) La Boussac, canton de Pleine-Fougères, arrond. de Saint-Malo (Ille-et-Vilaine).

(4) Avessac, c. de Saint-Nicolas-de-Redon ; arr. de Saint-Nazaire, (Loire-Inférieure).

principal de feu Jean du Buat, seigneur de Lauriscas, rend aveu à M⁹ʳ de Rieux, châtelain de Peillac (1), des terres et seigneuries échues à son pupille, assises en la paroisse voisine de Saint-Martin (2). Les alliances de la branche des environs de Dol, avec les du Vergier, L'Évêque, Landal, Romilly, Bouan, La Bouessière, témoignent de la haute considération dont elle jouissait.

Normands, Bretons, Angevins, les du Buat suivent la carrière militaire, comme les montres et les revues du temps le prouvent (3). En 1355, Jean du Buat, écuyer, à la tête d'une compagnie de six archers, servant en Normandie et en Bretagne, sous les ordres de Jean de Hangest, lieutenant du roi, passe la revue de ses hommes, et donne quittance de leurs gages le 11 avril de la même année (4). Le 18 septembre 1410, Robert du Buat, l'aîné, écuyer, commande sous les murs de Paris une compagnie de dix-huit écuyers et de cinq archers, parmi lesquels nous nous plaisons à citer les noms de Robert du Buat le jeune, Gervaise et Robin de la Barre, Robin et Jean de Torsay, Guillaume de Houssemaine, Raoulet du Temple, Jean d'Auteville, etc. De Paris, Robert du Buat se dirige sur Chartres pour concourir à la défense de la ville, sous

(1) Peillac, ancien fief dans la commune de ce nom, c. Allaire, arr. de Vannes (Morbihan).

(2) Saint-Martin-d'Oust, anc. paroisse supprimée, voisine de Peillac.

(3) Cabinet des Titres. — *Trésor généalogique* de D. Villevieille, n° 119 bis, vol. 2.

(4) Bibliothèque nationale. Pièces originales, n° 12,300.

la direction de Charles de Vendôme, vicomte de Chartres, 23 septembre 1410 (1).

De 1452 à 1457, Jean du Buat fait partie des hommes d'armes du duc de Bretagne. Les comptes de Raoul de Launay, trésorier de Bretagne mentionnent « Jean du Buat (2), écuyer » qui reçoit vingt livres pour sa paie du 18 décembre 1452 au 30 novembre 1453. La même année aux mois de juin et de juillet (3), lorsque le duc de Bretagne se rend en Guyenne, Jean du Buat est compris dans la suite du prince ; il est une des cinq lances du sire de la Marzelière, avec Olivier Giffard, Aufroy de Coaisquen, Louis de Neufville et Jean de Sévigné.

Un autre membre de la même famille, Jean du Buat, écuyer, seigneur du Buat et de la Guierche et de Saint-Mahé, fut présenté en 1479 au duc de Bretagne, qui le retint au nombre des gentilshommes de sa maison (4). Il fit partie des montres convoquées le 1ᵉʳ mai 1480. Les services militaires des membres de la maison du Buat établie en

(1) Bibliothèque nationale. Pièces originales, n° 12,297. *Quittance de gages*, par Rob. du Buat. Parchemin. Cfr. Pièces justificatives, n° LIII.

(2) D. Lobineau. *Histoire de Bretagne*, Preuves, t. II, col. 1628, 1646, 1689, 1728.

(3) D. Lobineau. *Id.*, t. II, col. 1628.

(4) Ce Jean du Buat, qualifié écuyer en 1479, était fils de Jean, chevalier, seigneur du Buat et de la Fosse aux Loups, mort peu avant 1479. Son aïeul, N. du Buat, était mort jeune, laissant ses enfants mineurs sous la tutelle de Mahé l'Evêque, leur oncle maternel ; Jean du Buat, son bisaïeul, avait épousé Marquise l'Evêque, fille de Guillaume l'Evêque, seigneur du Molant. — Archives de la famille du Boberil. Cfr. Pièces justificatives n° LV.

Anjou, où elle forme les branches de Barillé et de la Subrardière, ne le cèdent pas à ceux de leurs ancêtres.

Des lettres royales de Charles VI en 1399, de Charles VII en 1440, constatent que cette maison, sortie des environs de Dol, n'avait pas cessé depuis un temps immémorial, de porter les armes pour le service du roi contre les Anglais, à l'exemple de Jean du Buat, mort sur le champ de bataille d'Azincourt. Mais bientôt la famille du Buat doit quitter sa demeure féodale, « assise au pays Dolais », à proximité de la route d'Avranches, situation périlleuse à cette époque, où le long siège du Mont-Saint-Michel, transforme la contrée en un champ clos dans lequel Français, Anglais, Bretons, routiers de toute nation se combattent sans trêve ni merci, et ne vivent trop souvent que de pillages et de rapines. Dévoués à la cause nationale, Jean du Buat, père et fils, prennent part à ce grand duel entre la France et l'Angleterre, et suivent les fidèles de Charles VII « montés, armés et équipés à leurs dépens ». Puis quand le flot sans cesse grondant de l'invasion envahit leur pays, ils abandonnent les ruines fumantes de leur manoir et se retirent dans la ville d'Angers, l'un des plus fermes boulevards de la cause française. Sans autre bien que leur épée, mais riches d'honneur et de réputation, ils acquièrent par de brillantes alliances avec les Saint-Aignan, les Lamboul, les Barillé, les Touchard, une nouvelle fortune foncière qui compensera les pertes subies pour la défense de la patrie.

Pendant les troubles politiques et religieux du XVIᵉ

siècle, leurs descendants prennent de nouveau les armes. La branche aînée d'Anjou disparaît à cette funeste époque. Claude du Buat de Barillé, son dernier représentant, orphelin de bonne heure, s'enfuit à la dérobée du manoir de famille, sur un cheval emprunté à un tenancier voisin ; la fougue et l'inexpérience de l'adolescence le jettent au milieu de la lutte des partis. Son imprudence lui coûta la vie (1572).

Mais une autre branche va remplacer celle qui s'éteint. De François du Buat du Teillay naît Anselme du Buat, seigneur du Teillay, ligueur intrépide. A côté de ses cousins Louis de Champagné de la Motte Ferchault, et des l'Enfant de la Patrière, il suit la bannière d'Urbain de Laval, maréchal de Bois-Dauphin, l'un des plus zélés partisans de l'Union dans l'Ouest, et prend part au siège de Vitré, où il tombe aux mains d'une bande anglaise (1591). Pendant les guerres de Louis XIV, la maison du Buat paie encore l'impôt du sang ; Charles du Buat du Teillay tombe en 1675 sur un champ de bataille d'Alsace, dans cette même campagne contre les Impériaux, où Turenne devait perdre la vie; François du Buat, neveu du précédent, meurt au cours des guerres de Louis XV.

La Révolution trouva la maison du Buat sur la brèche. Louis-Joseph du Buat de la Subrardière défend à Angers, en 1789, les principes de l'ordre social. Son fils Louis-Jean-Marie, chevalier de Malte, après la conquête de l'île par Napoléon, qui dissout l'Ordre, s'embarque avec l'armée française pour l'Egypte, et parcourt en qualité d'aide-de-camp du général Regnier de nouveaux champs de bataille et de victoire, comme autrefois ses ancêtres sous la conduite de Philippe-Auguste. Puis, la campagne finie, il brise son épée, et partage le sort de son frère aîné Louis-Charles du Buat, émigré en Allemagne.

Ainsi, depuis Saint-Jean-d'Acre et Azincourt, jusqu'à la journée des Pyramides et à la plaine de Quiberon, la famille du Buat, a largement payé son tribut à la patrie, quand elle n'a pas teint de son sang les champs de bataille.

Si les services militaires rehaussent l'éclat d'une maison, de brillantes alliances ajoutent un lustre envié. Nous ne reviendrons pas sur celles que nous avons signalées ; aux noms déjà cités de Saint-Aignan, Romillé, du Vergier, Bouan, nous ajouterons seulement ceux de Charnacé ancien, de Tessé, la Rochère, la Morellière, Bois-Joulain, Baraton, l'Enfant, Champagné, Birague, la Corbière, Bouillé, d'Andigné, de Valleaux, d'Anthenaise.

Les productions de titres nobiliaires ont été faites plusieurs fois depuis 1395 ; nous n'insisterons pas sur les maintenues de 1440, 1465, 1556, 1627, 1668.

Nous n'avons jusqu'ici examiné que le côté le plus brillant de la famille dans ses rapports avec le monde extérieur. L'historien véritable, l'économiste et le philosophe, demandent à pénétrer plus avant, à scruter de plus près les secrets du foyer domestique. Il nous sera donc permis de dégager les principes généraux qui nous paraissent ressortir de l'étude minutieuse de cette longue suite de générations.

Dans les anciennes familles nobles jusqu'à la Révolution, les unions sont fécondes. Beaucoup d'enfants meurent, il est vrai, en bas âge ; les camps, la guerre, emportent l'homme fait et quelquefois l'adolescent. Cependant, il n'est point rare de voir cinq ou six têtes appelées à partager l'héritage paternel. Jean du Buat de Brassé laissa de sa femme Jeanne de Charnacé, six enfants majeurs, vivants de 1435 à 1500. Son arrière-petit-fils Guillaume du Buat de la Subrardière eut de Jeanne Mauviel six enfants qui parvinrent à leur majorité, et dont quatre firent souche. Nous ne connaissons pas ceux qu'ils purent perdre en bas âge. Comme exemple d'unions fécondes, citons celle de Charles du Buat de la Subrardière, marié en 1645 avec Elisabeth de la Corbière, qui a donné le jour à quinze enfants, dont dix environ atteignirent leur majorité. Leur fils, Madelon, fut père de douze enfants, issus d'un seul lit. Dans la branche du Buat du Teillay, on peut relever également les preuves de la fécondité des mariages.

L'existence du père de famille est généralement courte. Ainsi sur neuf générations depuis l'origine de la branche du Buat de la Subrardière, c'est-à-dire depuis 1400 jusqu'à Louis XV, le chef de la famille est disparu cinq fois jeune, et laissant des enfants au berceau ou mineurs. La mort prématurée de Charles du Buat, père de quinze enfants (1672), bientôt suivie de celle de sa femme Elisabeth de la Corbière, soumirent la famille à une

épreuve vraiment critique (1686). Pour comble de malheur,
trois des fils aînés moururent avant mariage, et quatre fois
en quelques années, il fallut payer les droits de transmis-
sion de biens, à une époque où la situation économique en
France était loin d'être prospère (1690).

On se demande avec inquiétude, comment la stabilité
d'une maison a pu se soutenir dans des conditions aussi
précaires. La réponse se trouve, croyons-nous, dans les heu-
reuses dispositions de nos anciennes coutumes d'Anjou et
du Maine, d'après lesquelles le partage noble dispose au
profit du fils aîné des deux tiers de la fortune patrimoniale,
ne laissant aux puinés que le dernier tiers à diviser entre
eux. Evidemment, cette loi semblera dure pour les cadets,
qu'elle paraît en quelque sorte sacrifier au profit exclusif
d'un seul. Hâtons-nous de dire toutefois qu'un partage égal
entre huit ou dix têtes, d'une fortune même considérable,
entraînerait rapidement, au bout de quelques générations,
la ruine commune de tous les membres de la famille. La
division en parts égales eut amené l'une de ces deux consé-
quences fatales ; soit la diminution des naissances, soit
l'appauvrissement absolu de la famille.

Comme nous l'avons déjà vu, l'aîné de la famille
embrasse généralement la carrière militaire. La vocation
religieuse fut le partage d'un certain nombre de cadets.
Les branches du Buat de la Subrardière et du Teillay ont
fourni des ecclésiastiques aux paroisses de Méral et du
Bailleul, un prieur de Saint-Jean-de-Lohéac ; elles ont

produit des religieuses au couvent du Buron, près Château-
Gontier, et chez les Bénédictines de Laval, une prieure de
l'abbaye du Ronceray, une abbesse de la Trinité à Poitiers.

De prétendus philosophes se sont épris de pitié
pour « ces tendres victimes du célibat religieux, imposé
par l'égoïsme et la tyrannie de parents dénaturés » ; ils ont
fait de ce sujet un thème facile de sanglants reproches à
l'adresse de nos institutions chrétiennes. Sans nier des
abus regrettables, que nous sommes le premier à con-
damner, constatons que nous n'avons rencontré ici nulle
trace de pression exercée par les parents pour forcer la
vocation religieuse de leurs enfants. Tout le respect de la
famille pour la liberté de conscience, s'affirme dans les
dernières recommandations de Charles de la Corbière, père
de Elisabeth de la Corbière épouse de Charles du Buat
de la Subrardière.

« Ma fille, écrit-il dans son testament, en s'adressant à
» Marie-Elisabeth, la plus jeune de ses enfants, vous êtes une
» pauvre cadette, dénuée de père et de mère, et de peu de bien ;
» si vous suivez mes avis et conseil, vous embrasserez la vie re-
» ligieuse, comme plus assurée pour opérer votre salut. Mais
» au cas où Dieu ne vous feroit pas la grâce de vous donner
» cette vocation, je prie madame de Poulpry et dame de Juvi-
» gné, de prendre soin de votre conduite, et commande de luy
» obéir comme à votre propre mère, et ne rien faire que par
» ses advis et par ceux de vos frères de Juvigné et abbé de
» Valence, et de Monsieur et de Madame de la Subrardière,

» et Madame de l'Epinay vostre sœur (1) » (12 février 1665).

Seules, les sollicitudes de l'amour paternel peuvent avoir dicté ces lignes, qui s'harmonisent à la fois avec une piété éclairée et les imprescriptibles libertés de la conscience humaine.

Si nous pénétrons plus intimement encore au cœur du foyer domestique, nous nous étonnerons peut-être de la simplicité des mœurs qui y règnent. Les inventaires du XVIe siècle et du XVIIe prouvent que le luxe du mobilier était presque inconnu dans les châteaux du Maine et de l'Anjou jusqu'à Louis XIV. L'argenterie n'apparaît que comme pièces d'apparat, dont l'usage ne devait pas être journalier. Des meubles simples garnissent les grandes chambres tendues de tapisseries à personnages ou à verdures. En fait de luxe, il n'y a d'exception que pour les vêtements; chaque rang en effet, au moyen-âge et jusqu'à la révolution, porte un costume qui lui appartient en propre, et la mise d'une grande dame se distingue de celle de sa suivante, sans que nous le trouvions mauvais.

L'exploitation agricole du domaine seigneurial s'exerce au XVe siècle et au XVIe, par des corvées. Sous Louis XIII, la Subrardière est louée à bail à un fermier général qui se charge de la culture des terres moyennant une redevance annuelle. Le propriétaire n'abdique point la surveillance, et nous voyons Magdeleine de Birague, si grande dame qu'elle

---

(1) Archives dép. de Maine-et-Loire, série E, 2080.

soit, visiter ses terres sur une litière portée par des mules.

A cette époque, on peut dire que la féodalité est déjà morte, et depuis quelque temps les chaînes du pont-levis du château de la Subrardière dorment rouillées dans un coin du grenier, à côté des arquebuses à rouet et des hallebardes (1), souvenirs déjà lointains de la Ligue et des guerres de religion, dont les récits de Magdeleine de Birague pouvaient au soir bercer la veillée de sa nombreuse posté-rité.

Les rapports entre la maison du Buat et ses inférieurs sont empreints de bienveillance et de charité chrétienne (2). La famille prend part aux joies et à l'infortune du paysan. Une franche cordialité règne entre les diverses classes à Méral, à Ballots, à Saint-Poix, où le château exerce une in-fluence salutaire. Les preuves abondent dans les registres de l'état-civil de ces communes, dans lesquels les noms d'Elisa-beth de la Corbière, de madame de Birague et de leurs enfants, figurent à chaque page comme parrains et marraines de nombreuses générations, et se mêlent au récit des baptêmes de cloche, des fondations et des cérémonies pieuses.

Dans cette rapide esquisse, nous avons dû indiquer seulement les principaux traits qui nous paraissent se déga-

(1) Archives de la Subrardière. Inventaire après décès de Jean du Buat de la Subrardière, mari de Magdeleine de Birague.

(2) « J'ai eu beau lire, je n'ai point trouvé en eux (les seigneurs) les tyrans ruraux que nous dépeignent les déclamateurs de la Révolution ». Taine, l'*Ancien régime*. Paris, 1878, p. 42.

ger de ce travail. La suite de cette étude offrira au lecteur un développement et des preuves qui lui permettront, espérons-le, de s'associer aux conclusions dont nous venons d'exposer les grandes lignes (1).

(1) L'école d'économie sociale, qui s'inspire des idées de M. Le Play, a tiré un excellent parti des monographies de *familles-souches*. L'histoire de la maison du Buat fournit souvent un appoint sérieux aux théories de l'éminent économiste (Cfr. *La Réforme sociale en France*, chap. II et III, la propriété et la famille) et à celles de l'un de ses disciples les plus distingués, M. Ch. de Ribbe. (Cfr. *Les Familles et la Société en France avant la Révolution*, Tours, 1879, 4ᵉ édition. 2 vol. in-12.)

CHAPITRE II

ARMOIRIES DE LA MAISON DU BUAT

NOUS n'avons pas la prétention de résoudre toutes les délicates questions d'art héraldique, que soulèvent les armoiries de la maison du Buat et de ses différentes branches.

Constatons comme point de départ, qu'aujourd'hui, les armes de la branche du Buat de la Subrardière se blason-

nent ainsi : « *d'azur à trois quintefeuilles d'or, deux et une* ». Ecrivant peu avant la Révolution, Audouys ajoute dans son *Armorial d'Anjou* « *à trois quintefeuilles ou à trois roselles* » (1).

(1) Bibliothèque de la ville d'Angers, nº 994.

La quintefeuille ressemble assez à la rose pour qu'il soit facile de les confondre ensemble.

A l'époque la plus reculée, le blason des représentants de la famille, ne paraît pas nettement défini et varie beaucoup. D'après les analyses des pièces anciennes, jadis conservées au chartrier de la Trappe et scellées de leurs sceaux, aux XIII⁰ et XIV⁰ siècles, on vit sur l'écu, tantôt une fleur de lys, tantôt un oiseau buvant penché sur un vase allongé (1). En 1319, Jean du Buat (2), clerc, mari de Jeanne, apposa à un acte qui le concerne un sceau chargé d'un losange en cœur, accompagné de deux besants surmontés d'un lambel à quatre pendants. Sont-ce là des armoiries fixées et définitivement arrêtées ? il est permis d'en douter.

Un sceau de Geoffroy du Buat (3), attaché à un acte passé le 13 février 1372 (n. st.) est plus explicite. Il est

(1) Bibl. nat. Cabinet des Titres. Cartons Chérin, vol. 41, n⁰ 858.

Nous devons la communication de ces documents héraldiques à l'amitié de M. le vicomte S. Menjot d'Elbenne.

(2) Bibliothèque nationale, Cartons Chérin, vol. 41, n⁰ 858. « Es Plez de Mortagne tenus par nous, vicomte du Perche, le xIII⁰ jour de février l'an mil CCCLXXI, Gieffroy du Buat, procureur de Lucete de la Rosière, gaigea à fere et paier héritalement au procureur de l'abbé et couvent de la Trappe XIV s. de rente héritaux, au terme et selon le contenu ès lettres des dits abbé et couvent, par lesquels ce présent mémoire est annexé, et condamné ès despens qui sont à l'ordonnance de l'abbé. Donné comme dessus. Signé Jonguet. Copié sur l'original en parchemin, scellé sur simple queue d'un petit sceau en cire jaune représentant trois annelets ou trois roses ».

(3) Bibliothèque nationale, cartons Chérin, vol. 41.

ainsi décrit: sceau en cire jaune, représentant trois anne-lets ou trois roses. Ces trois annelets ou roses ressemblent singulièrement aux quintefeuilles.

Voici un autre sceau qui lèvera les doutes. La quittance déjà signalée de Robert du Buat, pour les gages de sa compagnie employée à la défense de Chartres en 1410, est scellée d'un sceau en cire rouge, dont l'écu est disposé en

tournois, c'est-à-dire incliné. Il est chargé d'une fasce, accompagnée de trois pièces honorables qui ne peuvent être que trois roses ou trois quintefeuilles. L'écu est surmonté d'un heaume, dont deux lions affrontés forment le cimier. Ces roses ont été prises à tort pour des molettes d'éperon, mais leur forme arrondie s'oppose à cette interprétation (1).

(1) Bibl. nat. Pièces originales, vol. 545. n° 12,297.
Un examen attentif permet de constater la forme ronde de ces petits meubles, qui ne peuvent être des molettes d'éperon. Au XVIIᵉ siècle, les branches normandes portaient de toutes autres armoiries; celles des du Buat de Garnetot se blasonnent : *d'azur à l'escarboucle de huit rais pommetés et fleurdelisés d'or.* Quelqu'un a prétendu que cette escarboucle était la transformation d'une molette, sans doute en raison d'un fait d'armes ignoré. Cette double affirmation, qui manque de preuves, ne nous satisfait qu'à demi. *Généalogie des branches nor-mandes de la maison du Buat,* par H. Lecourt.

Les armes suivantes offrent l'avantage d'être plus faciles à déchiffrer. Elles appartiennent à Jean du Buat et sont apposées à une quittance de paye de la compagnie qu'il commandait sur les marches de la Bretagne et de la Normandie, le 11 avril 1355, dans la ville de Pontorson. On y distingue trois fusées, accompagnées d'un léopard en chef, le tout chargé d'une bande (1).

Autour du blason, on lit « S : IOH : DV BVAT. » Scel de Jean du Buat.

Les fusées, que nous voyons ici apparaître, se retrouvent dans les armes qui ont certainement appartenu aux du Buat de Bretagne, et depuis aux du Buat de la Subrardière.

Les recueils héraldiques les indiquent même comme les plus anciens meubles des armoiries de la branche de la Subrar-

---

(1) Bibl. nat. Pièces originales, n° 12,300.

dière. Ces armes se blasonnent ainsi : *d'azur à trois quintefeuilles d'or, surmontées de trois ou cinq losanges de gueules en
chef* (1). La branche du Buat du Teillay a porté aussi ce blason
concurremment avec la forme actuelle qui commence à
prendre faveur. Ainsi Ch. du Buat de la Subrardière éli-
mine les losanges du chef, et se sert en 1624, d'un sceau

de cire, où les trois quintefeuilles sont très-visibles. Un
casque de chevalier, tourné à droite et orné de lambrequins,
domine l'écu (2). Ces armoiries nous paraissent avoir prévalu
depuis cette époque, comme les armoriaux du XVIIᵉ siècle
et du XVIIIᵉ l'expriment d'une façon précise.

Un autre cachet plus moderne (1782), aux armes conjuguées de Louis du Buat de la Subrardière et de Thérèse-
Charlotte du Bouëtiez, sa femme, est conçu dans les mêmes
données. Les trois quintefeuilles sont fort élégantes et se
rapprochent du type primitif. Une couronne de comte le
surmonte. Ces armes sont celles que porte actuellement la
maison du Buat de la Subrardière (3).

(1) Bibl. nat. Pièces originales, nº 12,297, et dossier bleu.
(2) Archives de la Subrardière. Titres de famille, t. II.
(3) Idem.

La pièce caractéristique du blason de la famille du Buat de la Subrardière, la quintefeuille, se retrouve dans les armoiries de la branche des Buats seigneurs du Noyer, de la Sarasinière (1), Monsel, sortie des seigneurs de Méhoudin et Bézion.

D'après diverses sources, elle porte en effet : *de sable, au croissant d'or, posé sur une hermine d'argent,*

au *chef d'or, chargé d'une quintefeuille accostée de deux hermines* (2).

On lui donne aussi : *de sable au croissant d'argent,*

(1) Bibliothèque Nationale, Pièces originales, Dossier des Buats. Voici la filiation des seigneurs de la Sarasinière et du Noyer. Léonard des Buats, écuyer, parait dans les assises d'Orbec, 1517-1519. Il eut pour fils Nicolas des Buats, écuyer, seigneur du Noyer et du Mesnil, chevalier de Saint-Michel, 1569-1581. Adrien, fils du précédent, seigneur des Loges, la Sarasinière, épousa Barbe de Rosnivinen, 1573. Il eut pour fils Guillaume, seigneur du Noyer, la Sarasinière, qui prit alliance en 1626 avec Anne-Catherine de Rupierre, dont il eut deux fils Jacques et Charles, seigneur de la Motte.

(2) Archives nationales, pièces originales, dossier des Buats. — Voir aussi Carrés d'Hozier, vol. 140. — Lecourt, *Généalogie des branches Normandes et Percheronnes du Buat.*

au chef denché d'argent, chargé d'une quintefeuille de sable (1).

Les armes de la branche du Buat, qui a possédé

le fief du Buat au comté de Mortain, sont entièrement différentes. Elles se blasonnent en effet : *à la bande denchée de gueules, accompagnée d'une orle de six merlettes de même* (2).

Quant à la branche du Buat de Garnetot, elle porte : *d'azur à l'escarboucle à huit rais pommetés et fleurdelysés d'or* (3).

Nous signalerons seulement pour mémoire la maison du Buat, établie en Lorraine à une époque récente. Elle ne paraît pas avoir eu de relations avec les branches de la maison du Buat dont nous nous occupons.

D'après un certificat donné en 1668 par Palliot, héraut

(1) Archives Nationales. Pièces originales.
(2) Archives nationales. Carrés d'Hozier, vol. 140.
(3) Lecourt. *Généalogie des branches Normandes et Percheronnes du Buat.*

d'armes de Lorraine, Charles de Buart fixé dans cette province portait : *D'azur à un poignard d'or en barre, accompagné à senestre en chef d'une fleur de lis d'or, et en pointe d'une branche chargée de glands d'or* (1).

(1) Carrés d'Hozier, volume 140, dossier des Buart de Reims, depuis 1700, et dossier du Buat de Mézières.

Saint-Aignan
vers 1380

Lamboul
1408

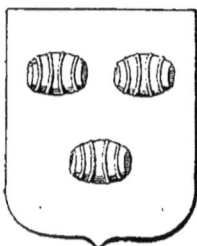

Barillé
1434

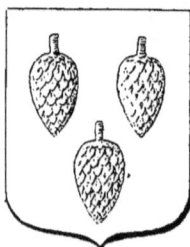

Nepveu
vers 1465

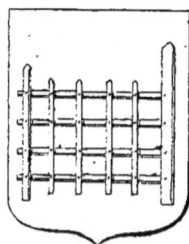

La Barrière
vers 1495

La Rochère
vers 1495

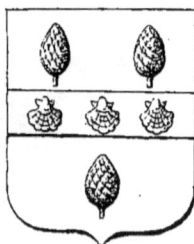

Le Picard
1527

Romillé
1549

Pelault
vers 1570

Mondamer
vers 1578

CHAPITRE III

GÉNÉALOGIE DE LA MAISON DU BUAT

PREMIER DEGRÉ

EAN DU BUAT, écuyer, fils puiné de Charles du Buat de Landal, et de N. de Montauban (1), originaire des environs de Dol, et très-probablement du Buat, dans la paroisse de la Boussac, épousa GUILLEMETTE DU VERGIER (2), fille de N. du Vergier

(1) Archives de la Subrardière, Titres de noblesse, nº 2, *Mémoire généalogique produit pour réforme de noblesse en 1556*. Cfr. Pièces justificatives, nº XX.

(2) On peut consulter sur la famille du Vergier, le *Nobiliaire* et l'*Armorial* de cette province, par M. P. de Courcy. T. II.

et de N. de Bouan (1). Ces deux familles appartiennent à la Bretagne.

Jean du Buat suivit la carrière des armes, et son nom figure sur la liste des combattants français, glorieusement tombés le 25 octobre 1415, sur le champ de bataille d'Azincourt (2).

---

(1) Cette maison s'est fixée dans le Craonnais, par le mariage de Geoffroi de Bouan, avec Anne de Saint-Amadour, dame du dit lieu; ces noms paraissent tous deux dans des aveux du 3 novembre 1547 et du 13 juin 1548. Arch. de Saint-Amadour.

(2) Voyez Enguerrand de Monstrelet, *Chroniques*, livre Ier. Les manuscrits consultés par M. R. de Belleval donnent les lectures : Jean Buat, Buart, Briac, Buant. M. René de Belleval a pensé qu'il s'agissait ici de Jean du Buat, IIIe du nom ; il ignorait que l'existence de ce personnage s'est prolongée jusqu'en 1452. *Azincourt,* par René de Belleval, in-8º, 1865, p. 164. Il ne peut être question non plus de Jean du Buat, mari de Colette de Saint-Aignan, mentionné dans un procès de 1422, comme l'a cru à tort l'auteur du *Supplément du dictionnaire généalogique de Touraine.* Tours, 1884, p, 133.

IIe DEGRÉ

EAN DU BUAT, IIe du nom, écuyer, fit preuve de noblesse à Angers, devant Gilles Buchart et Jean Bourdin, commissaires sur le fait des francs fiefs pour la Touraine et l'Anjou, et reçut des élus de la ville une reconnaissance de noblesse, le 15 avril 1395 (1). Depuis quelque temps déjà, il avait épousé COLETTE DE SAINT-AIGNAN (2), fille de Pierre de Saint-Aignan (3), chevalier, seigneur du dit lieu en Craonnais. Ce mariage attachait cette nouvelle

(1) Cet acte est rappelé dans les lettres confirmatives de noblesse, accordées en 1465 à Jean III du Buat. Cfr. Pièces justificatives, nº IX.

(2) Saint-Aignan porte : *semé d'hermines à cinq roses de gueules*. *Ancienne généalogie*. — Audouys, cité par Denais, *Armorial de l'Anjou*.

(3) Pierre était fils d'Alexandre de Saint-Aignan. *Preuves nobiliaires de 1556*. Nous citerons seulement deux alliances de la maison de Saint-Aignan. A la fin du XVe siècle, Michel de Saint-Aignan, épouse Jeanne Chabot, fille de Perceval Chabot, seigneur de la Turmelière et de Liré et de Jeanne de L'Isle-Bouchard. La femme de François de Scepeaux, maréchal de la Vieilleville, était la fille de Catherine de Saint-Aignan et de Jean Le Roux, sgr de Chemans. Le P. Anselme, VII, p. 223.

branche de la famille du Buat dans l'Anjou (1), qu'elle ne cessera plus d'habiter, et où elle contractera la plupart de ses alliances avec les maisons les plus honorables de la contrée.

Jean du Buat paraît en 1397 avec Guillaume, son fils, dans une transaction à laquelle figurent Jean Valleaux, Guillaume Cheminart, Macé Hardouin de la Girouardière, Guillaume de la Lande, tous qualifiés de nobles hommes ou d'écuyers (2).

Jean du Buat et Colette de Saint-Aignan, usant du privilège que la coutume d'Anjou accordait aux classes nobles, firent une donation en faveur de leur fils puîné Jean du Buat, par acte passé en la cour de Laval en date du 2 février 1408. Ils eurent pour enfants :

1° GUILLAUME, aîné, déjà cité en 1397, mort jeune, dès 1408, après mariage (3). Il laissa une 'fille qui était mariée à noble homme Jacques Deré en 1422.

2° JEAN, qui suit ;

(1) La première apparition de la maison du Buat en Anjou, semble antérieure à cette époque. Audouys mentionne en effet sur la liste des avocats inscrits à la cour d'Angers en 1360 le nom de Jean du Buat. Bibl. de la ville d'Angers, ms. 919.

(2) La Chesnaye des Bois, *Dictionnaire de la noblesse*, 3° édition, t. X, col. 325.

(3) Transaction entre Jean du Buat et Jacques Deré, datée d'octobre 1408, et citée en analyse dans une *Production de titres de 1556*.

IIIe DEGRÉ

EAN DU BUAT, IIIe du nom, écuyer, seigneur de Brassé, continua la filiation après la mort de son frère aîné, décédé sans héritiers mâles. Comme ses ancêtres, il prit une part active dans la guerre entre la France et l'Angleterre. Il reçut de Charles VII des lettres confirmatives de noblesse, données à Saumur le 13 février 1440 (n. st.) (1) Le roi déclare « que Jean du Buat, écuyer, est né de noble
» lignée, que lui et ses ancêtres ont joui depuis si long-
» temps des prérogatives attachées à la noblesse qu'il n'est
» pas mémoire du contraire; qu'il a combattu, monté et
» armé à ses frais, contre les Anglais, nos anciens adver-
» saires, et qu'actuellement encore l'un de ses hommes,
» monté et équipé, sert à ses dépens dans la compagnie de
» Guinot de Brissac, capitaine de gens d'armes de trait ».

(1) Archives de la Subrardière. Pièce en parchemin, paraphée par Voysin de la Noiraye. Cfr. Pièces justificatives, nº II.

Ces lettres, qui ne laissent aucun doute sur l'extraction chevaleresque de Jean du Buat, avaient pour but de le soustraire à une taille roturière, levée sur la ville d'Angers, dans laquelle il s'était réfugié. Les environs de Dol et d'Avranches, sans cesse battus par les partis contraires, n'offraient aucune sécurité aux habitants du pays, surtout, depuis que les Anglais avaient entrepris un siège en règle du Mont Saint-Michel. Les élus d'Angers, firent droit à la requête de Jean du Buat et reconnurent ainsi ses prérogatives de noblesse par lettres du 3 juin 1440.

Jean du Buat reçut de ses père et mère, par partage noble, comme nous l'avons vu plus haut, divers biens fonds, sans doute en prévision d'un prochain mariage (2 février 1408) (1). Vers la même époque (2), il épousait en premières noces JEANNE DE LAMBOUL, issue d'une puissante famille possessionnée à la fois dans le nord du Maine, dans la paroisse de Saint-Aignan-en-Passais, où se trouve le fief de Lamboul, et au sud, aux environs de Sablé, dans la personne de Simon de Lamboul, vivant à la fin du XIVᵉ siècle (3). Jean du Buat est encore cité dans une transaction

---

(1) Acte du 2 février 1408 (n. st.), mentionné dans la *Production de titres de 1556.*

(2) Nous déduisons cette date de l'âge de leurs enfants.

(3) Lamboul porte : *d'azur à trois étoiles d'or rangées en pal.* « Il y a dans la paroisse de Saint-Aignan-en-Passais le fief de Lamboul, qui a donné son nom à une famille qui subsiste encore aujourd'hui (1777). En 1369, Guyon de Lamboul passa contrat d'inféodation au profit de noble Jean le Chapelais, chevalier, seigneur du Bois-Hamelin. En 1390, Yves de Lamboul, seigneur du dit lieu... » Le Paige, *Dictionnaire topographi-*

qui mit fin aux difficultés d'un règlement de succession entre lui et Jacques Deré, marié à sa nièce, fille de son frère aîné Guillaume du Buat.

Une seconde alliance avec Louise de la Touchardière (1) fixera désormais Jean du Buat dans le Craonnais, où nous le verrons paraître avec sa femme en divers actes. En 1435, ils achètent la terre de la Cocimbre à Ballots, « pour dix » royaux du poids de France », par acte passé devant la cour de Craon, le 2 janvier, et ratifié le 19 du même mois 1435 (n. st.) (2). Jean du Buat rend aveu le 23 octobre 1442 , du chef de sa femme, pour « l'hébergement » de la Motte de Ballots, à monseigneur de la Trémoille,

que du Maine, le Mans, 1777, t. I. p. 5. Huet de Lamboul, écuyer, était à la tête d'une compagnie de neuf autres écuyers de sa chambre, dont la montre fut passée au Mans, le 22 juillet 1392. D. Lobineau, *Preuves de l'histoire de Bretagne*, t. III, col. 599. — *Inventaire des archives de la maison de Juigné*, article Juigné (Sarthe). Les archives de la Sarthe possèdent une copie incomplète de ce précieux manuscrit, dont l'original est au château de Juigné.

(1) Cette famille, fixée à la Lande-Touchart ou la Touchardière, en Ballots, était représentée à la fin du XIVe siècle, par Geoffroi Touchard. Nous voyons ce personnage recevoir le 13 mars 1495 (n. st.), aveu de Maurice de Senonnes qui se reconnaît son homme de foi simple au regard du fief de Ramefort ; puis le 14 avril 1476, l'aveu de Morice des Aulnais, autrement l'*Oustelier ;* Archives du château de Bréon. Marie, fille aînée de Geoffroi Touchard seigneur de la Lande-Touchard ou de la Touchardière, et sa principale héritière avait épousé Sylvestre de Scepeaux, écuyer, seigneur de l'Epronnière ; elle le laissa veuf dès 1407. Louise de la Touchardière, femme de Jean du Buat, avait certainement des liens d'une étroite parenté avec cette même maison. Cfr. La Chesnaye des Bois, *Dictionnaire de la noblesse*. t. XVIII, col. 420.

(2) Pièce en parchemin, scellée du sceau et contre-sceau de la cour de Craon. Cfr. Pièces justificatives, no I.

4

» de Sully et de Craon, dont il se reconnait homme de foi
» simple, au regard de la baronnie de Craon » (1). Il assistait
le 25 mars 1445 à un accord passé entre Yvon d'Andigné,
écuyer, et Jean de Chazé, son beau-frère, au sujet d'un
règlement de succession (2). Ce fut lui, croyons-nous, qui
exerça les fonctions de sénéchal de l'abbaye de la Roë (3).
Il est encore cité parmi les hommes de foi du seigneur de
Craon, dans un aveu au duc d'Anjou du 5 juin 1457, pour son
féage de Ballots (4), et son droit d'usage dans les forêts du

(1) Archives de la Subrardière, Titres de famille, t. I, n° 3. Cfr.
Pièces justificatives, n° IV.

(2) D. Villevieille, *Trésor héraldique*, t. I, p. 407, de la partie publiée
par Passier.

(3) Archives de Laval, série H. Abbaye de la Roë.

(4) Archives nationales, P. 340, fol. 184. « Jehan du Buat l'ainsné,
à cause de sa femme, mon homme de foy simple par raison de sa
métairie et féage de Ballots et de l'usage qu'il advoue en mes foretz ».
Un autre aveu, rendu par Anne de Laval au comte du Maine le 1er
mars 1443, mentionne encore le nom de Jean du Buat, à côté de René
du Buat, dont le lien de parenté nous échappe. « René du Buat, me
doit foy simple par raison de son domaine et appartenances de la
Coupairie ; et est tenu me fournir de exécuteur à ses dépens pour faire
exécuter les malfaiteurs en ma court du dit lieu de Laval. Jehan du
Buat, homme de foi simple, par raison de sa courtillerie de la Garrelière. » Archives nationales, P. 345² ; communication de M. l'abbé
Ledru. La Coupairie et la Garrelière relevaient de Laval par Montigné.

On aperçoit encore aujourd'hui à cent mètres environ au sud de
l'église, les restes d'une motte féodale en terre, presque entièrement
disparue, avec les vestiges des anciens fossés qui l'entouraient.
Une ancienne maison comprise dans l'enceinte a conservé deux
curieuses cheminées dont le manteau est décoré de sculptures exécu-
tées à la fin du XVe siècle. L'ornementation se compose de capricieuses
arabesques en style gothique rayonnant qui rappelle la lourde sculpture
des vieux bahuts bretons. Le milieu du manteau de l'une de ces che-

Craonnais (1). Il disparaît avant le 9 octobre 1459, et le 28 avril 1461, sa veuve, Louise de la Touchardière, rendait un nouvel aveu à Georges de la Trémoille, seigneur de Craon, en raison des fiefs et seigneuries précités de la Motte-de-Ballots (2).

Jean du Buat eut de sa première union avec Jeanne de Lamboul, deux fils :

1º GUILLAUME, aîné, qui suit ;

2º JEAN, tige de la branche de Brassé et de la Subrardière.

minées offre le monogramme du Christ en lettres entrelacées ; sur l'autre on devine un écusson surmonté d'une couronne de comte.

(1) La postérité de Jean du Buat a joui pendant longtemps de ces mêmes droits. Charles-Joseph du Buat de la Subrardière les exerçait encore en 1677. En qualité de seigneur de la Motte de Ballots, il pouvait faire couper dans la forêt de Craon le bois mort et rompu pour son chauffage et abattre des arbres de haute tige pour ses réparations ou ses constructions. Il avait également la permission d'y faire pâturer ses bestiaux, suivant les conditions spécifiées par la coutume. Cfr.Pièces justificatives, nᵒˢ IV et XXXVI.

(2) Aveu analysé par M. de Bodard, *Chroniques Craonnaises*, Le Mans, 1871, p. 730.

IVᵉ DEGRÉ

PREMIÈRE FILIATION : DU BUAT DE BARILLÉ

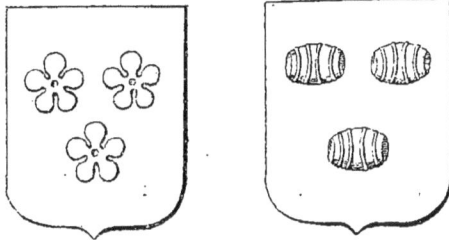

UILLAUME DU BUAT, écuyer, fils aîné de Jean, épousa
en 1434, MARGUERITE DE BARILLÉ (1), qui lui apporta
les riches seigneuries de Barillé et de Chantelou (2). La
seigneurie de Barillé (3), après avoir appartenu à une famille

---

(1) Barillé porte : *de gueules à trois barils d'or cerclés de sable, posés
deux et un*.

(2) On distingue encore aujourd'hui à Chantelou, l'une des métairies
les plus importantes de la commune de Gastines, les restes d'une
motte féodale, et les traces des douves qui formaient l'enceinte du
château.

(3) M. L. Maitre mentionne dans le *Dictionnaire topographique de la
Mayenne* « terram Christiani de Barilleio » en Ballots, Archives de la
Mayenne, H. 151, fol. 56. Ajoutons seulement d'après divers actes
relatifs à la Roë, Renaud de Barillé, qui « vend et aumône à l'abbaye »
les deux tiers du moulin de Barillé, en Ballots, (mars 1271), et Macé
de Barillé, fils de Jeanne, qui cède l'autre tiers le lundi avant Noël 1297.
Renaud de Saint-Aignan, seigneur de Barillé, passe contrat d'échange
avec Guillaume de la Lande, clerc, devant la cour de Bourgnouvel, le

Charnacé
1442

Cheminart
1462

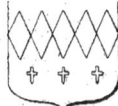
La Tousche
1478

Lambert
1481

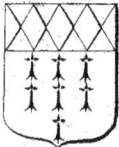
Pinçon
1475

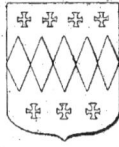
Baraton
vers 1510

Bois-Joulain
1507

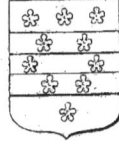
La Morellière
1543

Mauviel
1533

L'Enfant
1562

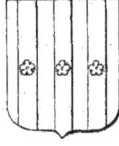
La Roussardière
1550

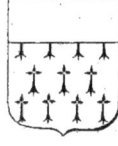
Champagné
1584

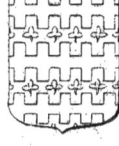
Birague
1609

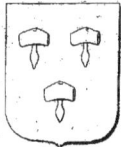
D'Aubert
1643

La Corbière
1646

Minault
1699

Blavet
1690

Du Mortier
1728

Du Bouëtiez
1763

Valleaux
1803

Anthenaise
1833

LA MAISON DU BUAT

du même nom, bienfaitrice de l'abbaye de la Roë aux XIIe
et XIIIe siècles, était échue à une branche des seigneurs
de Saint-Aignan, l'une des plus puissantes familles d'Anjou.
Marguerite paraît avoir été la dernière de ce rameau, puis-
que son mariage fit entrer la terre patrimoniale de Barillé
dans la famille du Buat. Guillaume figure dans les actes
suivants : au contrat de mariage de son frère puiné (1), seigneur de Brassé, avec Jeanne de Charnacé, dans lequel il
acquiesce aux conditions avantageuses faites par son père,
au profit de Jean du Buat, (8 août 1442) ; dans le contrat
de mariage de sa nièce, avec Olivier Cheminart, où il prend
le titre de seigneur de Chantelou (20 mai 1462). Enfin, il se
fit représenter par son fils aîné Jean du Buat, à la montre
tenue au Lion d'Angers, en décembre 1470 (2).

27 août 1389. Renaud de Saint-Aignan, seigneur de Barillé, cède une
hommée et demie de pré, à l'Oseraye, près le domaine de Barillé,
au profit de Guillaume de Princé, à cause de Jeanne de Saint-Aignan,
sa femme, fille du dit Regnaud, pour demeurer quitte envers eux
de la somme de vingt sols tournois de rente, devant de L'Isle,
notaire en cour de Craon, le 6 mai 1408. Archives dép. de Maine-et-
Loire, E. 3,894.
  (1) Il sera longuement question de ces actes plus bas.
  (2) Barthélemy Roger, *Histoire d'Angers*, t. I, p. 354-355.

Ve DEGRÉ

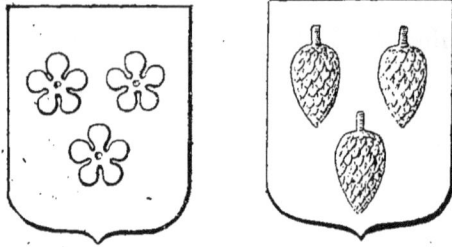

EAN DU BUAT, écuyer, seigneur de Barillé et de Chantelou, est cité dans des actes originaux, de 1459 à 1481, et notamment dans les remembrances de la Corbière et de Saint-Poix (1). Nous avons vu déjà qu'il remplaçait son père à la montre des Ponts-de-Cé, en 1470. Nous le retrouvons encore le 23 janvier 1481, au contrat de mariage de sa cousine germaine Jeanne du Buat de Brassé, avec Jean Lambert, seigneur de la Celinaye.

Il épousa PERRINE NEPVEU (2), dont il eut trois enfants.

(1) Archives de Laval, E, 137, folio 68. « Deffault Jean du Buat, filz aisné de Guillaume du Buat, de jour [simple..., cité o injonction vers court, comme ayant le droit et action du dit Guillaume, son père, qui estoit appellé ou procès de feu Jehan du Buat, en son vivant seigneur de Brassé, détenteur des choses de Gilles Le Crosnier, qui est appellé en demande de monstrer et déclarer où il se assentit autrefois; et depuis le décès dudit feu iceluy Jehan du Buat, s'est assenti bailler par avou, contenant déclaration ».

(2) *Généalogie du XVIIIe siècle*, dressée par Audouys. Nepveu

1º CLÉMENT, qui suit ;

2º JEAN (1), dit le Jeune, homme de loi, sénéchal de Saint-Poix et de Chanteil, dont il préside les assises de 1450 à 1475 (2). Il disparait vers 1482, sans laisser d'héritiers connus. Sa parenté est établie par une citation adressée après sa mort à Clément du Buat, seigneur de Barillé, son frère et son héritier.

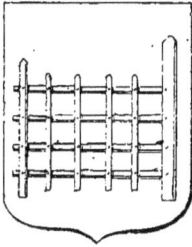

3º JACQUETTE, mariée à Gilles de la Barrière, seigneur de la Pommeraye (3), si nous en croyons la généalogie dressée par Audouys.

porte : *d'azur à trois pommes de pin d'argent posées deux et une, la pointe en bas.* Audouys, ms. 994, à la Bibl. d'Angers. Il importe de ne pas confondre cette famille avec d'autres du même nom.

(1) Ce personnage a été inconnu à tous les généalogistes.

(2) Remembrances de Saint-Poix, Archives de la Mayenne, E. 134 — Remembrances de Chanteil, Archives du château de Chanteil ; — Remembrances de la Corbière, Archives de la Subrardière.

(3) La Barrière porte : *de gueules à la barrière de tournoi d'or de six pièces clouées d'argent.* Audouys, généalogie de la maison du Buat.

VIe DEGRÉ

LÉMENT DU BUAT, écuyer, seigneur de Barillé et de Chantelou, est cité après la mort de son frère aux assises des fiefs de la Corbière, pour le règlement d'un procès en cours de poursuite (1), 21 janvier 1483. Nous avons déjà signalé la présence de Clément du Buat à la montre de l'arrière-ban d'Anjou en 1470 ; on le rencontre une seconde fois sur les rôles de 1490 (2). On le voit figurer encore dans les registres des remembrances de Saint-Poix (3) au 28 novembre 1493.

(1) « Clémens du Buat, seigneur de Barillé, sera simplement cité vers court ou procès de feu Jehan du Buat, son frère, qui est appellé pour avoir prins et fait prendre groux chesnes marmentaux estant ou dommaine de la terre près Bigot, nonobstant qu'ils fussent saisis en main de la court, et signiffiée la dite saisine par notre seigneur ». Archives de la Mayenne, série E. Remembrances de Saint-Poix.

(2) Bibliothèque de la ville d'Angers. Thorodes, ms. n° 1004, t. I, article du Buat.

(3) Archives de la Mayenne, E, 122, folio 92, verso

Il épousa FRANÇOISE DE LA ROCHÈRE, d'une ancienne famille (1), fixée au château de la Rochère en Meslay au Maine, et était mort avant le 3 septembre 1523, date à laquelle sa veuve, tutrice de Guillaume, leur fils mineur, obtint le retrait lignager sur Jean Richard, de divers héritages aliénés par Jean Lefebvre, seigneur de la Durandrie (2) et héritier de Michelle du Buat.

Ils eurent pour enfants :

1º GUILLAUME, qui suit.

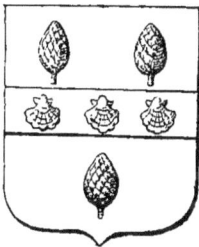

2º GUYONNE, appelée aussi Jeanne, qui épousa Georges le Picard (3), écuyer, seigneur de la Grand-Maison, en Méral, par contrat du 12 septembre 1527. Leurs descendants se sont perpétués longtemps dans la contrée.

(1) La Rochère porte : *d'or à trois fleurs de lis deux et une.* Dès le 24 août 1404, on trouve Jean de la Rochère, chevalier, seigneur de la Rochère en Meslay. Archives du chapitre de Saint-Julien du Mans.

(2) Archives de Maine-et-Loire, E, 2,311. Cfr. Pièces justificatives nº V.

(3) Le Picard porte : *d'azur à la fasce d'argent, chargée de trois coquilles de gueules, accompagnées de trois pommes de pin d'or, deux en chef et une en pointe.* Audouys, *Armorial d'Anjou,* ms. de la Bibl. d'Angers, nº 994. Cette famille s'est alliée avec celles de Scepeaux, d'Andigné et plus récemment avec celle de Bréon. Françoise Le Picard, épousa en effet le 17 juillet 1661, dans la chapelle de la Grand-Maison, Marc de Bréon, chevalier ; leur fille Françoise-Marie de Bréon, se maria par contrat du 14 octobre 1686, à Alexis de Lancrau, écuyer. État civil de Méral. Saint-Allais, t. XI, p. 178.

G UILLAUME DU BUAT, écuyer, seigneur de Barillé, de Chantelou et de Grugé, présenta des lettres de partage noble à sa sœur Guyonne (aliàs Jeanne) le 17 avril 1527. Il fut appelé aux assises de Saint-Poix (1), pour répondre de certaines garanties données par son père, (1537). Il figure aussi parmi les censitaires de Geoffroy Bouan, chevalier, seigneur de Saint-Amadour, du chef de sa femme Anne de Saint-Amadour, dans un aveu du 3 novembre 1547. En qualité de possesseur de la terre

(1) Archives de la Mayenne, E. 127, fol. 195-196. « Guillaume du Buat ou procès de feu noble homme Clément du Buat, son père ou garantaige qu'il avait prins de Jamet du Tailleul, en la demande qu'on lui faisoit de ventes et amendes ou retraict par puissance de fief au cherges de la Court, du contract d'acquest par luy faict avecques deffunct messire Jean Quatrebarbes, par raison du dit lieu de Foulgereche, où nous disions que ledit lieu, ou quoy que soit la plus grant part estoit tenu de la court et seigneurie de ceans, en jugement 1537. » Remembrances de Saint-Poix et fiefs en dépendant.

de Grugé, Guillaume du Buat relevait en effet du fief de Saint-Amadour (1).

Il épousa par contrat du 18 novembre 1549, JEANNE DE ROMILLÉ (2), fille de Georges de Romillé, chevalier, seigneur de la Chesnelaye, d'Ardennes et de Pont-Glou, et de Renée de Montécler. Il y avait eu déjà une alliance de l'illustre maison de Romillé, avec celle du Buat, par le mariage de Marie du Buat, fille de Charles du Buat de Landal, avec Jean de Romillé, vice-chancelier de Bretagne.

(1) Archives du château de Saint-Amadour. Parchemin.

(2) Romillé porte : *d'azur à deux léopards d'or l'un sur l'autre, armés et lampassés.* Nous indiquerons les ancêtres directs de Jeanne de Romillé, d'après les trois sources suivantes : 1° le *Nobiliaire de la province de Bretagne* (2 vol. in-fol, ms. conservés à la bibliothèque de la ville de Rennes) ; 2° Un précieux recueil généalogique dressé au XVIIIᵉ siècle d'après les Preuves de Malte pour les Grands Maîtres de l'Ordre (ms. du cabinet de M. de Gayffier) ; 3° Le tome VII du Père Anselme. Ces diverses autorités permettent de rectifier et de compléter l'article de la Chesnaye des Bois, (t. XVII, col. 375 et suiv.), Jean de Romillé, seigneur de la Chesnelaye et Catherine Tournemine de la Hunaudaye eurent pour fils aîné Jean, marié en 1406 à Marguerite Bardoul. De cette union vint Jean de Romilly, seigneur de la Chesne-laye, vice-chancelier de Bretagne, amiral en 1461 et mort à Tours en 1466, après avoir testé le 29 avril de la même année. Il avait épousé Marie du Buat, fille de Charles du Buat de Landal, dont il eut deux filles, Bonne, épouse de Jean de Bois-Baudry, et Marie, épouse de Louis de Rohan, seigneur de Guémené ; et un fils Jean de Romillé, seigneur de la Chesnelaye, capitaine de Fougères en 1484, qui se maria avec Jeanne de Beaulieu. Leur fils aîné, Jean de Romillé, capitaine de Fougères, comme son père, épousa marie de Pontglou en 1485, puis ensuite Guillemine de Sahur. Il eut du premier lit, Georges, alias Geoffroi de Romillé, marié par contrat du 3 mai 1509, à Renée de Montéclerc, dont naquit Jeanne, dite la jeune épouse de Guillaume du Buat, seigneur de Barillé et de Chantelou.

Guillaume du Buat fit ses preuves de noblesse en même temps que son cousin Guillaume du Buat de Brassé et de la Subrardière (1). Ils exposèrent leur origine dans un mémoire commun accompagné d'un inventaire de pièces nobiliaires des plus précieux pour l'histoire de leur maison, 1556.

Sa succession fut partagée en 1575 (2).

Il laissait trois enfants.

1º RENÉE était mariée dès 1575, à René Pellault (3), alias Pelault, seigneur du Bois-Bernier, d'une famille angevine d'extraction chevaleresque, dont l'un des membres, Jean Pellault fut taxé à trois écus d'or parmi les nobles de Château-ceaux pour la rançon du roi Jean-le-Bon, en 1360 (4), Renée se porta principale héritière lors de la mort prématurée de son frère Claude du Buat, et en qualité

(1) Les archives de la Subrardière conservent ces curieux documents que nous reproduisons parmi les pièces justificatives, nᵒˢ XX et XXI.

(2) Lettres de partage entre les enfants de Guillaume du Buat. Archives de la Subrardière.

(3) La plupart des auteurs ont lu à tort Perrault. Pellault porte : *d'argent à trois aigles de sable, deux et un.* Audouys. Denais, *Armorial de l'Anjou*, t. III, p. 25.

(4) Denais, *Armorial de l'Anjou*, t. III, p. 26. Citons encore : Jean Pellault, écuyer, relevant en 1429 avec Jean Baraton, de Jean de Sainte-Maure, seigneur de Montgaugier, à cause de sa femme, pour la baronnie de Beaupréau ; Jean Pellault, écuyer, relevant de Jean de la Haye, seigneur de Passavant, de Chemillé et de Brissac, 1446-1459. René Pellault, seigneur du Bois-Bernier, relevait en 1582 de Antoine d'Espinay, seigneur de Challain. D. Bétencourt, *Noms féodaux*, t. I, p. 82 ; t. II, pp. 136, 170 et 249.

d'aînée, elle recueillit, suivant la coutume d'Anjou, les deux tiers de la succession. Elle choisit pour sa part les terres seigneuriales de Barillé et de Gastines, dans une transaction avec sa sœur Philippine, femme de Jacques de Mondamer, le 15 septembre 1581, au lieu du Châtelier à Méral, en présence de plusieurs membres de la famille : Jean Le Picard, seigneur de la Grand-Maison, Jean de Criquebœuf, Gaston d'Andigné, seigneur de la Poulqueraye, Guy Le Picard, seigneur du Boullay, Guillaume de Langellerie, seigneur de Brassé.

2º PHILIPPINE épousa Jacques de Mondamer (1), écuyer, seigneur du dit lieu avant le 15 septembre 1581. Ils reçurent dans les partages de la fortune de Claude du Buat, la seigneurie de Chantelou, métairie, bois et moulin en dépendant, avec rétention de droit de fief, d'hommage et de banc seigneurial, dans l'église de Gastines. Peu après, Philippine demanda et obtint le droit de poursuivre le retrait lignager sur les terre et seigneurie de Gastines, aliénées par sa sœur, en faveur de leur cousin, René du Buat, seigneur de la Subrardière. Leur fille et principale héritière, Marguerite de Mondamer était mariée à Pierre Chevalier, à la date du 30 octobre 1643 (2).

3º CLAUDE qui suit.

(1) Mondamer porte : *d'argent à l'aigle impérial de sable.*
(2) Archives départementales d'Angers, E. 2,311.

CLAUDE DU BUAT, écuyer, seigneur de Barillé et de Chantelou, mineur, au moment des partages de 1575, (1) entrait dans l'adolescence, lorsque les passions religieuses et politiques, soulevées par la Réforme, agitaient le royaume. Mêlé imprudemment à la lutte avec l'inexpérience de la jeunesse, puis emprisonné, il meurt au cours de l'année 1581, avant mariage (2). La branche aînée de la maison du Buat, fixée en Anjou, s'éteignit avec lui, après avoir tenu dans la noblesse du Craonnais une place des plus honorables par ses alliances et par sa haute situation de fortune. Désormais la branche de la Subrardière portera seule dans la province, le nom et les armes des du Buat.

(1) Lettres de partages de 1575. Archives de la Subrardière.
(2) Lettres de partages de 1581.

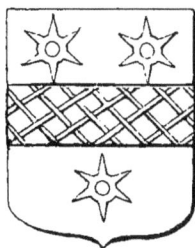

Tessé
1545

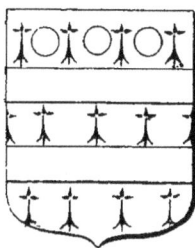

Chauvigné
1573

Poncher
vers 1615

Du Chastelet
1610

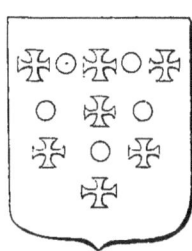

Meulles
1642

Eveillard
1647

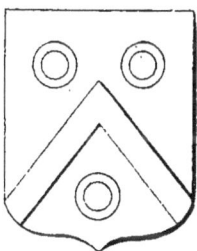

Moreau
vers 1680

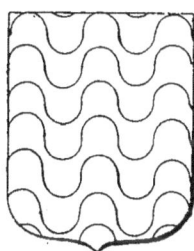

D'Adde
1682

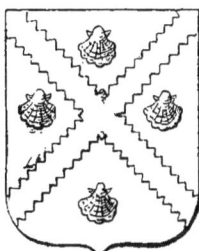

Prézeau
1723

D'Andigné
1770

IVᶜ DEGRÉ

DEUXIÈME FILIATION: DU BUAT DE LA SUBRARDIÈRE

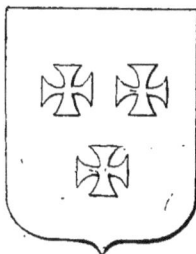

EAN DU BUAT, écuyer, seigneur de Brassé, second fils de Jean du Buat et de Jeanne de Lamboul, forme la tige d'une nouvelle branche qui portera le nom de du Buat de Brassé et de la Subrardière, pour se distinguer des seigneurs de Barillé et de Chantelou. Jean du Buat prit alliance dans la maison de Charnacé (1), depuis longtemps

---

(1) Charnacé, fief et château dans la paroisse de Champigné (Maine-et-Loire) « possédé par une famille du nom, qui prend rang parmi les illustres du XVIᵉ siècle », dit M. C. Port. « Le château est un vaste corps de logis, autrefois enceint de larges et profondes douves, avec pavillon carré, toit en cône tronqué, et hautes lucarnes. La salle supérieure conservait encore, il y a quelques années, son plafond à lambris fleurdelysé avec armes seigneuriales de Charnacé : *trois croix pattées d'or, posées deux et une sur champ d'azur...* Le grand portail date de 1572 ». La fondation première de la chapelle, dédiée à Saint-Mathurin, est due à Jean de Charnacé vers 1470. *Dictionnaire de Maine-et-Loire*, t. I, p. 638. Dom Bétencourt cite Jean de Charnacé, chevalier, relevant de Louis de l'Isle, seigneur en partie du Grand-Montrouveau, en 1414 ;

puissante en Anjou, et qui n'allait pas tarder à acquérir la plus haute illustration dans la personne de Elie de Charnacé, vice-roi de Marseille. Il épousa par contrat passé le 8 août 1442, devant la cour de Saint-Laurent-des-Mortiers, JEANNE DE CHARNACÉ, fille aînée de André de Charnacé et de Catherine de la Touchardière.

A l'occasion de son mariage, il reçut en propre, avec le consentement de Guillaume du Buat, son frère aîné, les domaines, fiefs, seigneuries et justices de Brassé de la Lande, de la Brenitière et des Tioulières en Beaulieu. Le douaire de la future épouse fut spécifié sur les mêmes terres. Parmi les témoins nous citerons : Jean Bourreau, chevalier, seigneur des Rues-Bourreau, Jean du Mas, écuyer, seigneur de Longchamps; Thibault du Houssay, écuyer; Jean du Buat; Guillaume du Buat l'aîné, seigneur de Barillé (1). Jean du Buat exerça les fonctions de sénéchal de la seigneurie de la

Pierre de Charnacé, chevalier, relevant de Georges de la Trémoille, seigneur de Sully et de Craon, mari de Catherine de l'Isle, 1443-1445. *Noms féodaux*, t. I, p. 259 ; t. IV, p. 147. Nous signalerons encore Jacques de Charnacé, fils de Mathurin, né le 16 octobre 1548, au château de Charnacé, conseiller à la cour du Parlement de Bretagne, « *fort docte aux langues, comme latin, hébreu, grec, caldéen et grand historien* » mort en 1617 ; Hercule de Charnacé, septième enfant du précédent né le 3 septembre 1588, ambassadeur à Rome, puis auprès de Gustave-Adolphe, en Suède, ensuite en Hollande, tué dans la tranchée au siège de Bréda le 1er septembre 1634. Cfr. C. Port. *Diction. de Maine-et-Loire*, t. I, p. 628 et 629. — Moréri, *Grand dictionnaire historique*. — Hœfer, *Biographie générale*, t. IX.

(1) Parchemin, *Archives de la Subrardière*. Cfr. Pièces justificatives, n° VI.

Corbière (1), qui faisait partie des domaines d'un grand seigneur, Bertrand de Montbourcher, et c'est à ce titre qu'il présida la tenue des assises du 8 mars 1455 (n. st.) au 21 janvier 1474 (n. st.)

Il dût prêter foi et hommage simple à son seigneur de fief, Bertrand de Montbourcher, écuyer, seigneur du dit lieu, de la Corbière et de Ravallay, en raison de la

(1) Remembrances de la Corbière. Cahier de papier conservé dans les Archives de la Subrardière. On pourrait aisément confondre Jean du Buat, seigneur de Brassé et sénéchal de la Corbière, avec Jean du Buat le Jeune, sénéchal de Chanteil, de 1455 à 1469, de la branche de Barillé, et mentionné plus haut. La similitude de nom et de charge, la coexistence des deux personnages rendent cette erreur bien facile à commettre. Aux motifs allégués, qui obligent à voir ici deux personnages différents, nous ajouterons une nouvelle preuve. Dans un acte daté du 13 septembre 1471, rédigé au nom de Jean du Buat, seigneur de Brassé et sénéchal de la Corbière, on voit citer le nom de Jean du Buat le Jeune, parmi les témoins. Il faut évidemment distinguer le simple témoin du sénéchal lui-même.

A l'appui de cette opinion, nous citerons encore divers articles d'un compte des dépenses de la seigneurie de Saint-Poix, compris entre le 3 septembre 1454 et le 8 novembre 1456. « A Jehan du Buat le jeune pour aller à Avranches, devers Monseigneur [Bertrand de Montbourcher], par mandement de mondit seigneur et quictance dudit du Buat, donné en février iiij ᶜ l v, pour ce, ij escuz.

A Jehan du Buat, l'esné, fils de Guillaume du Buat ung escu d'or pour sa paine et sallaire d'avoir escript l'enqueste d'entre Monseigneur et Messire René Despeaux comme apert de quictance dudit du Buat, ı escu.

Gaiges et Pensions. A Jehan du Buat, seneschal de Monseigneur à lui deu par an la somme de x livres pour estre séneschal ès terres pour ce et pour lesdites deux années, appert par quictance.......... xx ¹.

A Jehan du Buat le Jeune pour estre du Conseil de Monseigneur par chacun an, cent souls qui vallent pour lesdits deux ans.......... x ¹.

Remembrances de Saint-Poix. Archives de la Mayenne. E. 137, folios 99, 100, 112.

terre de la Cocimbre, dont la propriété lui fut assurée par
son contrat de mariage (1). Il fut aussi appelé, comme ses
ancêtres à fournir ses preuves de noblesse, ainsi qu'il
résulte des lettres données à Angers le 5 septembre 1465.
Les commissaires préposés aux recherches des francs fiefs
pour le duché d'Anjou, Jean du Moulin et Jamet Louet,
conseillers du roi, Guillaume Le Prévost, lui reconnurent
la qualité de noble et d'écuyer, et le déchargèrent du droit
d'aide et d'autres impôts roturiers (2).

Jean du Buat et sa femme Jeanne de Charnacé moururent avant le 12 juillet 1478. Ils laissaient six enfants :

1° Gilles, qui suit :

2° Gillot, écuyer, seigneur de la Blandinière, est
cité avec son frère aîné, Gilles du Buat, seigneur de Brassé,
dans un bail de terres en Ballots (3), dépendant du Rocher,
passé devant Guipoulle, notaire à Craon, le 27 mars 1502.
Il était marié et avait en 1507 un héritier qui n'a pas laissé
de traces.

(1) Archives de la Mayenne, E, 146, folio 37. — Cfr. Pièces justificatives, n° VI.

(2) Archives de la Subrardière, Parchemin. Cfr. Pièces justificatives
n° IX. Par une erreur assez excusable, cette preuve de noblesse
a été attribuée jusqu'ici au père de Jean du Buat de Brassé, par
La Chesnaye des Bois, *Dictionnaire universel de la noblesse*,
t. II, col. 451 ; et par Magny dans le *Nobiliaire de Normandie*,
article du Buat.

(3) Archives de la Subrardière. Acte passé devant Prunel, notaire à
Craon, le 18 avril 1507.

3º **MARIN**, prêtre, nous est peu connu. Son existence appert d'une quittance de 157 livres 10 sols, donnée par Jean Briend, et Marie, sa femme, à son frère Gilles du Buat, héritier de sa succession (1) (13 juillet 1505). Il est encore question de feu Marin du Buat, prêtre, dans les remembrances (2) des assises de la seigneurie de Chanteil, tenues le 9 août 1505.

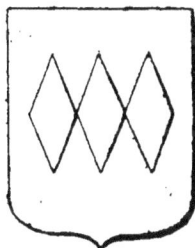

4º **CATHERINE**, fille aînée de Jeandu Buat de Brassé et de Jeanne de Charnacé, épousa Olivier Cheminart (3), écuyer, d'une famille de robe répandue dans l'Anjou et dans le Maine. Il était fils aîné et principal héritier de Jean Cheminart, écuyer, seigneur de la Porcherie, et de Bertranne du Tertre, et avait une sœur, Catherine, qui épousa Yvonnet de Lancrau (4), seigneur de la Saudraye. Le contrat fut dressé le 20 mai 1462, en présence de Guillaume du Buat, seigneur de Chantelou, de son fils aîné,

(1) Acte passé devant Guipoulie, notaire en cour de Craon. Archives de la Subrardière.

(2) Archives de Chanteil. *Registre des remembrances*, fol. 72, verso.

(3) Cheminart porte : *d'argent à trois losanges de sable, posés en fasce*. La famille Cheminart a donné à l'Anjou, René, seigneur du Chalonge, maire d'Angers en 1543, puis conseiller maître à la chambre des comptes de Bretagne en 1553. Audouys. Bibliothèque d'Angers, ms. nº 919, folio 244. Dans le Maine, nous citerons : Girard, archidiacre de Sablé, Guillaume, prieur de Solesmes 1486 ; Lezin, grand doyen du Mans, mort en 1517. Cfr. Cauvin, *Armorial du diocèse du Mans* ; dom Piolin, *Histoire de l'Église du Mans*, t. V, pp. 137, 190, 223, 263, 265, 277, 401, 696.

(4) Archives du château de Bréon, tableau généalogique de la maison de Lancrau de Bréon.

Jean du Buat, de Aimery Laillier, seigneur du Boullay (1).
Olivier Cheminart était un homme de loi. Il paraît en cette
qualité aux assises de la Corbière, du 15 novembre 1459 au
13 septembre 1471 (2).

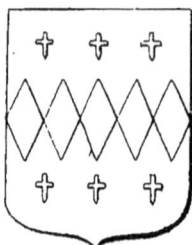

5° BERTRANNE, dame de la Carterie,
épousa peu de temps après la mort de
ses parents, Pierre de la Tousche (3),
écuyer, seigneur de la Beunêche, en
Thouarcé, par contrat du 12 juillet 1478,
passé devant la cour de Craon (4), en
présence de Pierre de Salignac, écuyer,
seigneur de Saint-Martin, de Jean de Cravant et de Martin
Le Boucher, seigneur du Vau. Son mari ne tarda pas à
mourir et la laissa veuve, loin de sa famille, avec la charge
d'un enfant nommé Jean. Sentant à son tour la mort arriver,
elle rédige son testament le 17 mai 1486 (5), devant la cour
de Rochefort, et après diverses donations qui témoignent
de sa piété, elle recommande en termes émus, son jeune
fils, à deux amis, Jean Méron, écuyer, capitaine de Rochefort et René Robinet, receveur de la même ville. Elle choisit
aussi ces deux personnages pour l'exécution de ses dernières
volontés.

(1) Contrat aux archives de la Subrardière, Titres de famille, t. I,
n° 7. Cfr. Pièces justificatives n° VIII.

(2) Remembrances de la Corbière ; Archives de la Subrardière.

(3) La Tousche porte : *d'argent à la fasce losangée de gueules, accompagnée de six croix d'or au pied fiché, trois en chef et trois en pointe.*

(4) Pièce en parchemin, scellée sur queue d'un sceau en cire verte,
sur lequel on distingue deux léopards l'un sur l'autre, légende détruite.
Archives de la Subrardière. Titres de famille, t. I, n° 8.

(5) Pièce en parchemin. Archives de la Subrardière, idem, n° 9.

6° JEANNE, la dernière fille de Jean
du Buat, épousa Pierre Lambert (1),
écuyer, seigneur de la Pommeraye, fils
aîné de Mathurin Lambert, écuyer, et de
feue Marguerite Le Poulchre (2), par contrat passé devant Chevillard, notaire en
cour de Craon, le 23 janvier 1481 (3).
Elle apportait en dot à son mari le domaine de la Cocimbre,
dont sa mère Jeanne de Charnacé lui avait assuré la possession, après la mort de son aïeule Louise de la Touchardière,
et en outre deux cents livres tournois. Jeanne était assistée
à son mariage, de son frère aîné, Gilles du Buat, seigneur
de Brassé; de Jean du Bois, écuyer, seigneur des Cornières;
de Macé Beaudenis, écuyer, seigneur de la Jobardière ; de
Jean du Buat, seigneur de Barillé. Veuve dès 1502, elle
présentait aveu le 22 février 1505 (4), pour le domaine de la
Cocimbre à M. de la Chèze, tuteur des enfants de feu Guy
de Montbourcher, seigneur du Pinel, de la Corbière et de
Ravallay. Du mariage de leur fils Jean Lambert, seigneur
de la Pommeraye, avec Jeanne Lecomte, le 5 novembre
1508, naquit une fille Louise, qui épousa par contrat du 30

(1) Lambert porte : *d'argent à trois massacres de cerf de sable, de
profil, coupés et posés deux et un.* Le Perray a eu une abbesse du nom
de Marie Lambert de 1680 à 1688. Cfr. *Gallia Christiana*, t. XIV, col.
736 ; Port, *Dictionnaire de Maine-et-Loire*, t. II, p. 439.

(2) Le Poulchre, ancienne famille d'Anjou. Pierre Le Poulchre paraît
aux montres d'Anjou, en 1470. Barthélemy Roger. *Hist. d'Anjou*,
t. II, p. 355.

(3) Archives de la Subrardière, Titres de famille, t. I, n° 10, original
en parchemin, scel perdu.

(4) Archives de la Subrardière. Reconnaissance d'aveu passée devant
Jean Brunel, notaire en cour de Craon.

décembre 1539, Simon de Champagné, seigneur de la Haye, second fils de René de Champagné (1). Outre ce fils, Jeanne du Buat eut encore de Pierre Lambert, son premier mari, une fille, Jeanne Lambert, mariée à Jean Pellerin avant le 5 décembre 1502. A cette époque Jeanne du Buat avait épousé en secondes noces Mathurin de Grazay, écuyer, seigneur du Vau (2).

(1) *Généalogie de la maison de Champagné*, p. 31.
(2) Rachat par retrait lignager exercé par Jean Pellerin, mari de Jeanne Lambert, d'une rente de six boisseaux de seigle, vendue par Mathurin de Grazay et Jeanne du Buat sa femme, mère de Jeanne Lambert, au profit de Gilles de la Barre, écuyer, seigneur du Buron. Archives départementales de Maine-et-Loire, E, 1502.

Ve DEGRÉ

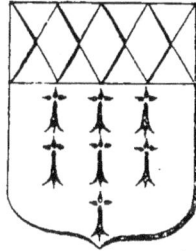

ILLES DU BUAT, écuyer, seigneur de Brassé et de la Subrardière, épousa en 1475, Catherine Pinçon de Boutigné (1), et représenta son père, décédé depuis peu, au mariage de sa sœur Jeanne avec Pierre Lambert, seigneur de la Pommeraye en 1482. Il résidait à la Subrardière. On le voit paraître aux diverses assises de la Corbière, de Saint-Poix et fiefs en dépendant de 1490 à 1508 (2). Il était décédé

---

(1) Pinçon de Boutigné porte : *d'argent à sept mouchetures d'hermine de sable, posées trois, trois et une, au chef d'or chargé de trois losanges et deux demis de gueule.*

(2) Archives de la Mayenne, E, 127, registre, folios 15, 18, 25, 27, 76 ; E, 122, fol. 107. « Sur ce que nous disions par la court de ciens à l'encontre de Gilles du Buat, escuier, sieur de Brassé, que comme détenteur des héritaiges aux Durans, appellés les Durandières, à présent jointes avecques le lieu de la Blandinière, appartenant au dit escuier, iceluy escuier a fait deffaut de poier deux bouesseaux de saigle partie de six bouesseaux ; et demandoit le procureur de la court les arreraiges de plusieurs années passées, où le dit du Buat disoit qu'il ne tenoit pas les dites chouses de l'ipothèque de la dite vente... Com-

dès 1514. A cette date, Catherine Pinçon, sa veuve, obtenait
l'autorisation d'asseoir son douaire sur la seigneurie de
Brassé, par transaction passée à Craon (1), devant Louis
Mauviel, châtelain de Craon, en présence de François
Pinçon, sieur de Boutigné, d'Abel Baraton, seigneur de la
Freslonnière, et de Macé de la Barre, seigneur des Fou-
gerais.

Ils eurent pour enfants :

1º GEORGES, qui suit ;

2º JEAN, écuyer, seigneur de Cramaillé, cité dans un
contrat passé devant Prunel notaire en cour de Craon (2),
le 18 avril 1507. Il était mort dès le 4 juillet 1522 (3).

3º FRANÇOIS, qui paraît dans les partages de la succession de Georges du Buat en 1522.

4º RENÉE, religieuse du tiers ordre de Saint-François,
à Laval, décédée avant 1562 (4).

Comparans aujourdhuy en jugement, le dit Gilles du Buat, lequel de
son consentement nous avons condampné et condampnons poier,
servir et continuer les dits deux bouesseaux de saigle de rente...
28 mai 1496... »

(1) Archives de la Subrardière. Titres de famille t. I, nº 17. Pièce en
parchemin.

(2) Archives de la Subrardière, idem, nº 15.

(3) Archives de la Subrardière, Titres de famille, t. I, nº 19. Lettres
de partage du 4 juillet 1522.

(4) Archives de la Subrardière, d'après le bail de la Brenitière, du 2
décembre 1562.

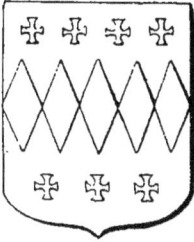

5º Perrine, mariée à Louis Baraton, seigneur de l'Isle Baraton (1), de la paroisse d'Athée, appartenant à la famille de François de Baraton, grand échanson du roi François Iᵉʳ de 1516 à 1519.

6º Louise, qui épousa noble Pierre de la Durantière, seigneur de la Jeffetière, et reçut ses partages en même temps que son frère François.

(1) D'après Audouys ; Baraton porte : *d'or à la fasce fuselée de gueules de cinq pièces, accompagnée de sept croisettes de sable, quatre en chef et trois en pointe.* Archives. dép. de Maine-et-Loire, E. 1558. Dans le même dossier, on voit un sceau de Louis Baraton, chevalier, seigneur de Montaugier (le 20 octobre 1550). L'écu en forme de bannière, est surmonté d'un casque, à la visière abaissée, avec cimier timbré d'une tête de cygne ; deux griffons accostent l'écu. — La famille Baraton, d'ancienne extraction chevaleresque, compte parmi ses membres Jean Baraton, taxé à trois écus pour la rançon du roi Jean le Bon, parmi les nobles de Beaupréau en 1360 ; Macé Baraton, chevalier bachelier, qui passe une montre avec sept écuyers de sa compagnie, reçus au Mans le 21 juillet 1392 ; Jean, chevalier en 1414, relevant de Louis de L'Isle ; Jean, chevalier, relevant de Louis de Clermont en 1470. — Cfr. D. Lobineau, *Preuves de l'histoire de Bretagne,* t. III, col. 599. D. Bétencourt, *Noms féodaux,* t. I, p. 57; t. II, pp. 55, 84, 259 ; t. IV, p. 82. Moréri, *Grand dictionnaire historique.* — Le P. Anselme attribue aussi à cette maison, une abbesse de Nyoiseau, t. VIII, p. 583.

VIe DEGRÉ

EORGES DU BUAT, écuyer, seigneur de Brassé et de la Subrardière, fils aîné de Gilles du Buat et de Catherine Pinçon de Boutigné, prit alliance avec une famille d'ancienne noblesse d'Anjou, en épousant PERRINE, fille de feu Jean de Bois-Joulain (1) et de Béatrix de Seillons. Le contrat fut signé le 20 avril 1507 (2), en présence de Tristan d'Andigné, seigneur des Essarts; de Jean Desnos, seigneur de Villates; de François Cheminart, seigneur de la Porcherie; de François de Seillons, seigneur de la Rivière, et de Guillaume des Estoubles.

L'union de Georges du Buat fut de courte durée, comme celle de son père. Sa succession était ouverte dès le

_____

(1) Bois-Joulain porte : *d'azur à trois pommes de pin d'or, deux et une, la pointe en haut.*

(2) Archives de la Subrardière, Titres de famille, t. I, n° 10. Original en parchemin, paraphé par Voysin de la Noiraye.

4 juillet 1522, d'après les conventions passées par sa jeune veuve avec ses beaux-frères et ses enfants. Eclairée par les difficultés que sa belle-mère avait rencontrées dans le règlement de la succession de Gilles du Buat, elle s'appliqua de suite à terminer les affaires d'intérêt. Une habile gestion lui permit d'augmenter la fortune immobilière que son mari lui laissait, et d'acquérir la terre de la Mercerie (1), voisine de la Subrardière, qu'elle acheta de Françoise de Tournemyne, baronne de la Hunaudaye et du Hommet, dame de la Berardière et de Saint-Poix, et de Anne de Montejean, sa mère, (1524).

Georges du Buat eut pour enfants :

1° GUILLAUME, qui suit ;

2° FRANÇOIS, auteur de la branche du Teillay qui viendra ci-après ;

3° THIBAULT entra en religion au couvent des Anges, près Craon où il était novice en 1535. Il fit abandon, en faveur de son frère aîné Guillaume du Buat, de tous ses biens successifs, par acte du 27 janvier 1535 (n. st.), passé devant J. Mousture (2), notaire en la cour de l'Hôtellerie de Silée, en présence de Guy et de René Mauviel.

---

(1) Archives de la Mayenne, E, 134, f. 200. Ratification du contrat, d'acquêt, 2 novembre 1524. Cfr. Pièces justificatives, n° XV.

(2) Archives de la Subrardière, Titres de famille. Parchemin, t. I, n° 20.

4º René, religieux comme son frère, au couvent des Anges (1).

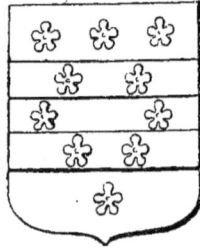

5º Françoise épousa François de la Morellière (2), écuyer, seigneur de la Béhuignerie, demeurant à la Cour-Fourrée, paroisse de la Selle-Craonnaise, par contrat du 20 septembre 1543, passé devant Maulny (3). La famille de la Morellière compte des états de service militaire des plus distingués. L'un des aïeux de François, Jean de la Morellière (4), « suivant les guerres pour le roi

(1) Audouys, *Notice généalogique*.

(2) D'après Audouys, (Arch. de Maine-et-Loire, E, 3,435), La Morellière porte : *d'azur à deux fasces d'or, chargées chacune de deux quintefeuilles de gueules et accompagnées de six quintefeuilles d'argent, posées trois, deux et un.*

(3) La date de cette alliance est donnée par Audouys.

(4) Moyens d'opposition et de défense fournis par Fr. de la Morellière, 1551. Arch. dép. de Maine-et-Loire, E, 3,435. Outre cette pièce importante que nous reproduisons parmi les pièces justificatives de ce travail (nº LXII), nous indiquerons les deux suivantes : partage noble par usufruit passé en la cour de Laval entre Jean, seigneur de la Morellière et Lucas de la Morellière, son frère puiné, des biens de la succession de feu Hamelin de la Morellière, leur père, le mardi, fête de Saint-Michel, en septembre 1360. Accord entre Louis de la Morellière, écuyer, seigneur de la Behuignerie et Robert Le Cullerier, qui s'engage à suivre ledit Louis « dans le voyage de guerre que le roi, notre sire, conduit et mène de présent ès-marches de Bourgogne, d'estre vestu et armé en guerre aux frais dudit Louis de la Morellière » 25 mars 1470. Au bas de cette pièce est annexée une attestation de présence aux montres d'Anjou, tenues par le gouverneur d'Angers, le 15 décembre 1470, d'un homme armé en habillement de brigandine, lequel a fait le serment de bien et loyalement servir le Roi envers et contre tous. Archives de Maine-et-Loire, E, 3,435.

notre sire, mourut à la journée de Flandre, portant l'enseigne du seigneur de Laval », tandis qu'un autre, Charles, tombait à la sanglante bataille d'Azincourt.

François était fils de Joachim de la Morellière et de Renée de Scépeaux (1). Sa présence aux montres de l'arrière-ban d'Anjou est constatée aux dates du 4 juillet 1537, et du 15 avril 1542. Il eut de Françoise du Buat, sa femme, Etienne, Marie, Marguerite et Zacharie de la Morellière, dont il était tuteur après décès de leur mère, le 3 septembre 1550 (2).

(1) Parmi les nombreuses illustrations de la famille de Scepeaux, François de Scepeaux comte de Durtal, maréchal de France, mort en 1571, tient la première place. Sa brillante conduite dans la guerre d'Italie, à la prise de Pavie et au siège de Naples (1528), puis dans la campagne de Provence, lui valut les paroles les plus flatteuses de François Ier. L'activité dont il fit preuve, dans la défense de Metz contre les Impériaux, lui mérita le titre de gouverneur de cette place importante, 1553. Au milieu des discordes civiles et religieuses qui ensanglantèrent le règne de Henri II et de Charles IX, il soutint énergiquement le parti royal, tout en usant de grande modération envers les protestants, et mourut après avoir refusé l'épée de connétable.

(2) Inventaire par Tugal Le Tondeur, greffier à la sénéchaussée de Craon, à la requête de François de la Morellière, après décès de Françoise du Buat, des biens et meubles trouvés au lieu de la Cour-Fourrée, près la Chapelle-Craonnaise. Analyse d'Audouys. Archives départementales de Maine-et-Loire, E, 3,435.

VIIᵉ DEGRÉ

PREMIÈRE FILIATION : DU BUAT DE LA SUBRARDIÈRE

À LA mort de son père, GUILLAUME DU BUAT, écuyer, seigneur de Brassé et de la Subrardière, de Cramaillé, Besneart et de la Chevrolaye, était un tout jeune homme, presque un enfant. En 1520, il suivait à Angers les cours de l'Université, « étudiant en la faculté des Arts sous l'auditoire de discret Mᵉ Thomas Maupertuis, maître principal du collège de la Porte de Fer » (1).

Il remplit personnellement ses devoirs militaires, et s'acquitta du service de l'arrière-ban, auquel il était convoqué, comme noble gentilhomme, 1527. Il dut faire aussi ses preuves de noblesse, de concert avec son cousin Guillaume du Buat, de la maison de Barillé. Ils présentèrent ensemble à

---

(1) Archives de la Subrardière. Opposition à règlements de droits, en faveur de Guillaume du Buat, mineur, 19 janvier 1520 (n. st.). Pièce en parchemin. Titres de familles, t. I, nº 21.

Angers, devant les commissaires enquêteurs, un inventaire détaillé de leurs titres communs et particuliers accompagné de leur généalogie (1). Déjà le seigneur de la Subrardière avait été reconnu, par sentence du 20 septembre 1533, exempt des taxes roturières auxquelles les habitants de Méral prétendaient le forcer de contribuer (2).

Nous voyons encore Guillaume du Buat figurer dans de nombreux actes conservés aux archives de la Subrardière, relatifs à des acquisitions, à des échanges et à des aveux. Il augmente la fortune patrimoniale, et répare le trouble causé aux intérêts de la famille, par la mort prématurée de son père et de son aïeul. Il concourt d'abord à l'achat de la terre de la Mercerie, puis il acquiert seul la métairie de Besnéart (3), sur Mathurin Laillier, seigneur de la Chesnaye, par acte du 15 février 1528 (n. st.), passé en présence de Jean de Scepeaux, seigneur de La Motte-Gaubert, de Jean de la Barre, seigneur du Val, et de Georges Le Picard, seigneur du Chastelier (4). Il agrandit aussi le domaine de la Subrardière, en y joignant la ferme de la Herrière (17 octobre 1560).

(1) Archives de la Subrardière. Inventaire et généalogie formant deux cahiers en papier. Titres de noblesse, n°s 9 et 10. — Cfr. Pièces justificatives, n°s XX et XXI.

(2) Archives de la Subrardière. Pièce en parchemin. Cfr. Pièces justificatives n° XVIII.

(3) Archives de la Subrardière. Contrat signé : Meaulain. Titres de famille, t. I, n° 22. Cfr. Pièces justificatives n° XVI.

(4) Archives de la Subrardière ; contrat passé devant Gournadet, notaire en cour de Craon.

Conformément à l'ordonnance royale rendue à Compiègne le 15 octobre 1539, Guillaume du Buat fit devant le lieutenant général de la sénéchaussée d'Angers, la déclaration des revenus de ses fiefs et terres ressortissant de cette sénéchaussée. Cette curieuse déclaration nous permet d'apprécier la valeur des propriétés à cette époque (1). Une partie des fiefs dépendant de la Subrardière, relevait directement de la baronnie de Craon, que possédait la puissante maison de la Trémoille. Guillaume rendit aveu, pour la terre de l'Hommeau-la-Hart, à son suzerain Louis de la Trémoille, chevalier, seigneur de Guisne et de Taillebourg, vicomte de Thouars, prince de Tallemond et baron de Craon. Le suzerain reçut en personne l'hommage que lui présentait son vassal, et signa l'aveu de sa main au château de Craon, le 8 mars 1556 (2).

Guillaume du Buat épousa, après le décès de sa mère, JEANNE MAUVIEL, d'une famille de robe, fille aînée de René Mauviel (3), seigneur de la Druère, du Tremblay et de la

(1) Archives départementales de Maine-et-Loire. Notes d'Audouys, E. 2,311. La Subrardière tenue à foi et à hommage simple du seigneur de Livré, est évaluée à 30 livres de revenu ; le fief de Besnéart également à 30 livres ; celui de Cramaillé, à 25 livres ; la closerie de la Chevrolaye, à 15 sols, déduction faite de toutes charges. Cfr. Pièces justificatives, n° XIX.

(2) Archives de la Subrardière. Pièce en parchemin, jadis scellée sur la pièce même. Titres de famille, t. I, n° 33.

(3) Mauviel porte : *d'argent à deux chevrons de gueules, à la bordure engreslée de même.* Nous rencontrons : en 1473, René Mauviel, sénéchal de l'abbaye de la Roë (Archives départementales de la Mayenne, H, 33, p. 302) ; en 1547, Renée Mauviel, dame de l'Ansaudière, épouse

Charrye, et de Jeanne Coron, par contrat passé le 19 juin 1533, devant la cour de Durtal (1). Guillaume abandonnait à sa femme la terre de Cramaillé, en échange de la dot payée en espèces. Le mariage réunit presque toute la noblesse de la contrée, Aymard de Seillons, seigneur de Souvigné, Jean de Tessé, seigneur de Saint-Loup, Nicolas de la Chesnaye, seigneur de Congrier, Jean de la Barre, seigneur des Fougerais, Charles Labé, seigneur de Champaignettes, René Breslay, seigneur des Mortiers, François Guillet, seigneur de la Morgerie, Marin de Molins, seigneur de Molencé, Pierre Mauviel, licencié en droit, chanoine d'Angers.

L'existence de Guillaume du Buat se poursuit jusqu'en 1563. Nous lui connaissons cinq enfants :

     1º RENÉ, qui suit ;

     2º MARIN, écuyer, seigneur de la Rivière de Seillons, qui paraît dans divers actes de 1561 à 1599. Il assistait au mariage de sa nièce Françoise du Buat du Teillay (2), et fut choisi par son frère aîné comme son exécuteur testamentaire en 1574. Il épousa Jeanne du Bois-Hubert (3), dont il eut un fils, René du Buat, et une fille Renée, mariée à Thibault Le Gay, écuyer, seigneur du Teilleul. Marin du

---

de Etienne Amyot, licencié ès-lois, sénéchal de Craon. (Aveu rendu le 3 novembre 1547 par François de la Blanchardaye, seigneur du dit lieu et de l'Isle Tyson, par Geoffroi Bouan, chevalier, mari de Anne de Saint-Amadour. Archives de Saint-Amadour).

(1) Archives de la Subrardière, Titres de famille, t. I, nº 26.
(2) Contrat du 18 mars 1570.
(3) Audouys ; généalogie du XVIIIᵉ siècle. — La Chesnaye des Bois.

Buat aliéna de son vivant, d'accord avec son fils René, la terre de la Rivière de Seillons, et la vendit pour la somme de 500 écus à Jean Hullin, seigneur de la Fresnaye, 12 février 1599 (1).

Outre ces deux enfants, il faut peut-être lui attribuer la paternité de Marie du Buat, alias du Buart, femme de René de Bouillé, habitant le lieu seigneurial de la Niellière, dans la paroisse du Bailleul. Les deux époux firent une fondation pieuse en faveur de l'église du Bailleul, le 19 janvier 1609 (2).

3° PIERRE, écuyer, seigneur de la Blandinière, qui cède à son frère aîné, Guillaume, ses droits sur la Brenitière, le 2 décembre 1561, et assiste aussi au mariage de Françoise du Buat. Sa succession était ouverte en 1603 (3).

4° MARTHE, fille aînée, épousa par contrat du 18 novembre 1559, devant René Augier et Marin Hunault,

(1) Vente devant Maurille Menard, notaire en cour de Craon, par nobles hommes Marin et René du Buat, père et fils, seigneurs de Bois-Hubert, y demeurant, en la paroisse de Bouchamps, en faveur de noble homme Jean Hullin, seigneur de la Fresnaye, et de Marguerite Fardeau son épouse, demeurant à Angers, au lieu de la Rivière de Seillons, avec le pré y joignant, maisons, cours, terres, jardins, etc, pour le prix de 500 écus soleil. Fait à Craon, le 12 février 1599, en présence de Nicolas Amyot, seigneur de l'Ansaudière, demeurant à Craon, Pierre Hunault, etc. Reconnaissance donnée par Marguerite Jourdan, dame de la Denillère et de la Suhardière, pour les ventes ci-dessus, 28 mars 1604. Parchemin. Archives de Saint-Amadour.

(2) Acte reçu par Jean Bugeot, notaire en cour de Parcé. Archives départementales de la Sarthe. Série G, 777.

(3) Archives de la Subrardière. Partages du 14 avril 1603, devant Pierre, Simon et Marin, notaires.

notaires, Guillaume de Langellerie (1), seigneur du dit
lieu, en présence de Louis de Feschal, seigneur de
Thuré, de François de la Croix, seigneur de la Broce,
de Guillaume du Buat, seigneur de Barillé, de François
de la Morellière, seigneur de la Behuignerie, de René
de la Porte, et de René de Saint-Melaine. De cette
alliance vint François de Langellerie, écuyer, seigneur
du dit lieu, marié à Renée de la Saugère.

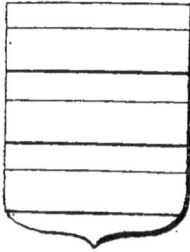

5° MARIE prit alliance, après la
mort de sa mère Jeanne Mauviel, avec
l'une des plus anciennes maisons du
Bas-Maine, et d'ancienne extraction chevaleresque, par son mariage avec Jean
l'Enfant (2), fils aîné et principal héritier de Guy l'Enfant, seigneur de la
Guesnerie, et de Renée Guerrif, demeurant au lieu du Val,
paroisse d'Erbrée. Le contrat passé devant Marin Hunault,

(1) La famille de Langellerie avait des possessions en Ballots dès le
XVᵉ siècle. Guillaume de Langellerie acquiert de Guillaume Martin
sept bouesselées de terre près de la Cocimbre, au prix de vingt-deux
livres, par contrat devant René Poulain, le 31 mars 1439 (n. st.)
Remembrances de la Corbière, folio 16.

(2) L'Enfant porte : *d'or à trois fasces de gueules.*
Sans apprécier ici l'opinion de dom Villevieille *[Trésor héraldique,*
article l'Enfant) qui traduit « Raginaldo infante, filio Rannulfi Avenel, »
par Regnault l'Enfant, témoin de la donation de l'église de Vezins à
l'abbaye de la Couture au Maine en 1082 (p. 29, du *Cartulaire de la Cou-*
ture) et sans regarder ce personnage comme un ancêtre des l'Enfant La
Patrière, nous citerons des noms moins hypothétiques. Le même cartulaire de la Couture (p. 126-127) donne les noms de Hamelin l'Enfant,
chevalier, et de Foulques l'Enfant, chevalier et sénéchal de la Cham-
pagne du Maine, qui paraissent dans divers actes vers 1190.

notaire en cour de Craon, le 12 novembre 1562, est signé de Julien Le Cornu, seigneur du Plessis de Cosmes, d'une maison très attachée au parti catholique, de Charles Guerrif, seigneur de Villegrand, de Joachim Guerrif, prêtre, de François de la Morellière, seigneur de la Behuignerie, de Claude de Langellerie, seigneur du dit lieu, de François du Buat, seigneur du Teillay et de Pierre du Buat, seigneur de la Blandinière (1).

De leur union naquirent Jean l'Enfant, mort sans postérité, et Marie, qui épousa en premières noces Louis Charbonnier, seigneur de Monternault, et en deuxièmes noces, François de Juigné, seigneur du Parvis et de Beauchesne.

Marthe figure comme marraine au baptême de Marie de Champagné, sa nièce, le 15 juillet 1586, et est qualifiée sur le registre « veuve de monseigneur de Monternault » (2). Elle obtint le dix septembre de l'année suivante une reconnaissance de noblesse (3).

6° ANNE, baptisée sur les fonts de l'église de Méral, le 16 octobre 1540, eut pour marraine Catherine de Jonchères (4). En 1584 elle était religieuse dans une communauté de Nantes au terme du testament de son frère René du Buat.

(1) Archives de la Subrardière ; Titres de famille, tome I, n° 40. Archives départementales de Maine-et-Loire, E, 2,311. Parchemin.
(2) Etat civil de Méral.
(3) Pièce originale, scellée du sceau de Charles Boucher, sieur de Dampierre, maître des requêtes de l'hôtel du roi, commissaire pour la répartition des tailles de la généralité de Tours. Archives départementales de Maine-et-Loire, E, 2,311
(4) Etat civil de Méral, an 1540.

ENÉ DU BUAT, écuyer, seigneur de la Subrardière, Brassé, Cramaillé, Mingé, les Théardières, fils aîné et principal héritier de Guillaume du Buat et de Jeanne Mauviel, se maria, comme tous ses ancêtres, dans le pays même, non loin de la Subrardière. René de la Roussardière, seigneur de Paronneau et de Gautret, ancien précepteur des fils du duc de Guise (1), s'était retiré dans la paroisse de Quelaines, au château dont il portait le nom. Il était mort, laissant trois enfants de son union avec RENÉE D'AVAILLOLES, René, seigneur de Paronneau, Jeanne et Anne. Jeanne entra dans la maison de Quatrebarbes et Anne de la Roussardière (2), sa jeune sœur, devint la femme de René du Buat. Le contrat passé devant Samson Le Roux, notaire de la

(1) Généalogie de Quatrebarbes. — L'abbé Pointeau, *Certificats de l'Etat religieux de la noblesse du Bas-Maine en 1577.* Laval, 1885, p. 38 et 39.

(2) La Roussardière porte : *d'argent à trois pals de gueules, chacun chargé d'une rose de même.*

cour du Mans, stipulait la donation des terres de Brassé et
de Cramaillé, cédées par son père en avancement d'hoirie (1).
Le mariage réunit, parmi les parents des deux familles,
François d'Availloles, chevalier, commandeur de Béconnais,
oncle d'Anne, Guillaume de Quatrebarbes, seigneur de la
Rongère, mari de Jeanne de la Roussardière, Guy Mauviel,
seigneur de la Druère et du Tremblay, René Mauviel,
seigneur de la Caherie, oncles de René du Buat, 2 juillet
1559.

Le seigneur de la Subrardière ajouta à son domaine la
métairie de la Petite-Ragotière (2), et poursuivit en faveur de
son fils mineur, le retrait lignager sur la métairie de la
Feudonnière, aliénée par René de la Roussardière, son
beau-frère (3). Ainsi il était déjà veuf à cette date. Son testament passé le 19 mai 1584 (4), devant René Viel, notaire
en cour du Mans, en présence de Guillaume Bouvier, curé
de Ballots, assure divers legs pieux en faveur des églises de
Méral, de Ballots et de Myré, et exprime son désir « d'être
inhumé dans l'église de Méral, dans le lieu et endroit de
ses prédécesseurs ».

(1) Archives de la Subrardière. Parchemin, scel perdu ; paraphé par
Voysin de la Noiraye. Titres de famille, t. I, nᵒ 42, 2 juillet 1559.

(2) Archives de la Subrardière. Quittances des ventes et issues de
la dite métairie, passées en date du 24 novembre 1572. Série des pièces
diverses.

(3) Archives de la Subrardière. Acte en date du 25 février
1573.

(4) Archives de la Subrardière. Titres de famille, t. I, nᵒ 49. Pièce en
papier.

Il mourut peu après, dans la même année, laissant deux enfants :

1° JEAN qui suit ;

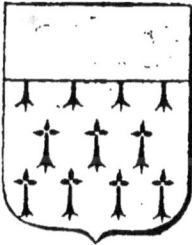

2° PERRINE. La dernière préoccupation de René du Buat fut pour sa fille. Avant de passer à un monde meilleur, il eut du moins la satisfaction d'avoir assuré l'avenir de Perrine, en lui procurant un mariage des plus honorables avec Louis de Champagné (1), fils aîné de François de Champagné, chevalier, seigneur de la Motte-Ferchault et de Marie de la Roussière.

Il donna en dot à sa fille le fief de Mingé, les terres des Théardières et de Groysé en Courbeveille, et de la Cherbotaye en Cherré, et en outre plus de deux mille écus. Louis de Champagné apportait de son côté la seigneurie et le domaine de la Perronnière, et constituait un douaire à sa femme. Le contrat fut passé au château de la Subrardière le 14 février 1584, par René Viel, qui, quelques jours plus tard, devait recevoir l'expression des dernières volontés de René du Buat. Nous remarquons parmi les témoins Tristan de Fontenailles, seigneur de Marigné, Eustache de Hardouin, seigneur de la Girouardière, beaux-frères de Louis de Champagné, René d'Andigné, seigneur d'Angrie, de Rouez et de Vritz, René de Champagné, seigneur du Roussignol, Marin du Buat, seigneur de la Rivière et du Bois-Hubert, Jean Le Picard, seigneur de la Grand-Maison, Nicolas

(1) Champagné porte : *d'hermine au chef de gueules.*

Amyot, seigneur de l'Ansaudière, René Pellault, seigneur de Bois-Bernier, René l'Enfant, G. Baraton, G. de Mondamer (1).

Louis de Champagné ne devait pas tarder à quitter sa jeune épouse, pour prendre un rôle actif dans les guerres de la religion. Il fut dans l'Anjou un des plus fermes soutiens de la *Sainte-Union,* et l'une des notabilités du parti catholique. D'abord lieutenant de cinquante hommes d'armes des Ordonnances du roi, sous le maréchal de Bois-Dauphin, en 1587, il fut ensuite nommé gouverneur pour l'Union, de la ville de Château-Gontier (1589). Il prit part à plusieurs engagements qui se passèrent dans la contrée, et notamment au combat de Craon, où la victoire, longtemps disputée, fut glorieusement acquise aux Ligueurs (avril 1592) (2).

Lorsque la conversion de Henri IV eut enlevé au parti des Guises, son prétexte le plus spécieux, Louis de Champagné envoya sa soumission au roi. Juste appréciateur du mérite, Henri IV répondit en lui adressant le brevet de gentilhomme de sa chambre, et en lui accordant ce même titre de gouverneur de la ville de Château-Gontier (25 août 1595). Louis XIII lui continua ses faveurs et lui conféra le cordon de l'ordre de Saint-Michel, honneur qui n'était concédé qu'aux plus grands personnages. Il mourut le 5 octobre 1615, et fut inhumé le surlendemain dans l'église du Lyon d'Angers, lieu de sépulture de la famille de Champagné (3).

(1) Archives de la Subrardière. Titres de famille, t. I, n° 47.

(2) Palma Cayet. *Chronologie novenaire.* — *Généalogie de la maison de Champagné.* Imprimé s. l. n. d. p. 25. — C. Port, *Dictionnaire de Maine-et-Loire,* t. I, p. 587. — L'abbé Ledru, *Urbain de Laval-Bois-Dauphin,* Mamers, 1878, p. 42.

(3) *Généalogie de la maison de Champagné.* C. Port, *Dictionnaire de Maine-et-Loire,* t. I, p. 587.

Il eut de sa femme Perrine du Buat, quatre enfants :
Pierre de Champagné, l'ainé, chevalier, seigneur de la
Motte-Ferchault, qui épousa en 1618 Françoise du Bouchet ;
Louis, seigneur de Commer, marié à Françoise d'Armaillé ;
Gabriel, seigneur de Cramaillé, marié à Suzanne de Cordon,
Marie (1) alliée à Jean du Bois-Bérenger.

(1) Le XVe jour du mois de juillet mil cinq cens quatre-vingt et six,
a esté baptisé, Marye, fille de nobles personnes Louys de Champagné,
sieur de la Roussière et de damoyselle Perrine du Buat, son espouse.
A esté parrain noble homme René de Champagné, sieur de Roussignol;
et les marainnes damoiselle Marie Lihoreau, espouze de noble homme
Jean Le Picard, sieur de la Grand-Maison, et damoyselle Marie du
Buat, veuve de monseigneur de Monternault. Baptisé par moy soub-
zigné, vicaire de Méral, (signé) Jorier. *Registres de l'état-civil de Méral.*

IXᵉ DEGRÉ

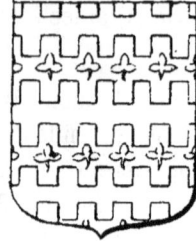

JEAN DU BUAT, écuyer, seigneur de la Subrardière, de Saint-Poix, Chanteil, la Motte de Ballots, la Bodinière, mineur à la mort de son père, reçut pour curateur, son oncle Marin du Buat, seigneur de la Rivière et du Bois-Hubert. Celui-ci, fit en qualité de tuteur, procéder à un inventaire des biens et titres dépendant de la succession du seigneur de la Subrardière, en présence de Louis de Champagné, héritier du chef de sa femme, 16 novembre 1584 (1). Après sa majorité, René du Buat présenta à sa sœur et à son beau-frère, les partages nobles des deux parts au tiers des successions de leur père, de leur mère et de leur grand-oncle Pierre du Buat, seigneur de la Blandinière, décédé sans hoirs. 4 février 1603 (2).

(1) Archives de la Subrardière. Titres de famille, t. I, n° 50.
(2) Archives de la Subrardière, idem, n° 51. Le choix des partages est daté du 14 mars 1603.

Il hérita aussi vers le même temps de l'importante seigneurie de Chanteil, qui lui fut adjugée par décret en 1609, non sans longues contestations avec la famille Mordret (1), aussi héritière de la maison de Saint-Aubin.

Jean épousa le 12 novembre 1609 Magdeleine de Birague, fille de François de Birague (2), baron d'Entrammes, chevalier de l'Ordre, gentilhomme de la chambre du duc d'Alençon, et de Jeanne de la Pommeraye. Magdeleine avait quatre frères: René, l'aîné, baron d'Entrammes, qui épousa Françoise d'Erbrée; César, prieur d'Entrammes; François, religieux de l'Ordre de Saint-François à Nantes, et Brandelis, mort jeune. Elle était la nièce du cardinal René de Birague, garde des sceaux sous Charles IX, et chancelier de France après l'Hospital (3); par son grand-père Gilles de la Pommeraye, maître d'hôtel du roi, ambassadeur à Venise, puis président à la cour des Comptes de Bretagne, elle se rattachait aux premières maisons de cette province (4).

(1) Bodard de la Jacopière. *Chroniques Craonnaises*, p. 538.

(2) Birague porte : *d'or à trois fasces de gueules, bretessées et contrebretessées de cinq pièces chacune chargée d'un trèfle d'or.* — Un critique érudit, M. Courajod vient d'avoir la bonne fortune de retrouver deux fragments importants du remarquable tombeau de Valentine Balbiani, épouse de René de Birague. Ce sont les armoiries de la maison de Birague, sculptées de la main même de Germain Pilon pour orner le fronton du monument. Dans le blason aux armes pleines de Birague, *les faces* nous semblent *sans nombre.* Cfr. *Mémoires de la Société des Antiquaires de France*, année 1884, p. 104.

(3) Le P. Anselme. *Histoire généalogique des grands officiers de la Couronne*, t. VIII.

(4) Pottier de Courcy. *Armorial et nobiliaire de Bretagne*, t. I.

Le contrat fut passé à Montigné le 12 novembre 1609, au logis de Louis de Champagné, gouverneur de Château-Gontier, devant Jean-Baptiste Poullier, notaire à Montigné, en présence de Lancelot de Quatrebarbes, seigneur du Chesnay, de Guillaume de Quatrebarbes, seigneur de la Roussardière, de Guillaume de Langellerie, seigneur de Brassé, de M⁰ Mathurin Verger, prieur d'Entrammes, de Daniel du Chemin, seigneur de Mingé, sénéchal d'Entrammes et de M⁰ Ambroise Guyais, auditeur de la chambre des Comptes à Laval (1).

L'acquisition de la Motte de Ballots fut l'un des premiers actes des nouveaux époux. Cette terre rappelait bien des souvenirs chers à la famille, c'était une des plus anciennes possessions en Anjou ; la motte féodale entourée de ses douves, quoique ruinée depuis les guerres anglaises, n'avait point perdu tout prestige. Elle avait été le berceau, chacun le savait encore, de l'antique maison de Ballots. Ses anciens possesseurs, premiers vassaux des barons de Craon, avaient occupé assez de place dans l'histoire du pays, pour que les échos affaiblis d'une lointaine tradition ne les eussent pas encore oubliés. C'était alors la propriété de Paul de la Saugère, écuyer, seigneur de la Bossardière, qui consentit la vente le 25 juin 1610 (2). Ils achetèrent encore du même et

(1) Archives de la Subrardière. Copie en papier certifiée par Julien Fontaine, le 17 septembre 1616. Titres de famille, t. II, n⁰ 2. Pièces justificatives, n⁰ XXXI.

(2) Archives de la Subrardière. Cfr. Pièces justificatives, n⁰ XXXII.

de sa femme Louise de Scepeaux, la terre de la Bodinière, en Livré, le 31 octobre 1611 (1).

Jean du Buat obtint des lettres de maintenue de noblesse, le 20 avril 1627 ; elles lui furent délivrées à Château-Gontier, par Jérôme de Bragelongne, commissaire de la généralité de Tours (2). Il mourut à Angers le 10 mars 1636, et fut enseveli dans l'église des Augustins (3).

Magdeleine de Birague se remaria en secondes noces à René d'Aubert, seigneur de Launay de Beaulieu, veuf de Renée de Houllière, et père de deux enfants : Pierre et René, l'aîné décédé depuis peu, par contrat du 1er juillet 1637, passé devant Pierre Hunault, notaire à Craon (4). René d'Aubert, teste en 1660, et la laisse veuve une seconde fois.

La fortune territoriale de la maison du Buat, déjà considérable, s'était augmentée par l'héritage d'une partie de la seigneurie de Saint-Poix, possédée pendant plusieurs

(1) Archives de Laval, E. 134, p. 485. Contrat d'acquêt devant Jean Chevillard, notaire en cour de Craon, de la terre de la Bodinière, vendue par Paul de la Saugère, écuyer, seigneur de la Bossardière, du Bourg-d'Iré et de la Fleurardière, et de Louise de Scepeaulx, veuve de René N., écuyer, sieur du Val, et dame de Chemans, en faveur de Jean du Buat, seigneur de la Subrardière, mari de Magdeleine de Birague. 31 octobre 1611.

(2) Archives de la Subrardière. Pièce en papier scellée du sceau de J. de Bragelongue. Cfr. Pièces justificatives, no XXXIII.

(3) Fut ensépulturé en l'église des Augustins d'Angers, le corps de défunct Me Jean du Buat, escuyer, seigneur de la Subrardière et de la Motte de Ballots, seigneur fondateur de Ballots, lequel mourut au dit Angers par une langueur de maladie de gouttes le 10 mars 1636 Etat civil de Ballots.

(4) Archives de la Subrardière, Titres de famille, t. II, no 7.

siècles par la famille de Saint-Aubin (1). Au titre de seigneur de Saint-Poix étaient joints les droits honorifiques dans l'église de la paroisse, c'est-à-dire les droits de litre, ou de bande peinte aux armes de la famille, sur les murs de la nef et du chœur, de banc seigneurial, et de sépulture sous enfeu dans le chœur.

Grâce à Magdeleine de Birague, la Subrardière posséda une chapelle régulièrement dotée de biens fonds par acte du 27 février 1652, et assurée d'un service régulier de deux messes par semaine (2). Le premier titulaire, Me René Pavy fut présenté le 26 février 1662, et reçut la jouissance de la closerie des Châtelliers, en Méral, sa vie durant, comme honoraires de ses fonctions (3).

Le nom de la châtelaine de la Subrardière revient fréquemment dans les registres de baptême de Saint-Poix, de Méral et de Ballots. Elle ne craint point le contact des classes inférieures; ses enfants et petits-enfants, elle-même aussi, servent de parrains et de marraines aux fils de leurs fermiers ou de modestes artisans. La noble dame n'est pas

(1) Partage de la succession de demoiselle Françoise de Saint-Aubin, présenté par Magdeleine de Birague, veuve de Jean du Buat, garde noble de ses enfants, à René de la Durantière, écuyer, 10 juillet 1636. Pièce en papier. Archives de la Subrardière. Titres de famille. t. II, n° 6. La partie de la succession de Saint-Aubin qui pouvait revenir à la branche de la Subrardière s'accrut aussi par diverses acquisitions.

(2) Fondation rappelée dans une présentation de chapelain, du 2 septembre 1716. Papier. Archives de la Subrardière.

(3) Acte devant Pierre Paumard, notaire à Saint-Poix.

seulement la providence des paroisses, elle exerce aussi la plus heureuse influence autour d'elle, sur sa nombreuse famille.

Magdeleine de Birague mourut à Chanteil, et fut inhumée le 23 octobre 1664 dans l'église de Saint-Poix (1).

Elle avait eu de son premier mariage avec Jean du Buat, seigneur de la Subrardière, cinq enfants :

1º CHARLES, qui suit :

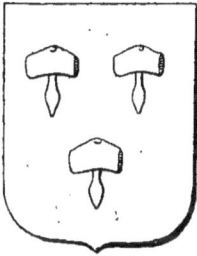

2º MARIE, fiancée le 1er février 1643, et mariée le 15 du même mois dans l'église de Méral, à Pierre d'Aubert (2), fils de René d'Aubert, chevalier, seigneur de Langron et de Launay en Beaulieu, et de Renée de Houllière, sa première femme (3).

3º MAGDELEINE, morte jeune et inhumée dans l'église de Méral, le 17 octobre 1621 (4).

4º et 5º CATHERINE, entra au couvent des Bénédic-

(1) Note de l'état civil de Ballots.
(2) D'Aubert porte : *d'azur à trois maillets d'or*, d'après d'anciennes armoiries. M. de Courcy dit : « *de gueules à trois maillets d'argent*. Famille maintenue au conseil en 1706, et par arrêt du Parlement en 1782. Ext. dix générations. » *Armorial de Bretagne*, t. I, p. 17.
(3) Registres de l'état-civil de Méral.
(4) Etat-civil de Méral.

tines de Sainte-Scholastique de Laval, en même temps que sa sœur ANNE, présentées toutes deux par leur mère. Admises comme novices, le 1ᵉʳ octobre 1638, elles reçurent une dot commune de 6,300 livres. Catherine mourut le 13 avril 1674 (1).

(1) *Les Bénédictines du couvent de Laval,* par M. l'abbé Angot. *Revue du Maine,* t. XVII, p. 307.

Xe DEGRÉ

HARLES DU BUAT, chevalier, seigneur de la Subrardière, de Saint-Poix, Chanteil, la Motte de Ballots,
gentilhomme ordinaire de la chambre du roi, homme
d'armes de la compagnie des ordonnances du cardinal de
Richelieu, naquit à Angers, et fut présenté sur les fonts de
l'église de la Trinité, le 22 mars 1625, par Charles d'Andigné, seigneur d'Angrie et Françoise d'Armaillé (1). Il épousa,
par contrat passé devant Jean Marcoul notaire à Cossé-le-
Vivien, le 12 février 1646, Elisabeth de la Corbière (2), fille de
Charles de la Corbière, chevalier, seigneur de la Bénichère,
des Alleux en Juvigné, et de défunte Marie Pidoux. Peu de
maisons dans la noblesse du Craonnais, eussent pu
prétendre à une plus ancienne extraction. L'un de ses

(1) Archives de la Subrardière, Titres de famille, t. II, n° 12.
(2) La Corbière porte : *d'argent au lion de sable, armé, lampassé et
couronné de gueules.*

7

membres, Zacharie de la Corbière, au moment d'entre-
prendre le voyage de la Terre-Sainte, céda son fief de
Melland à l'abbaye de la Roë (1117-1127) (1).

Depuis ces temps éloignés, la famille n'avait pas dégéné-
ré (2). Elle était représentée au mariage d'Elisabeth, par
Charles de la Corbière, chevalier, seigneur de Mortelève, son
aïeul, Elisabeth de Tudert, dame de la Roche-Pichet, son
aïeule, Nicolas de Tudert, conseiller du roi au Parlement,
doyen de l'Église de Paris, Claude de Tudert, chevalier, seigneur de la Bournelière, conseiller du roi, Philippe de Picher-
le-Plessis, seigneur de Semur et de Saint-Quentin, Louise de
Beaux, Pierre Séguier, chancelier de France, Dominique
Séguier, évêque de Meaux, René Le Clerc, chevalier, baron
de Coulaines et de Loué, Charles de Brillac, capitaine d'une
compagnie, Gabriel de la Corbière, chevalier, tous présents
en personne ou par procuration. Parmi les parents et les
amis de la famille du Buat, nous relevons les noms de
Magdeleine de Birague, de Jean de Birague, seigneur, baron
d'Entrammes, de René de Charbonnier, seigneur de Monter-

----

(1) *Cartulaire de l'abbaye de la Roë.* Cfr. Chartes 199, 539. Archives
de la Mayenne.

(2) Nous extrayons ce qui suit de l'*Armorial de Bretagne*, par
M. Pottier de Courcy, t. II, p. 227. « La Corbière, originaire du Maine,
seigneur du dit lieu, de Vahays de la Benichère. Ancienne extraction
chevaleresque ; réforme de 1670, neuf générations. [A produit] un
écuyer, montre au Mans en 1393 ; Pierre, marié vers 1400, à
Françoise de la Roche ; trois conseillers au Parlement depuis 1653 ;
deux abbés de Valence en 1649 et en 1685 ; deux chevaliers de Malte
depuis 1669 ; un page du roi en 1731 ».

nault, la Mare et de Badet, de René de Quatrebarbes, chevalier, seigneur de la Rongère, de Louis de Langellerie, chevalier, seigneur de Beaulieu, tous deux présents par procuration, Pierre d'Aubert, chevalier, seigneur de Langeron, fils du seigneur de Launay, et Marie du Buat, sa femme. La dot d'Elisabeth de la Corbière fut fixée à 40,000 livres tournois (1).

Cette union fut féconde ; nous n'avons pas compté moins de quinze enfants nés de ce mariage. Un dénouement fatal abrégea la carrière de plusieurs ; les trois aînés moururent jeunes, et au moment où deux d'entre eux allaient parvenir à toute la vigueur de la jeunesse. Charles du Buat fit ses preuves de noblesse et production de pièces le 24 mars 1665 (2). Les habitants de Saint-Poix signèrent aussi une reconnaissance de droit d'enfeu, au chœur de l'église (3), pour lui et pour ses successeurs le 12 janvier 1662.

L'année suivante, il était parrain d'une cloche fondue par Joseph Lamy, de la ville d'Angers, pour l'église de Ballots (4).

(1) Archives de la Subrardière, Titres de famille, t. II, n° 13. Pièces justificatives n° XXXV.

(2) Archives de la Subrardière. Cahier en papier. Titres de noblesse.

(3) Archives de la Subrardière. Pièce en papier. Permission accordée par Charles du Buat, de faire baisser la tombe d'un de ses prédécesseurs, « enterré au chœur de l'église de Saint-Poix, joignant la marche du grand autel et élevée de terre de deux pieds » et reconnaissance du droit d'enfeu. 12 janvier 1662. — Archives de la Subrardière. Titres de noblesse, n° 13.

(4) Etat civil de Ballots. Cfr. Pièces justificatives n° XXXIV.

Un généreux paroissien, Yves Cinoir, l'ainé, paya tous les frais de la fonte, (21 novembre 1663). La même année il paraît, comme partie intéressée dans un accord qui réglait la succession de Renée Pidoux, épouse de René Le Clerc, chevalier, seigneur de Coulaines en Loué, dont il était héritier du chef de sa femme, Elisabeth de la Corbière, (8 juillet 1663).

Charles du Buat ne fut pas témoin du décès prématuré de ses enfants. Il mourut en 1672 et fut inhumé dans l'église de Saint-Poix le 30 septembre de la même année, par Jacques Gaultret, curé de Cossé-le-Vivien (1). Le douaire de sa femme Elisabeth de la Corbière, était à peine fixé par acte passé au château de Chanteil, le 12 juillet 1686 (2), qu'elle mourait elle-même le 14 août suivant (3).

Charles du Buat et Elisabeth de la Corbière eurent pour enfants :

1º CLAUDE-CHARLES, baptisé le 24 mai 1652 à Méral, eut pour parrain Claude de la Corbière, baron de Juvigné (4); il ne paraît pas avoir vécu.

2º CHARLES-JOSEPH, baptisé le 24 novembre 1655, fut présenté sur les fonts de Méral (5) par René de Birague, prieur d'Entrammes, son grand oncle, et par Magde-

(1) Registres de l'état civil de Ballots et de Saint-Poix.
(2) Archives de la Subrardière. Titres de famille, t. II, nº 18.
(3) Etat civil de Saint-Poix. D'après M. l'abbé Pointeau.
(4) Etat civil de Méral.
(5) Etat civil de Méral.

leine de Beaumanoir, marquise de Birague. Après le décès de son père, il prit le titre de chevalier, seigneur de la Subrardière, Chanteil, Saint-Poix, la Bodinière, la Hunaudière, la Motte de Ballots, le Rocher-Volaines, l'Hommeau-la-Hart. C'est en qualité de seigneur de Saint-Poix et de la Motte-de-Ballots et de leurs dépendances, qu'il rend aveu par dénombrement de ces fiefs (1), relevant de la baronnie de Craon, à Magdeleine de Laval, dame du palais de la reine, et veuve de Henri-Louis d'Alongny, chevalier, marquis de Rochefort, baron de Craon, maréchal de France, gouverneur de la Lorraine et du Barrois, et tutrice de ses enfants (3 août 1677). Charles du Buat ne jouit pas longtemps de sa fortune. Il mourut soit à la fin de 1687, soit au commencement de l'année suivante.

3° MALO-MARIE (2), chevalier, seigneur de Saint-Poix, ondoyé le 16 mai 1658, fut baptisé le 21 du même

(1) La réception de cet aveu est consignée dans les registres des remembrances de Saint-Poix. Archives de la Mayenne, E 132, p. 14. Cet aveu existe dans le chartrier de la Subrardière. Cfr. Pièces justificatives, n° XXXVI.

(2) 1658, 21 mai. — Méral. Registres de l'Etat civil.

Malo Marie, né le 16, fils de Mre Charles du Buat, chevalier, s^gr de la Motte-Saint-Péan, de la Subrardière et Chanteil, et de dame Elizabeth de la Corbière, son espouse a, cejourd'huy vingt et unième may mil six cent cinquante huict, reçeu les cérémonies du baptême sur les saints fons baptismaux de Saint-Péan, les soubzsignants soubzsignés, (ayant été baptizé par nécessité par Me Pierre Jameaux p^tre, le seizième dud. mois et an que dessus) par nous noble Charles de la Corbière, abbé de Valence, chanoine de Notre-Dame de Paris et prieur de Bois-Rolland ; furent parrain très-hault et puissant messire Malo de Coisquin, marquis des marquisatzs du dit Coisquin, la Marselière et Bain, comte de Combourg, baron des baronnies d'Aubigné, le Vau, Ruffé, Bonne-

mois dans l'église de Méral, par son oncle Charles de la Corbière, abbé de Valence et chanoine de Paris. Il eut pour parrain Mre Malo de Coesquin, marquis dudit lieu, comte de Combourg, vicomte de Rougé, gouverneur de Saint-Mâlo, seigneur de Villiers-Charlemagne, et pour marraine Marie du Pourprié, épouse de Claude de la Corbière, baron de Juvigné, conseiller au parlement de Bretagne. Mâlo-Marie se maria, simple puîné, à Gabrielle de la Fontaine, fille de feu Julien de la Fontaine, écuyer, sieur du Tertre, et d'Anne Charil, demeurant au bourg de Peuton, par contrat passé le 24 janvier 1682, devant Jean Garnier, notaire à Château-Gontier, en présence de Philippe de Hardouin, écuyer, seigneur de la Girouardière, de René de Hardouin, cousins de la future (1). Quelques années après, il recueillait à son tour les successions de son père et de ses frères, et en présentait partage comme aîné le 22 juin 1688. Il mourut bientôt après, le 15 mai 1690, et fut inhumé le surlendemain dans l'église de Saint-Poix, lieu ordinaire de la sépulture des seigneurs de Saint-Poix (2).

4° MAGDELON-HYACINTHE, qui suit.

Fontaine et le Gey, vicomte des vicomtés de Rougé et du Fretoy, seigneur châtelain des châtellenies d'Uzel, la Motte-Daumon, Tremehin, Malextroit près Dol, Morlet, et Gauguenet, gouverneur des villes, chasteau de Saint-Mâlo, tour de Solidor, forts, ports et havres en dépendant, et s^gr du Bois de Cuillé et des chastellenies de la ville de Gennes, Brielle et de Villiers-Charlemaigne ; marraine dame Marie du Pourprié, épouse de Mre Claude de la Corbière, baron de Jusigné et cons^ller du Roy en son parlement de Bretaigne.

(1) Titres de la famille du Buat de la Subrardière, t. II, n° 17.
(2) Etat civil de Saint-Poix, d'après M. l'abbé Pointeau.

5° JEAN-BAPTISTE, chevalier, seigneur de Volaines (1),
né le 1er septembre 1663, fut présenté le 8 novembre
suivant sur les fonts baptismaux de Méral (2), par Jean
Gilles, écuyer, seigneur de la Grue et de la Berardière,
et par Magdeleine de Birague. Il épousa N. Domestissac (3).
Il habitait en 1731 le faubourg Saint-Jean, dans la ville
de la Guierche en Bretagne, où il mourut cette même
année.

6° PHILIPPE, chevalier, seigneur de Chanteil, reçut
le supplément des cérémonies du baptême le 6 novembre
1668, dans l'église de Méral (4). Il eut pour parrain et
marraine Philippe-Emmanuel de Hardouin, chevalier,
seigneur de la Girouardière et Françoise de Langellerie.
Officier au régiment de Penthièvre, il mourut sur un champ
de bataille avant le 14 avril 1708, date du partage de sa
succession (5).

7° MAGDELEINE, reçut le supplément des cérémonies
du baptême le 25 février 1648, et fut présentée aux fonts
par Charles de la Corbière, chevalier, seigneur de Mortelève et par Magdeleine de Birague (6). Elle entra, en 1664 ou
1665, dans la communauté du Buron, près Château-Gontier,
de l'ordre de Saint-François, comme sa sœur puînée, Marie,

(1) La seigneurie de Roches et Volaines en Rasmée, près la Guierche
avait des droits féodaux sur la Touzelière de la Roë et la Rivière aux
Poiriers de Fontaine Couverte, appartenances de l'abbaye de la Roë.
(2) Etat civil de Méral.
(3) *Mémoire généalogique du XVIII⁰ siècle.*
(4) Etat civil de Méral.
(5) Archives de la Subrardière.
(6) Etat civil de Méral.

et figure sur les listes du couvent pendant vingt-cinq ans environ (1). Cette communauté se recrutait surtout parmi les jeunes filles nobles de la contrée ou de la bourgeoisie de Château-Gontier. Les compagnes de Magdeleine et de Marie du Buat formaient un cercle d'élite, dans lequel nous aimons à relever les noms de Magdeleine de Boisjourdan, Louise Gilles, Radegonde de la Dufferie, Françoise de Lesrat, Perrine de Marbœuf, Magdeleine Hardouin de la Girouardière, Françoise d'Andigné, Mathurine et Elisabeth Denyau, Perrine Eveillard, Jacquine Maumusseau du Châtellier, Marie de Jarzé, etc.

8° MARIE, baptisée le 4 novembre 1648 eut pour parrain et marraine Charles de la Corbière, chevalier, seigneur de la Benichère, et Marie du Buat, dame de Langron, sa tante. A l'âge de seize ans, sa mère la présenta à la supérieure des religieuses du Buron (2), dame Guyonne Lasnier et à Renée de la Dufferie, assistante, qui l'acceptèrent en qualité de novice, 21 juillet 1664. Elle apportait une dot de 2,000 livres et une rente annuelle de 200 livres. Elle figure comme sa sœur aînée aux partages de 1686. Elle disparut vers 1715.

9° ELISABETH, ondoyée le 14 décembre 1649, reçut le supplément des cérémonies du baptême le 28 avril 1650 (3). Jean de Birague, chevalier des ordres du roi, baron d'En-

---

(1) Archives municipales de Château-Gontier. Tableau des charges, officiers municipaux, clergé régulier et séculier de la ville. Communication due à l'obligeance de M. Gadbin, d'après le manuscrit de N. Thoré.

(2) Archives de la Subrardière.

(3) Etat civil de Saint-Poix.

trammes, et Marie de la Rochère, dame de la Benichère la présentèrent sur les fonts de Saint-Poix. Elle mourut jeune.

10° ELISABETH, baptisée le 30 août 1654, Charles de la Corbière, abbé de Valence, prieur de Bois-Rolant, et Magdeleine de Quatrebarbes répondirent pour elle au baptême (1).

11° ELISABETH-CHARLOTTE, baptisée le 12 décembre 1656, eut pour parrain et marraine René d'Aubert, chevalier, seigneur de Launay, de Beaulieu, et Marguerite de la Corbière (2). Elle épousa François-Daniel de la Chevalerie, écuyer, seigneur de la Daumerie. Ils paraissent tous deux dans des actes du 12 juillet 1686 à 1713 (3).

12° RENÉE-ANNE, baptisée le 1er août 1661, à l'église de Saint-Poix, eut pour marraine Renée de la Saugère (4).

13° FRANÇOISE-ELISABETH, née le 9 mai 1664 et présentée sur les fonts de Saint-Poix le 14 suivant (5), par Charles-François de la Corbière, chevalier, seigneur de Kerjégu, et par Elisabeth-Charlotte du Buat, sa sœur. Elle survécut peu à son père.

14° ELISABETH, baptisée le 6 juillet 1666 (6).

(1) Etat civil de Saint-Poix.
(2) Etat civil de Saint-Poix.
(3) Archives de la Subrardière.
(4) Etat civil de Saint-Poix.
(5) Etat civil de Saint-Poix.
(6) Etat civil de Saint-Poix.

15° Anne-Henriette, née vers 1671, épousa dans l'église de Ballots, le 26 novembre 1699 René-François Minault (1), écuyer, âgé de 22 ans, fils de Georges Minault, écuyer, seigneur de la Charbonnerie (2) et de Anne de Breslay (3). Elle mourut jeune le 28 novembre 1706, et fut inhumée le 1er décembre suivant dans l'église de Ballots. Son mari vint l'y rejoindre, après quelques années de veuvage, le 9 mars 1709. Ils laissaient une fille, Henriette-

(1) Etat civil de Ballots.

(2) Minault de la Charbonnerie porte : *d'argent à trois hermines de sable*. Audouys, ms. de la bibl. d'Angers. — Denais, *Armorial de l'Anjou*, t. II. La Charbonnerie en Ballots a conservé un ancien

manoir du XVI° siècle. Sur une haute lucarne en pierre, on voit les armes conjuguées des maisons de Scepeaux et de Bréon, qui donnent la date de la construction du milieu du XVI° siècle.

(3) Divers membres de la famille Breslay, fixée en Anjou, ont occupé les premières places de l'Ordre judiciaire dans la Province. Jean Breslay, licencié ès lois, sieur de la Chupinière en Mareil, sénéchal et juge ordinaire d'Anjou, était bailli de Sablé en 1456. Son fils Jacques Breslay, sieur du Jau, avocat au Parlement de Paris, intendant de la maison de Vendôme, laissa de sa femme Anne Pélieu, Guy Breslay, conseiller au Grand Conseil, employé à la cour en différentes occasions sous François Ier et Henri II. Il est auteur d'un dialogue : *Du Bien de Paix et Calamité de guerre*. Paris, Galliot Du Pré, 1538. G. Ménage, *Histoire de Sablé*, 2° partie, p. 103-113.

Françoise Minault, qui épousa, le 25 juin 1739, Alexis-
Gabriel de Lancrau (1), chevalier, seigneur de Bréon, du
Plessis de Marigné et de Peuton, fils de Alexis Lancrau,
seigneur de Saint-Poix et de Chanteil, et de Françoise-Marie
de Bréon (2).

(1) Etat civil de Ballots. Le portrait des deux époux, peint sur toile,
presque contemporain de leur union, se voit au château de Bréon.
Alexis de Lancrau est représenté armé d'une cuirasse, et avec l'appa-
reil militaire d'un gentilhomme sous Louis XV. Posée de trois quarts,
Henriette porte le costume angevin ; une gaze légère orne plutôt qu'elle
ne protège le sommet de la tête et les épaules nues. La distinction et
l'élégance des traits, la finesse du profil, font oublier la médiocrité
de la peinture, et penser aux types charmants des bergères de Watteau.
(2) Saint-Allais. *Nobiliaire universel de France*, t. XI, p. 178.

AGDELON-HYACINTHE DU BUAT, chevalier, seigneur de la Subrardière et de la Motte de Ballots, fut présenté sur les fonts de baptême de l'église de Méral (1), par Louis de Langellerie et par Marie du Buat, le 1er juin 1660. Il recueillit la succession de ses trois frères aînés et continua la postérité. Marié par contrat post-nuptial du 10 juin 1690 à MARIE-ANNE BLAVET (2), il habita d'abord le lieu seigneurial de la Motte de Ballots. En présentant ses partages le 14 avril 1708 (3), il choisit pour préciput le domaine de la Subrardière, comme en avait joui son frère Charles-Joseph du Buat. Décédé le 29 mars 1721, il fut inhumé le lendemain dans l'église de Ballots, par Etienne Pasqueraye, religieux de Grammont du couvent des Bons-

(1) Etat civil de Méral.

(2) Une ancienne généalogie lui attribue pour armes : *d'azur à une gerbe d'or.*

(3) Archives de la Subrardière. Titres de famille, t. II.

Hommes. Sa veuve fut également ensevelie dans l'église de Ballots (1), par Jean de Farcy, le 13 mars 1734.

Ils eurent pour enfants :

1° MAGDELON-HYACINTHE, II° du nom, qui suit.

2° CHARLES-MAGDELON-GUILLAUME, né le 7 mai 1696, et inhumé le 14 du même mois (2).

3° PHILIPPE, né le 11 août 1697, eut pour parrain Philippe du Buat, seigneur de Chanteil, son oncle, le 13 août suivant (3). Il entra dans les ordres, et obtint le prieuré de Saint-Sauveur de Lohéac. On le voit paraître dans divers actes relatifs à son bénéfice et datés du 17 août 1728 au 2 juillet 1770 (4).

4° FRANÇOIS, présenté le 21 décembre 1699 sur les fonts de Méral (5), par René-François Minault, seigneur de la Charbonnerie. Il suivit la même carrière que son frère. D'abord prieur de Saint-Michel du Bourg-Neuf, puis chanoine de Saint-Léonard de Chemillé, il permuta ce bénéfice, en 1738, pour la chapellenie de la Fontaine, desservie en Quelaines (6). Curé de Méral en 1738, il mourut dans l'exercice de sa charge, le 23 mars 1756, et fut inhumé trois

(1) Etat civil de Ballots.
(2) Etat civil de Méral.
(3) Etat civil de Méral.
(4) Archives de la Subrardière. Pièces détachées.
(5) Etat civil de Méral.
(6) *Recherches sur Changé-les-Laval*, par L. F. M. Guiller, 1883, t. II, p. 419.

jours après dans l'e cimetière la paroisse, au milieu d'une nombreuse assistance (1).

5° CHARLES-JOSEPH, né le 2 mai 1702 (2), chanoine régulier de Saint-Augustin, figure sur la liste des prieurs de Port-Ringeard, à la date de 1720 (3). Ce fut lui qui célébra le mariage de sa sœur Elisabeth en 1746.

6° JACQUES MALO, présenté sur les fonts de Méral, le 16 septembre 1704, par Alexis de Lancrau, chevalier, seigneur de Saint-Poix, la Motte-Rahier, et Jacquine de la Barre (4).

7° MALO-MARIE-GABRIEL, baptisé le 4 septembre 1706 à Méral (5).

8° HENRI-LOUIS dit l'abbé DU BUAT, né le 6 juillet 1705 (6), parait avec ce titre comme chargé de procuration (7) pour Renée-Louise Minault de la Charbonnerie en 1754, et au mariage de son neveu avec Mlle du Bouëtiez en 1763. Il était titulaire de la chapellenie de la Romiverie, au moment de son décès, 1791 (8).

(1) Etat civil de Méral.
(2) D'après la Chesnaye des Bois.
(3) *Notice historique sur la commune d'Entramnes (sic)*, par M. L. Labeaulučre. 1re édition.
(4) Etat civil de Méral.
(5) Etat civil de Méral.
(6) Date donnée par Audouys et la Chesnaye des Bois.
(7) Vente par Renée-Louise Minault, fille et unique héritière de Henri Minault, seigneur de la Charbonnerie, pensionnaire dans l'abbaye de Saint-Georges, à Rennes, par Ferron, notaire à Craon.
(8) Etat civil de Ballots.

9º HENRIETTE reçut le supplément des cérémonies du baptême le 22 avril 1692, dans l'église de Méral. Charles-Guillaume de la Corbière, chevalier, conseiller du roi, doyen des chambres des enquêtes au parlement de Bretagne, seigneur de Juvigné et des Alleux, fut son parrain (1). Elle fut inhumée le 27 septembre 1732 à Ballots (2).

10º MARIE-CHARLOTTE, née le 5 mars 1694 (3), morte à la Subrardière le 6 janvier 1705, fut enterrée dans l'église de Ballots le lendemain (4).

11º MARIE-ELISABETH, baptisée le 3 février 1710 à Méral (5).

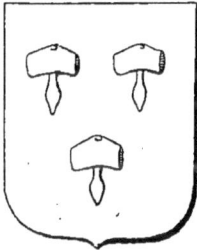

12º ELISABETH-ANTOINETTE-ROSE-GABRIELLE, baptisée le 23 octobre 1712, épousa dans la chapelle de la Subrardière Jean-Charles-César d'Aubert, chevalier, seigneur de la Forêtrie, fils de défunt Charles d'Aubert, chevalier, seigneur de la Menardière et de défunte Marie de Couasnon. La bénédiction nuptiale fut donnée par le prieur de Port-Ringeard, Charles-Joseph du Buat, frère de l'épouse, le 3 octobre 1746 (6), en présence de Marie-Renée du Mortier, dame de la Subrardière, Anne de Seillons, Magdelon-

(1) Etat civil de Méral.
(2) Etat civil de Ballots.
(3) Etat civil de Méral.
(4) Etat civil de Ballots.
(5) État civil de Méral.
(6) Archives de la Subrardière. Pièce en papier.

Hyacinthe du Buat, seigneur de la Subrardière, Philippe du Buat, prieur de Saint-Sauveur de Lohéac, François du Buat, curé de Méral, Malo du Buat, seigneur de la Motte de Ballots.

13° HYACINTHE (1), morte sans alliance.

(1) La Chesnaye des Bois.

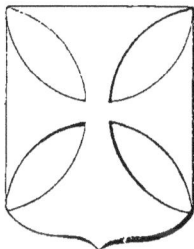

MAGDELON-HYACINTHE DU BUAT, IIᵉ du nom, chevalier, seigneur de la Subrardière et de la Motte de Ballots (1), fils aîné de Magdelon-Hyacinthe du Buat et de Marie-Anne Blavet fut présenté en 1690 sur les fonts baptismaux de l'église de Ballots par Georges Hublin, chevalier, seigneur de la Selle-Craonnaise, demeurant au château de Saint-Amadour, et par Marie-Anne de la Chevalerie, dame de l'Epronnière. Il épousa, en qualité de fils aîné, MARIE-RENÉE DU MORTIER (2), fille de Pierre du Mortier, chevalier, seigneur de la Ruchenière et de défunte Marie-

---

(1) État civil de Ballots.

(2) Du Mortier porte : *de gueules, à la croix pattée, alaisée d'argent.* Fixée dans l'Anjou dès le XIVᵉ siècle, cette famille a fait ses preuves de noblesse ou obtenu des maintenues, le 22 avril 1587, le 30 mars 1635, le 23 mars 1715. Des documents authentiques permettent d'établir une série de dix générations nobles avant les auteurs de Marie-Renée du Mortier. Cfr. Pièces justificatives, notes généalogiques sur cette maison, nᵒˢ LXIII et LXIV.

Elisabeth Serin, Angélique, Perrine, Elisabeth et Pélagie du Mortier, assistèrent leur sœur Marie au contrat passé le 17 janvier 1728, devant Jean Potier notaire à Loiré, en présence de Anne-Marie Brillet, femme de Jacques-Urbain Turpin, chevalier, baron de Crissé, et de dame Claude Morel, veuve de Jean-Baptiste du Boul, chevalier, seigneur de Goué, de Lancelot Turpin de Crissé, chevalier, seigneur de la Rivière, fils aîné.

Par ce mariage, cette ancienne maison, originaire d'Anjou, s'est fondue dans celle de la Subrardière.

Magdelon-Hyacinthe du Buat mourut au château de la Subrardière, le 10 juin 1752. Il fut père de deux enfants, dont un seul a fait souche :

1º Louis-Joseph -François - Ange - Pierre - Hyacinthe, qui suit ;

2º Magdelon-Hyacinthe-Pierre-Marie, né le 8 octobre 1730, fut présenté sur les fonts de Méral, le 26 du même mois, par Pierre du Mortier, chevalier, seigneur de la Ruchenière et des Noyers, et par dame Marie-Elisabeth Blavet, dame de Ballots (1).

(1) Etat civil de Méral.

LOUIS-JOSEPH-FRANÇOIS - ANGE - PIERRE - HYACINTHE DU BUAT, chevalier, seigneur de la Subrardière, né le 4 avril 1734, au château de la Subrardière (1), reçut le supplément des cérémonies du baptême sur les fonts de Ballots, le 20 janvier 1735. Il eut pour parrain, par représentation, Louis-Joseph de Madaillan de Lespare, chevalier de Saint-Louis, marquis de Montataire, seigneur de Chauvigny et Gournay, etc.

A la suite d'un premier mariage, veuf de MARIE BERCET D'HAUTERIVES, qu'il avait épousée en 1758, il se remaria le 24 mars 1763 à THÉRÈSE-CHARLOTTE DU BOUETIEZ (2), fille de Jacques-Pierre du Bouëtiez, chevalier, seigneur du dit lieu, de Kerlan et de Kersemé, capitaine-

---

(1) Etat civil de Méral.

(2) Du Bouëtiez porte : *de gueules à deux fasces d'argent, accompagnées de trois besans d'or en chef.*

général-garde-côte, chevalier de Saint-Louis, ancien capitaine au régiment de Navarre, et de Jacquette des Portes, dame de Saint-Nudec, par contrat du 24 mai 1763 (1), passé au château du Bouëtiez, paroisse de Saint-Gilles d'Hennebon, devant Brochereul et Jean Périer, notaires d'Hennebon, en présence de Louis, abbé du Buat, oncle paternel de l'époux de Charles du Bouëtiez, chevalier de Malte, frère de l'épouse, de Jacques-Annibal de Farcy, chevalier, seigneur de Cuillé, président à mortier au parlement de Bretagne, de Catherine de Bahuno son épouse, de François-Jacques-Fortuné de Bahuno, seigneur de Kolain, de N. de Bahuno, dame de Berrien, sa femme, de Jean-Paul Geoffroi, chevalier de Villeblanche, capitaine des vaisseaux du roi, chevalier de l'ordre de Saint-Louis.

Il épousa en troisièmes noces ETIENNETTE BARRÉ, dont il eut Magdelon-Hyacinthe du Buat, IIIᵉ du nom, marié en 1820 à Marie-Elisabeth de Jousselin. De cette dernière union est née Marie-Dieudonnée du Buat, marquise de l'Epronnière de Vritz, décédée en 1875 (2).

Le châtelain de la Subrardière reçut du roi l'autorisation de faire dresser un registre terrier de ses domaines, qui devait être à peine terminé, quand la Révolution éclatait. Il obtint aussi de Louis XVI une lettre royale, portant homologation du décret d'union des chapelles de Maupertuis, en Méral, et de la Subrardière, avec réunion des reve-

(1) Original aux archives de la Subrardière, Titres de famille, nº 44.
(2) *Supplément à l'Armorial de Touraine*, par Carré de Busserolles.

nus (1). Le chapelain était tenu à célébrer la messe dans la chapelle de Notre-Dame de la Subrardière les jours de fête et une fois dans la semaine, et avait l'obligation de faire les catéchismes. Le décret de l'évêque d'Angers, ordonnant la réunion des deux chapelles, avait précédé comme de raison les lettres royales et est daté du 4 mai 1779.

Louis du Buat assistait en 1789 à l'assemblée provinciale de la noblesse, à Angers, pour la nomination des députés aux Etats généraux. Le mode d'élection du maire de la ville soulevant de vives discussions, et laissant même prévoir des troubles, M. du Buat n'hésita point à offrir ses services à la commission permanente, en séance à l'hôtel de ville, et à s'engager à coopérer à l'ordre et à la tranquillité publique. 19 juillet 1789 (2). Il ne vit point là fin de la Révolution dont il avait compris, dès l'origine, toute la portée, et mourut à Laval vers 1797.

De son premier mariage, il eut un fils, Louis-Jean-Marie, né le 6 juillet 1759, et décédé le 16 mars suivant.

Il laissait trois enfants de sa seconde union avec Thérèse-Charlotte du Bouëtiez.

    1° Louis-Charles-Marie, qui suit ;

(1) Archives de la Subrardière. Titres de noblesse, n° 31. Nous avons vu plus haut que la chapelle de la Subrardière avait été dotée par Magdeleine de Birague en 1652. Elle eut pour chapelain un membre de la famille, de 1746 à 1758, dans la personne de Henri-Louis du Buat, qui résida longtemps au château de la Forêtrie, à la Croixille.

(2) Bougler. *Revue de l'Anjou*, 1853, t. II. p. 58.

2° Louis-Jean-Marie, né le 5 avril 1772 et baptisé à Méral le 15 du même mois, fut reçu de minorité dans l'ordre de Malte le 1er avril 1775, et fit admettre ses preuves en février 1780 par les commissaires de la langue de France, au Grand Prieuré d'Aquitaine (1). D'abord page du prince de Condé (1786-1789), il se trouvait à Malte, en qualité de chevalier de l'Ordre, lorsque le général Bonaparte occupa l'île en 1798. Il suivit avec plusieurs autres chevaliers l'armée française en Egypte, et fut nommé officier de dragons et aide de camp du général Regnier. Rentré en France, il épousa le 7 septembre 1802 Françoise-Louise-Amélie du Pont de Compiègne, fille de Charles-Léopold-Joseph du Pont de Compiègne, maréchal de camp commandeur de Saint-Louis, et de Marie d'Allonville. Il en eut quatre filles (2) :

a. Bathilde-Esther-Léopoldine, mariée en 1828, à Antoine-Stanislas de Sézille.

b. Louise-Charlotte-Léonie, mariée en 1830, à Joseph-Marie-Collomb d'Arcine et décédée en 1884.

c. Eugénie-Renée-Louise, mariée en 1830, à Paul-Marie-Victor Bouchu.

d. Justine-Octavie, mariée en 1832 à Antoine-François-Auguste Bouchu, ancien garde du corps du roi, capitaine de la garde royale.

3° Thérèse-Esther-Marie-Jacquine, née à Méral, le 26 juin 1764, fut présentée sur les fonts baptismaux le même jour par Henri-Louis du Buat, son grand oncle, et par Marie-

(1) La Chesnaye des Bois, *Dictionnaire de la noblesse*.
(2) *Supplément à l'Armorial de Touraine*, p. 139.

Renée du Mortier, sa grand'mère. Pendant les mauvais jours de la Révolution, elle servit de lien entre son père et ses frères émigrés, et sauva du naufrage commun les épaves de leur fortune. Elle se retira durant la Restauration à Ernée, et, sous le titre de chanoinesse de l'ordre de Malte, ne s'occupa plus que de bonnes œuvres. Elle y mourut le 25 août 1833, et fut inhumée dans le cimetière de Notre-Dame de Charnay (1).

4º MARIE-FORTUNÉE, non mariée, inhumée à Angers le 21 mai 1785.

(1) État civil d'Ernée.

OUIS-CHARLES-MARIE, comte du Buat, né au château de la Subrardière le 5 juin 1765, eût le même jour pour parrain et marraine à son baptême (1), Jean-Charles-César d'Aubert, chevalier, son grand-oncle, et Marie-Renée du Mortier, son aïeule. Page du prince de Condé (2) le 1ᵉʳ mai 1778, puis lieutenant au régiment de Bourbon-Infanterie en 1782, il émigra et passa en Autriche, où il prit du service. Successivement lieutenant au régiment de la Tour, puis capitaine des ulhans de Schwarzemberg, il fut décoré de la médaille du mérite militaire.

Sur les pressantes sollicitations de sa sœur, il profita

(1) Etat civil de Méral.

(2) Certificat du 1ᵉʳ avril 1782, donné par Jean-Thérèse-Louis de Beaumont, marquis d'Autichamp, maréchal des camps et armées du roi, commandeur de Saint-Louis, constatant que Louis-Charles-Marie du Buat, entré aux pages de M. le Prince de Condé, le 1ᵉʳ avril 1778, lui est resté attaché en cette qualité, jusqu'à ce jour. Analyse d'Audouys. Arch. dép. de Maine-et-Loire, E, 2,311.

de l'amnistie accordée aux émigrés et rentra en France en 1802 comme son frère. Il épousa le 19 avril 1803, MARIE-RENÉE DE VALLEAUX, fille d'Ambroise-Balthazar-Abraham de Valleaux (1), chevalier de Saint - Louis. Il mourut

(1) De Valleaux porte : *d'or à trois bandes de gueules.* La famille Valleaux ou de Valleaux, d'ancienne extraction chevaleresque, habitait le Craonnais dès le XIVᵉ siècle. Nous avons déjà cité Jean Valleaux, écuyer, vivant en 1397. Un curieux procès dans lequel cette famille se porte héritière, nous donne la filiation suivante : Jacques Valleaux, marié à N. du Châtellier, fille du seigneur du Châtellier et de N. de la Haye, dans la seconde moitié du XIVᵉ siècle, eut pour héritier principal, Simon Valleaux. Celui-ci laissa une fille, Ysabelle, qui épousa Jean de Saint-Aignan vers 1415 ; elle mourut après 1419 et avant 1442, ayant plusieurs enfants mineurs. Son mari Jean de Saint-Aignan poursuivait, à cette date, du chef de sa femme, partie de l'héritage de Marguerite Machefer, femme de Guyon de Laval, seigneur de Montjean. Archives départementales de Maine-et-Loire, E, 3,894. C. Port. *Inventaire des archives départementales de Maine-et-Loire.*

La branche des seigneurs de Chéripeau remonte à Jean Valleaux, seigneur de Chéripeau et des féages de Ramefort, qui recevait le 18 avril 1402 l'hommage simple de Thomas Bodin, par acte attesté de Robert Mauviel. Il était marié à Isabeau de Quatrebarbes, qui paraît veuve dans des actes de 1409 à 1415. En 1433, leur héritier Jean Valleaux, chevalier, seigneur de Chéripeau, reçoit l'aveu de Jean Bertraon, qui se reconnait son homme de foi simple au regard du fief de Ramefort. Le 10 mars 1435 (n. st.) et le 14 août 1441 les assises du Plessis de Marigné enregistrent des lettres du duc d'Anjou, qui prorogent le terme des devoirs féodaux dus à la seigneurie de Marigné, par Jean Valleaux, chevalier, seigneur de Chéripeau. (Archives du château de Bréon ; remembrances du Plessis de Marigné.) Valery Valleaux, seigneur du Bois-Robin, prit alliance par contrat du 17 janvier 1563, avec Catherine du Guesclin, de la maison de l'illustre connétable, fille de René du Guesclin, seigneur de la Roberie et de la Bouverie, et de Jeanne des Vaux, dame de Chevrolais. (La Chesnaye, t. X.) La seigneurie de la Saudraye, en Astillé, au Maine, entra plus tard dans cette famille par le mariage de Jean de Valleaux,

à Laval le 26 février 1808, laissant de sa femme, qui épousa en secondes noces Armand-Athanase, comte de Pracomtal, un fils unique, qui suit.

seigneur du Bois-Robin, avec Françoise Ouvrard, le 15 février 1665. *Extraits de l'état-civil d'Astillé,* communiqués par M. l'abbé Pointeau. La branche des Valleaux, seigneurs des Touches et du Bois-Robin, paroisse de Marcillé-Robert, fit ses preuves aux réformations de 1479, 1513, 1669. P. de Courcy. *Nobiliaire et armorial de Bretagne,* t. II, p. 467.

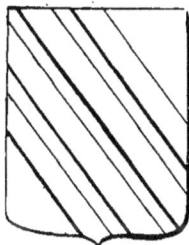

HARLES, comte du Buat, né le 9 juin 1804, de l'union de Louis-Charles-Marie, comte du Buat, avec Marie-Renée de Valleaux, chevalier de la légion d'honneur, agronôme distingué, a épousé le 27 mai 1833 ANNE-MARIE-CLOTILDE D'ANTHENAISE, fille d'Armand-Charles, comte d'Anthenaise (1). De ce mariage sont issus deux enfants.

(1) D'Anthenaise porte actuellement : *bandé d'argent et de gueules de huit pièces.* Cette famille partage avec les maisons du Laval ancien, de Beaumont-le-Vicomte, de Sillé-le-Guillaume, le privilège de remonter au XIᵉ siècle par filiations prouvées. Elle tire son nom de la terre d'Anthenaise, seigneurie considérable, située dans la baronnie de Laval. Le château, l'église et le bourg furent fondés par ses premiers auteurs à l'origine de la monarchie capétienne, et la paroisse donnée par eux à l'abbaye de Saint-Vincent du Mans. Les sires d'Anthenaise étaient chevaliers bannerets, et prirent part aux croisades sous Louis VII et Philippe-Auguste. La branche ainée s'éteignit vers 1260 dans la maison de Chamaillard, et cette dernière s'est fondue en 1371 dans celle de Beaumont-le-Vicomte. La branche d'Anthenaise de Saint-Philbert est la seule existante aujourd'hui. Cfr. *Notice historique et généalogique sur la maison d'Anthenaise,* travail consciencieux, écrit

1° BERTHE, née le 1ᵉʳ juin 1834, qui a épousé en premières noces Arthur-Joseph-Charles, comte de Perrien de
Crenan, décédé le 13 janvier 1861; et en secondes, le vicomte
Fortuné-Joseph-Jules de la Charlonnie de la Blottais, le 7
janvier 1864.

2° MARGUERITE, née le 8 juin 1837, mariée au comte
Auguste de Chabot, le 16 octobre 1855.

sur les sources originales, par M. Bonneserre de Saint-Denis, Angers,
1878, in-8°. — *Cartulaire de l'abbaye de Saint-Vincent du Mans*, publié
par R. Charles et S. M. d'Elbenne, Mamers, 1886, col., 121, 257, 259-
263.

ARMES DE LA MAISON DE CHAUVIGNÉ

Peintes sur une litre, dans l'ancienne église d'Écommoy (Sarthe).

(D'après M. E. Hucher.)

VIIᵉ DEGRÉ

DEUXIÈME FILIATION : DU BUAT DU TEILLAY

RANÇOIS DU BUAT, écuyer, seigneur de Cramaillé, fils puîné de Georges du Buat, écuyer, seigneur de Brassé et de la Subrardière, et de Perrine de Boisjoulain, épousa, au commencement de l'année 1545, JEANNE DE TESSÉ (1), d'une famille qui tenait un des premiers rangs dans la noblesse du Maine. René de Tessé, seigneur du Margat, constitua en dot à la future épouse, Jeanne de Tessé, sa sœur, le domaine du Teillay, dans la paroisse de Saint-Gault. Le contrat de donation fut passé le 1ᵉʳ janvier 1545 (n. st.), au château du Margat (2) en Anjou, en

(1) Tessé porte : *de sable à la fasce d'argent, frettée de sable, accompagnée de trois molettes d'argent, deux et une.* Audouys indique de légères différences pour la branche de Tessé du Margat.

(2) Commune de Contigné, ancien fief et seigneurie avec château relevant du marquisat de Sablé. Port, *Dictionnaire de Maine-et-Loire,* t. II, p. 593.

présence de Guillaume du Buat, seigneur de Brassé et de
la Subrardière, de Robert de Tessé, seigneur de la Mardelle,
de Nicolas de Nouault (1).

Cette nouvelle branche a pris le nom de du Buat du
Teillay, pour se distinguer des deux autres, des du Buat de
Barillé et des du Buat de la Subrardière. Elle s'est servie
tantôt des armes anciennes de la famille, *au chef chargé de
cinq losanges*, tantôt des armes *chargées* seulement *de trois
quintefeuilles*.

François du Buat et Jeanne de Tessé firent un testament commun le 5 décembre 1571, au terme duquel ils
donnèrent deux cents livres à Françoise, leur fille, et choi-
sirent pour exécuteurs testamentaires François de Tessé,
seigneur du Margat, et Michel du Buat, sieur des Aulnais.
Tous deux survécurent à leur testament ; François mourut en 1581 et sa femme en 1591 (2). Ils eurent deux
enfants.

(1) Audouys et ensuite la Chesnaye des Bois, ont donné à tort la date
de 1544. Le mariage se circonscrit dans les trois premiers mois de
1545 (n. st.) d'après la donation de la terre du Teillay, et la prise de
possession datée du 1ᵉʳ avril 1545. Archives de la Subrardière, titres
du Buat du Teillay, nº 16.

(2) Arch. dép. de Maine-et-Loire, E, 231. Extrait d'une généalogie de
feu madame du Buat d'Andigné (vers 1785). Archives de la Subrardière.
« Testament de noble homme François du Buat, et de demoiselle Jeanne
de Tessé, par lequel ils donnent à Françoise leur fille, femme et épouse
de François de Feillet, seigneur du Domaine des Prés, 200 livres ; plus
elle donne *(sic)* à Jeanne, fille aînée de Françoise et à la dite Françoise
ses robes ; nomme leur exécuteur testamentaire, François de Tessé,
seigneur du Mergat, et Michel du Buat, seigneur des Aunays. *En note*

1° ANSELME, qui suit ;

2° FRANÇOISE, qui épousa par contrat du 18 mars 1570, oble FRANÇOIS DE FEILLET, fils aîné et principal héritier de François de Feillet, seigneur du domaine des Prés en Chailland, et de Magdeleine de la Roussière, en présence de René du Buat, seigneur de la Subrardière, de Marin du Buat, seigneur de la Rivière, de François Le Menant, seigneur de la Cousinière, de Pierre du Buat, seigneur de la Blandinière (1).

La famille de Feillet resta fidèlement attachée aux principes catholiques, malgré les séductions de la Réforme, qui protégée par les comtes de Laval, attirait à elle un certain nombre d'adhérents. Cette rectitude de conduite était d'autant plus méritoire, que les défaillances se manifestaient aux portes de la maison de Feillet. Dans la paroisse même de Chailland (2), Alain de Pihourt, seigneur de la Pelineraye, inclinait vers les idées nouvelles, tandis que Jean de Goué,

M. du Buat est décédé en 1581, et la dame de Tessé, son épouse, en 1591. »

(1) Archives de la Subrardière, titres du Buat du Teillay, n° 19, copie certifiée.

(2) Certificat de catholicité, donné par Guy d'Aubert, curé de Chailland et constatant : « noble Françoys seigneur du Domaine et François de Feillet son fils, estre assemblement catholiques, vivant selon la dite église catholique et romaine, estre aussi demeurans et résidans en leur maison du Domaine, en la dite paroisse de Chailland. Item certiffie nobles Jean de Goué, sieur de Linay et de Montigné, et Guy de Goué, son fils, vivans selon la religion nouvelle prétendue réformée.... Item certifye Alain de Pihourt se disant noble, seigneur du lieu de la Pelineraye estre l'aspect de la dite Religion nouvelle, prétendue réformée lequel de Pihourt est aujourdhuy absent de sa maison (1577). Archives municipales de la ville du Mans.

seigneur de Linay et de Montigny et Gui de Goué, son fils, suivaient ouvertement la religion réformée.

François de Feillet mourut peu après son testament (1), daté du 25 mai 1616, dans lequel il donna une nouvelle manifestation de ses pieux sentiments. Les cinq enfants de François de Feillet et de Françoise du Buat, René, l'aîné, seigneur du Domaine, Lancelot, sieur de la Haye, Magdeleine, Jacquine et Françoise, partagèrent (2) la succession paternelle l'année suivante. Lancelot de Feillet hérita (3) dans la suite du domaine des Prés, à la mort de son frère aîné, et continua la filiation.

(1) Archives de la Subrardière. Titres du Buat du Teillay, nº 23.

(2) Contrat passé devant E. Bellien, notaire à Vautorte, en novembre 1617. Copie notariée. Archives de la Subrardière. Idem, nº 37.

(3) Partages du 14 novembre 1652, devant Jean Richeux, notaire royal à Chailland. Archives de la Subrardière. Ibidem, nº 39.

VIIIᵉ DEGRÉ

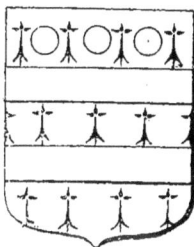

NSELME DU BUAT (1); écuyer, seigneur du Teillay et de Saint-Gault, épousa par contrat passé en date du 16 avril 1573, MARIE DE CHAUVIGNÉ (2), en qualité

---

(1) Ce degré, l'un des plus importants pour l'histoire de la famille, a été négligé dans la réimpression du *Nobiliaire universel* de la Chesnaye des Bois.

(2) Chauvigné porte : *d'hermines à deux fasces de gueules, surmontées de trois tourteaux de même, rangés en chef.* Note du feudiste Audouys. Arch. dép. de Maine-et-Loire, E, 1,965. Nous citerons parmi les plus anciens membres de la famille de ce nom : Hubert de Chauvigné, valet, témoin le 30 mai 1347 dans la vente d'une maison à la Chapelle-Craonnaise ; Jean de Chauvigné et de Méral et Marguerite de Chauvigné, dame de Bonne-Fontaine et de Monternault l'Amaury. — René de Chauvigné fils aîné, et Jeanne de Chauvigné, sa sœur, mariée à Guyon du Bouchet, écuyer, seigneur de la Haie de Torcé, seuls héritiers partagent la succession de Jean, seigneur de Chauvigné et de Méral, et de Marie du Boisfrou, sa femme. René opte pour la seigneurie de Chauvigné. La seigneurie de Méral, passa alors dans la maison du Bouchet, du chef de Jeanne de Chauvigné, 12 mai 1470· Archives départementales d'Angers. E. 1,965. Cfr. Pièces justificatives nº LX.

9

de fils aîné et de principal héritier de François du Buat et de Jeanne de Tessé, seigneur et dame du Teillay, des Aulnays et de la Hamelinière. Marie appartenait à une branche cadette de la maison de Chauvigné, qui au XVe siècle avait possédé la seigneurie de la paroisse de Méral; elle était fille de feu François de Chauvigné, seigneur de l'Esprinière *(sic)* aliàs l'Epinière, la Hunaudière, et Terretient, et de Jeanne de Mandon. La famille de la future fut représentée au contrat de mariage, signé au château de Terretient, par Olivier de la Roë, seigneur de Vaulx, et Jeanne de Chauvigné, sa femme, qui avaient désigné pour mandataire Pierre Blanchet, seigneur de la Jarryaie; par Jacques de la Roë, prieur de l'abbaye de Saint-Serge d'Angers, et par Robert de la Roë, seigneur de la Tuffière (1).

Anselme du Buat embrassa le parti de l'*Union* qui comptait dans le Maine de zélés partisans, acquis à la cause des Guises, et dirigés par le seigneur de Mayenne et par Urbain de Laval Bois-Dauphin, qui, en qualité de seigneur de Sablé, exerçait une sérieuse influence dans la partie méridionale de la province. Tombé entre les mains d'une bande anglaise au service des protestants, prisonnier du sergent major Anthony Wing....., Anselme du Buat après avoir payé sa rançon, obtint du sieur de Montmartin (2), maréchal de camp de Henri IV; et comman-

(1) Archives de la Subrardière. Titres du Buat du Teillay.
(2) Jean du Mats, chevalier des ordres du roi, seigneur de Montmartin et de Terchant, épousa Marie de Feschal, fille de Louis de Feschal, baron de Poligny et de Renée de Charnacé. Calviniste ardent.

dant de Vitré (1), la permission de se rendre de cette ville à Craon, accompagné de deux servants, de leurs chevaux et équipages militaires, 5 octobre 1591 (2).

Lorsque la guerre civile fut apaisée, le maréchal de Bois-Dauphin, rentré en faveur auprès du roi, se souvint de son ancien compagnon d'armes. Grâce à son influence, Anselme du Buat obtint de Henri IV une lettre de cachet lui accordant la permission de « tirer » comme on disait alors, 10 janvier 1600 (3).

Il laissa de sa femme cinq enfants, et était mort dès 1632 (4), date du partage de sa succession.

1° FRANÇOIS, qui suit ;

2° LOUIS, prêtre, curé du Bailleul, de 1640 à 1652 au moins. Il apparait en cette qualité le 13 février 1642 (5),

---

Il fut nommé gouverneur de Vitré (1589) peu après la mort de Guy de Laval en 1586. Retiré après les troubles dans son château de Ter-chant, il consacra les dernières années de sa vie à la rédaction de Mémoires. Il mourut le 26 octobre 1625, et fut inhumé dans le cime-tière protestant de Vitré. — Pointeau. *Certificats de catholicité*. Laval, 1885, passim.

(1) Vitré fut à cette époque pris et repris par les partis opposés. Cfr. l'abbé Paris Jallobert ; *Journal historique de Vitré*. pp. 42-45.

(2) Original en papier, aux archives de la Subrardière. Cfr. Pièces justificatives n° XLIII.

(3) Original aux archives de la Subrardière. Cfr. Pièces justificatives n° XLIV.

(4) Partage cité dans une représentation de titres nobiliaires du 25 avril 1635. Archives de la Subrardière. Titres du Buat du Teillay n° 1.

(5) Archives départementales de la Sarthe. G. 18.

dans l'acceptation d'un legs en faveur de la fabrique fait par René de Malpère, le 19 janvier de la même année. Tout en consacrant son existence au service du culte, Louis du Buat n'oubliait pas sa famille, trop tôt privée de son chef. Il pourvut après la mort de son frère aîné au mariage de ses neveux et nièces.

3° ANNE, mariée vers 1615 à Paul Poncher (1), écuyer, seigneur de l'Epinay, paroisse de Bouchamps.

4° JEANNE, entra dans l'abbaye de Notre-Dame de la Charité, ou du Ronceray d'Angers (2), qui ne recevait que des jeunes personnes nobles, et suivait la règle de Saint-Benoit un peu mitigée, quoique assez austère (3). Elle figure

(1) Notice généalogique par Audouys. Poncher, seigneur de l'Epinay, porte : *d'argent à trois papegais de sable*, d'après Audouys, et la généalogie de la famille. Il a existé en Touraine une famille du même nom, portant des armes différentes : *d'or au chevron de gueules, chargé en chef, d'une tête de Maure, bandée d'argent, accompagnée de trois coquilles de sable, deux en chef et une en pointe.* P. Anselme, t. VI, p. 449. Cette seconde famille, dont le premier membre cité par le P. Anselme, est Jean Poncher, garde de la monnaie de Tours en 1422, a produit Etienne Poncher, conseiller clerc au Parlement le 18 octobre 1485, abbé commandataire de la Roë, évêque de Paris en 1503. *Les grands officiers de la Couronne*, t. VI, p. 449. Nous ignorons les liens qui pouvaient exister entre ces deux familles.

(2) *Gallia Christiana*, t. XIV, col. 696.

(3) Grandet. *Notre-Dame angevine*, Angers, 1884, p. 129.

au nombre des religieuses professes, réunies en chapitre pour affermer la maison dite de la Porte-du-Pain, dépendant de la mense du couvent, dans des baux datés du 18 janvier 1613 (1) et du 1er juillet 1620 (2). Un autre acte du 27 novembre 1623, relatif au même objet (3), lui donne le titre de doyenne de l'abbaye. Elle signe ce bail en cette qualité, assistée de la majeure partie des religieuses de chœur, Françoise de Maillé, Romaine de la Chapelle, Christophlette de Bois-jourdan, Michelle de Broc, Urbaine de Rougé, Magdeleine de Maridor, Renée de Saint-Offange, Anne l'Enfant, Louise de Montesson, Claude de Quatrebarbes (4).

5º FRANÇOISE - AMBROISE, entra en religion dans l'ordre de Saint-Benoit, et choisit l'abbaye de la Trinité de Poitiers, alors gouvernée par une femme de haut mérite, Jeanne Guischard de Bourbon. Lors de la démission de l'abbesse, le 13 février 1631, Françoise du Buat qui exerçait la charge de prieure, fut appelée à la remplacer (5). Elle ne dut rester en fonctions que trois ans environ, et trouva cependant le temps de signaler son passage par une importante fondation. Déjà une colonie de religieuses bénédictines de la Trinité de Poitiers était venue s'établir à Laval

(1) Devant Pierre Richourt, notaire en cour d'Angers.
(2) Devant Jean Poullain, notaire en cour d'Angers.
(3) Idem.
(4) Ces baux ont été publiés ou analysés par M. Régis de l'Estour-beillon, dans la *Revue historique de l'Ouest*, IIᵉ partie, p. 72-83, Nantes, 1885.
(5) *Gallia Christiana*, t. II, col. 1310. Françoise y est appelée inexactement Ambroise du Buat du Teil, au lieu de Françoise du Buat du Teillay; M. l'abbé Gillard a transformé ce nom en Ambroise du Béart. *Revue du Maine*, t. XVIII, p. 84.

en 1621 ; le nouveau couvent n'avait pas tardé à prospérer.
Encouragée par cet heureux résultat, Françoise du Buat,
fonda sous la même inspiration la maison de Notre-Dame de
Grâces à Lassay, avec l'autorisation de l'évêque du Mans,
Charles de Beaumanoir de Lavardin, et l'agrément de
Charlotte du Tillet, dame de Lassay. L'observance était la
même qu'au prieuré de Sainte-Scholastique de Laval, 1621.
Françoise du Buat donna sa démission le 13 avril 1633.
D'après les auteurs de la *Gallia Christiana,* elle mourut le
22 du même mois (1), et fut inhumée au chœur de l'église
de l'abbaye de la Trinité de Poitiers.

(1) *Gallia Christiana,* t. II, col. 1309-1310. D. Piolin, *Histoire de
l'Église du Mans,* t. VI, p. 70-72 , d'après un « mémoire pour servir
à l'histoire du prieuré des bénédictines de Lassay » ms. in-4°, du
cabinet de l'abbé Belin de Béru. — *Tables des manuscrits de dom
Fonteneau ;* Poitiers, 1839, pp. 465-466.

RANÇOIS DU BUAT, écuyer, seigneur du Teillay, fils de Anselme du Buat, seigneur du Teillay, et de Marie de Chauvigné, épousa, par contrat passé le 5 juillet 1610 devant Maurille Ménard notaire en cour de Craon, PERRINELLE DU CHASTELET (1), fille de feu François du Chastelet, écuyer, seigneur du Chastelet et de la Chiffolière (2), et de Marie Amyot, sa mère, remariée en secondes noces à François Blondeau, seigneur du Feu (3). Louis de Champagné, seigneur de la Motte-Ferchault, Jean du Buat, seigneur de la Subrardière, Nicolas Amyot, seigneur de

(1) Du Chastelet porte : *d'azur, au château donjonné, à trois tours d'argent, maçonnées de sable, accompagné en pointe, d'un cor d'argent lié de sable.* Ces armoiries, peintes sur vélin dans une ancienne généalogie diffèrent un peu de celles que nous donne l'*Armorial de l'Anjou*, t. I, p. 348.

(2) Paroisse de Saint-Clément de la Place-lès-Angers.

(3) Terre seigneuriale dès 1350, dans la paroisse de Liffré, arrondissement de Rennes. Ogée, *Dictionnaire de Bretagne*, t. I, p. 509.

l'Ansaudière, Julien l'Enfant, seigneur de la Porcherie, Abraham Lasnier, seigneur de Villeneuve assistèrent au contrat (1).

François du Buat, fit ses preuves de noblesse à Château-Gontier, devant Jérôme de Bragelongne (2), le 25 avril 1635, et fut dispensé la même année du service de l'arrière-ban (3). Il mourut peu après, et avant 1642.

On lui connaît deux enfants :

1° ANSELME, qui suit ;

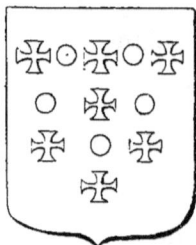

2° MARIE, qui épousa après la mort de son père, François de Meulles (4), gentilhomme d'une des meilleures familles du Poitou. Il était fils de Pierre de Meulles, chevalier de l'Ordre du Roi, seigneur du Fresne-Chabot, la Forêt de Montpensier, et de la Durbellière, et de feue Renée de Rorthays (5). Les domaines de la Guiber-

(1) Expédition sur parchemin. Archives de la Subrardière. Titres du Buat du Teillay, n° 27.

(2) Original en papier, archives de la Subrardière. Titres du Buat du Teillay, n° 1.

(3) Original en papier, archives de la Subrardière. Titres du Buat du Teillay, n° 3.

(4) De Meulles porte : *d'argent à sept croix pattées de gueules, posées trois, une, deux et une, mêlées de cinq tourteaux de sable, posés deux, deux et un.*

(5) De Rorthays porte : *d'argent à trois fleurs de lis de gueules, deux en chef et une en pointe, à la bordure de sable besantée d'or.* Une branche de cette maison s'est éteinte avec Renée de Rorthays, qui

tière, du Verger Chabot, Baillou, furent attribués à François de Meulles par contrat de mariage. Marie du Buat apportait de son côté le tiers par indivis de la seigneurie et terres du Teillay, du château de la Chiffolière et de Morannes (1). Elle fut assistée en cette circonstance de l'expérience de son oncle, Louis du Buat, curé du Bailleul (2), qui signa le contrat le 13 février 1642, au logis seigneurial de la Girouardière. René de Sainte-Maure, chevalier, seigneur de Guiraye représentait le père de François de Meulles. Les deux époux étaient entourés de Perrinelle du Chastelet, de Louis de Meulles, chevalier, seigneur du Fresne, frère aîné du futur, de Anselme du Buat, de Urbain Hardouin, chevalier, seigneur de la Girouardière, de François du Guesclin, seigneur du Gast, issu d'une branche de la famille du grand connétable, fixée en Anjou, et de Jean Lefebvre, chanoine d'Angers (3).

---

apporta à son mari Pierre de Meulles, le château patrimonial de la Durbellière, commune de Saint-Aubin de Baubigné, arrondissement de Bressuire.

(1) Ferme de la commune de Quelaines.

(2) Le Bailleul, commune de l'arrondissement de Sablé.

(3) Expédition sur papier. Archives de la Subrardière. Titres du Buat du Teillay.

NSELME DU BUAT, écuyer, seigneur du Teillay et du Chastelet, fils de François du Buat, seigneur du Teillay et de Perrinelle du Chastelet, prit alliance avec une famille qui tenait un rang distingué dans la robe en Bretagne et en Anjou, en épousant ANNE EVEILLARD, fille de Pierre Eveillard, conseiller du roi, juge au siège présidial d'Angers (1), et de Perrine Frain du Tremblay. La jeune épouse

(1) Eveillard, sieur de Livois de la Boulaye, porte : *d'azur à trois trèfles d'or, posés deux en chef et un en pointe, à l'étoile de même en cœur.* Cette famille originaire d'Anjou, maintenue en 1698, a donné un conseiller au présidial d'Angers dans la personne de Macé Eveillard, marié à Anne Ayrault, deux conseillers du Parlement de Bretagne en 1688 et en 1724. P. de Courcy, *Nobiliaire et armorial de Bretagne*, t. I, p. 293. Citons encore Jacques Eveillard, chanoine de Saint-Maurice d'Angers, et vicaire général de l'abbé Jean Froger, abbé commendataire de la Roë qui confère (29 décembre 1584) le prieuré de Saint-Georges de Poilletrée à frère Charles de Bréon, prêtre, chanoine régulier de la Roë, présenté par Jeanne de Montmorency, dame de la Trémoille, duchesse de Thouars, veuve de Louis de la Trémoille.

reçut lors de la bénédiction nuptiale une dot de dix-huit mille livres tournois. La signature du contrat, passé le 23 mai 1647, devant Louis Charon, notaire à Angers, réunit l'élite de la magistrature autour des deux familles. Citons parmi les témoins, presque tous parents ou alliés : François de Meulles, chevalier, seigneur de la Forêt et de la Durbellière, en Poitou; Michel de Scepeaux, écuyer, seigneur du Challonge; Charles du Tremblier, seigneur de la Varenne, conseiller du roi, juge au présidial d'Angers, et gendre de Pierre Eveillard; François Eveillard, seigneur de Pignerolles, président au siège de la Prévôté d'Angers; Jean Gaultier, écuyer, seigneur de Brûlon, conseiller et secrétaire du roi, auditeur de la chambre des comptes de Bretagne ; Nicolas Cornuau de la Grandière, oncles paternels de la future ; Pierre Frain, écuyer, seigneur du Planty, conseiller du roi; René Trouillet, conseiller du roi, receveur du domaine d'Anjou, oncles maternels ; Guillaume Ménage, conseiller du roi au présidial d'Angers, grand oncle de la future et père du littérateur et bel esprit, Gilles Ménage, qui devait faire quelques années plus tard les délices des ruelles parisiennes; Pierre Le Chat, conseiller du roi et lieutenant de la sénéchaussée d'Angers, François de la Forêt, conseiller du roi au Parlement de Bretagne, Pierre Ayrault, écuyer, cousins de Anne Eveillard (1).

Cet acte est passé à Chemazé. Datum in domo abbatiali Sancti Audoeni a dicto monasterio de Rota dependente, in parrochia de Camazeio. Archives de la Mayenne. Série H. Titres de la Roë.

(1) Archives de la Subrardière. Titres du Buat du Teillay, nº 29.

Cette union ne fut pas de longue durée, Anselme du Buat mourut prématurément après huit ans de mariage. Il fut inhumé le 21 août 1655 (1) dans la sépulture de ses ancêtres au chœur de l'église de Saint-Gault. Ils eurent pour enfants :

1° FRANÇOIS, qui suit ;

2° CHARLES, décédé sans alliance, étant au service en Lorraine (2).

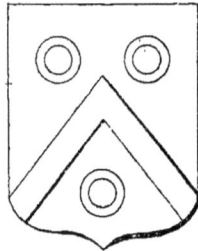

3° MARIE, qui épousa François Moreau, écuyer, seigneur de la Martellière, sans postérité (3).

(1) Etat civil de Saint-Gault.
(2) Notice généalogique, par Audouys.
(3) Moreau de la Martellière, famille d'Anjou, porte : *de gueules au chevron d'argent, accompagné de trois annelets de même, deux en chef et un en pointe.*

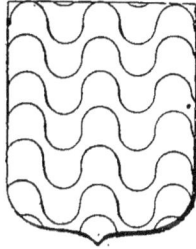

RANÇOIS DU BUAT, écuyer (1), seigneur du Teillay et de Saint-Gault, fils de Anselme du Buat, écuyer, seigneur du Teillay et de Anne Eveillard, fut présenté sur les fonts de baptême de Saint-Gault, le 7 mai 1654 (2), par Charles du Tremblier, conseiller du roi au présidial d'Anjou, et par Marie Lelair, dame de la Roussardière. Il épousa ANNE D'ADDE (3), d'origine italienne, nièce de Ferdinand d'Adde, archevêque d'Amasie, nonce du pape en Angleterre, auprès du roi Jacques II, et plus tard élevé à la

---

(1) Il est qualifié du titre de chevalier dans quelques actes.

(2) Copie certifiée conforme aux registres de l'état civil de la paroisse de Saint-Gault. Archives de la Subrardière. Titres du Buat du Teillay, nº 31.

(3) D'Adde porte d'après une ancienne peinture : *d'azur à trois fleurs de lis d'or, à la barre de gueules.* D'après Carré de Busserolles les armes de la famille seraient : *fascé, enté d'argent et de sable de six pièces. Armorial général de Touraine* 1867, p. 315.

dignité de cardinal au titre de Saint-Pierre-ès-liens (1).
Le père de Anne, Charles d'Adde, s'étant fixé en France
par son mariage avec Marie de Valois, habitait en
Touraine à Bescheron, paroisse de Saché (2). Le contrat
de mariage fut signé au château de la Rongère, en
présence de Hyacinthe de Quatrebarbes, marquis de la
Rongère, et de l'abbé Jacques de Quatrebarbes, le 27 mai
1682 (3).

François du Buat, fit le service du ban et en reçut
attestation du marquis de Sablé, Louis-François de Servien,
en date du 20 septembre 1689 (4). Le 1er juillet 1703, Turgot
lui conférait une lettre de reconnaissance de noblesse, après
production de titres et de preuves devant Voysin de la
Noiraye, commissaire du roi (5). Il obtint de nouveau un
certificat de noblesse et une reconnaissance de sa qualité
d'écuyer, qui lui furent accordées par Bernard Chauvelin,

(1) La promotion au cardinalat de Ferdinand d'Adde est du 13
février 1690, sous le pape Alexandre VIII. Il mourut à Rome en 1719
évêque d'Albano. *Dictionnaire des cardinaux*, édition Migne, 1857,
col. 60.

(2) Charles d'Adde comparaît au ban convoqué à Chinon en 1689
avec le titre de chevalier. Carré de Busserolles, *Armorial de
Touraine*, p. 319.

(3) Archives de la Subrardière. Titres du Buat du Teillay, pièce en
papier, no 32.

(4) Original en papier, scellé en cire rouge aux armes du marquis
de Sablé. Archives de la Subrardière. Titres du Buat du Teillay,
no 5.

(5) Original en papier. Archives de la Subrardière. Titres du Buat
du Teillay no 10.

seigneur de Beauséjour, en date à Tours, du 30 octobre
1715 (1).

Il eut pour enfants de Anne d'Adde, sa femme :

1° HYACINTHE-MARC, écuyer, fils et principal héritier,
prêtre en 1723 dans la congrégation de la Mission, établie
à Poitiers, puis curé de Quelaines en 1738.

2° BERNARD, qui suit.

3° FRANÇOIS, mort au service sans alliance.

4° GABRIEL, prêtre.

5° HENRI, écuyer, garde de la marine, au port de
Rochefort, qui obtint certificats de service et de noblesse, le
3 juin 1703 et le 23 mars 1705 (2), et mourut sans alliance.

6° MARTHE, décédée sans alliance (3).

(1) Original en papier. Archives de la Subrardière. Titres du Buat du
Teillay, n° 15.
(2) Pièces originales, aux archives de la Subrardière. Titres du Buat
du Teillay, n° 11.
(3) Audouys. *Notice généalogique.*

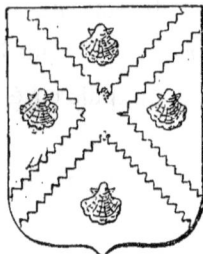

ERNARD DU BUAT, chevalier, seigneur du Teillay,
fils de François du Buat, seigneur du Teillay et de
Saint-Gault, naquit le 11 avril 1695. Il fut baptisé le 13
avril suivant, dans l'église de Durtal, et eut pour parrain et
marraine, Bernard du Tremblier, prêtre, curé de Villé-
vesques, et Françoise Eveillard, femme de Guillaume Gilles
de la Berardière, chevalier, seigneur de la Barbée, en
Bazouges (1).

Il devint chef de nom et d'armes par la mort de
son frère Hyacinthe du Buat, prêtre, qui, de son vivant,
lui avait cédé une partie de ses droits d'aînesse, comme il
appert du contrat de mariage passé le 1ᵉʳ septembre 1723,
devant Jacques-Magdelon Pillastre, notaire, résidant à Cherré.
Par ce contrat, Bernard du Buat épousait ANNE-MARIE

(1) Arrondissement de la Flèche, (Sarthe).

PREZEAU (1), fille de feu Guillaume Prézeau, écuyer, seigneur de Loiselinière, et de Anne Tendron, résidant en la terre de Glatigné, dans la paroisse de Marigné, près Daon (2).

Ils eurent pour enfants :

1º BERNARD-HYACINTHE-CHARLES aîné, qui entra dans les ordres, et devint curé de Quelaines, par la résignation de son oncle Hyacinthe du Buat (3). Il mourut en 1738.

2º ANNE-FRANÇOISE, épousa par contrat du 23 février 1770, devant Mathurin Mottier, notaire de Laigné, Marigné et Saint-Gault, François d'Andigné de Mayneuf, chevalier de Saint-Louis, ancien capitaine d'infanterie au régiment d'Aquitaine, fils de feu Joseph-Henri d'Andigné (4), chevalier, seigneur de Mayneuf,

(1) Prézeau porte : *de sable au sautoir engrêlé d'argent, accompagné de quatre coquilles de même.* — Outre ces armes, P. de Courcy indique encore : *d'azur à la croix pleine.* Seigneurs de la Basse-Coutais, paroisse de Saint-Luminé de Clisson ; de Loiselinière, paroisse de Saint-Georges ; de la Rammée, paroisse de Vertou ; de la Roche paroisse de Gétigné en Bretagne ; maintenue à l'intendance en 1703. Cette famille d'origine bretonne a produit, Jean, argentier en 1454 de Pierre, duc de Bretagne, Charles, chevalier de Malte en 1585. *Nobiliaire de Bretagne,* t. II.

(2) Expédition sur papier. Archives de la Subrardière. Titres du Buat du Teillay, nº 34.

(3) *Notice généalogique* par Audouys.

(4) D'Andigné porte : *d'argent à trois aiglettes de gueules, onglées, becquées et membrées d'azur, posées deux et une.*

et de Jeanne Bérault des Essards. Anne du Buat légua à son mari tous les biens, dont la coutume lui permettait de disposer, par testament du 3 juillet 1785, passé devant Mathurin Mottier. Elle mourut peu après sans enfants.

3° LUCIE, religieuse de l'abbaye de Nyoiseau, près Segré.

4° BERNARDINE, décédée sans alliance.

Ainsi s'éteignit la branche du Buat du Teillay, dans la paroisse de Saint-Gault, où elle fit sa principale résidence depuis 1545, c'est-à-dire pendant deux siècles et demi environ.

LA MAISON DU BUAT

TABLEAU GÉNÉALOGIQUE DE LA BRANCHE DU BUAT DE LA SUBRARDIÈRE

Jean I DU BUAT, écuyer, fils de Ch. DU BUAT et de N. DE MONTAUBAN, marié à Guillemette DU VERGIER, † 1415.

Jean II DU BUAT, fait preuve de noblesse en 1395, et épouse Colette DE SAINT-AIGNAN.

Jean III DU BUAT, seigneur de Brassé et la Motte de Ballots, épouse vers 1408 : 1º Jeanne DE LAMBOUL, dont la postérité suit ; 2º Louise DE LA TOUCHARDIÈRE ; fait preuve de noblesse en 1440.

Guillaume DU BUAT, aîné, épouse en 1434 Marguerite DE BARILLÉ. Tige de la branche DU BUAT DE BARILLÉ, éteinte en la personne de Claude DU BUAT en 1581.

Jean IV DU BUAT, seigneur de Brassé et la Subrardière, épouse en 1442 Jeanne DE CHARNACÉ, fait preuve de noblesse en 1465.

Gillot, seigneur de la Blandinière.	Marin, prêtre.	Gilles DU BUAT, seigneur de Brassé et la Subrardière, épouse en 1475 Catherine PINÇON DE BOUTIGNÉ.	Catherine, épouse O. CHEMINART, 1462.	Bertranne, épouse P. DE LA TOUSCHE, 1478.	Jeanne, épouse P. LAMBERT, 1481.

Jean, seigneur de Cramaillé.	François.	Georges DU BUAT, seigneur de Brassé et de la Subrardière, épouse en 1507 Perrine de BOIS-JOULAIN.	Renée, religieuse à Laval.	Perrine, épouse Louis BARATON.	Louise, épouse P. de LA DURANTIÈRE.

François DU BUAT, seigneur du Teillay, épouse en 1545, Jeanne DE TESSÉ. Tige de la branche DU BUAT DU TEILLAY, éteinte en la personne de Anne-Françoise DU BUAT, femme de François D'ANDIGNÉ DE MAYNEUF, morte vers 1785.	Thibault, religieux au couvent des Anges.	Guillaume DU BUAT, seigneur de Brassé et de la Subrardière, épouse en 1538 Jeanne MAUVIEL.	René, religieux au couvent des Anges.	Françoise, épouse François de LA MORELLIÈRE, écuyer, 1543.

Marin, seigneur de la Rivière, épouse Jeanne DU BOIS-HUBERT.	Pierre, seigneur de la Blandinière.	René DU BUAT, seigneur de Brassé et de la Subrardière, épouse en 1559 Anne de LA ROUSSARDIÈRE.	Marthe, épouse en 1559 Guillaume DE LANGELLERIE.	Marie, épouse en 1562 Jean L'ENFANT.

Jean DU BUAT, seigneur de la Subrardière, Saint-Poix, Chanteil, la Motte de Ballots, épouse en 1609 Magdeleine de Birague.	Perrine, épouse en 1584, Louis de CHAMPAGNÉ, seigneur de la Motte-Ferchault.

Marie, épouse en 1643 Pierre D'AUBERT, seigneur de Beaulieu.	Magdeleine.	Charles DU BUAT, chevalier, seigneur de la Subrardière, Saint-Poix, Chanteil, la Motte-de-Ballots, épouse en 1646 Elisabeth de LA CORNIÈRE, dont il eut 15 enfants, entre autres :	Catherine, religieuse à Laval.	Anne, religieuse à Laval.

Charles-Joseph, seigneur de la Subrardière, † vers 1687.	Malo-Marie, seigneur de Saint-Poix, † 1690.	Jean-Baptiste, seigneur de Volaines.	Magdelon-Hyacinthe DU BUAT, seigneur de la Subrardière, la Motte-de-Ballots, épouse en 1690 Marie-Anne BLAVET, dont 13 enfants, entre autres :	Philippe, seigneur de Chanteil.	Magdeleine et Marie, religieuses au Buron.	Elisabeth-Charlotte, épouse F. de LA CHEVALERIE.	Anne-Henriette, épouse René-Fr. MINAULT, 1699.

Philippe, prieur de Saint-Sauveur de Lohéac.	François, curé de Méral.	Charles-Joseph, prieur de Port-Ringeard.	Magdelon-Hyacinthe DU BUAT, IIe du nom, seigneur de la Subrardière, la Motte-de-Ballots, épouse en 1728 Marie-Renée DU MOTHER.	Henri-Louis, dit l'abbé DU BUAT.	Elisabeth-Antoinette-Rose-Gabrielle, femme de César D'AUBERT.

Louis-J.-Fr.-A.-P.-H. DU BUAT, seigneur de la Subrardière, épouse :
1º Marie BERGET D'HAUTERIVES ; 2º en 1763, Thérèse-Charlotte DU BOUETIEZ, et eut de cette dernière union :

Louis-Jean-Marie, chevalier de Malte, qui épouse en 1812 Amélie DU PONT DE COMPIÈGNE, et laisse quatre filles.	Louis-Charles-Marie, comte DU BUAT, seigneur de la Subrardière, page du prince de Condé, épouse en 1803, Marie-Renée DE VALLEAUX.	Thérèse-Esther-Marie chanoinesse de Malte, † 1833.	Marie-Fortunée † 1785.

Charles, comte DU BUAT, chevalier de la Légion d'honneur, marié en 1838 à Anne-Marie-Clotilde D'ANTHENAISE.

DEUXIÈME PARTIE

PREUVES ET DOCUMENTS

PREUVES ET DOCUMENTS

I.

RATIFICATION DE L'ACQUISITION DE LA TERRE DE LA COCIMBRE ACHETÉE PAR JEAN DU BUAT ET LOUISE DE LA TOUCHARDIÈRE SA FEMME (1), 19 JANVIER 1436. (v. st. 1435).

Sachent tous présens et avenir, que, comme Macé le Rouge de la paroisse de Baloz, tant en son nom, comme soy faisant fort de Estienne Goaïbaut, eust puis naguères vendu, transporté et octroyé par héritage à nobles personnes, Jehan du Buat, seignour de Brassé, et à damoiselle Loyse de la Touschardière, sa femme, pour eulx et pour leurs heirs, tous les héritages, qui ausdits Le Rouge et Goaïbaut povaient compecter et apartenir, ou lieu et appartenances de la Cocimbre, situé en la parroisse de Baloz, tant à cause des acquestz par eulz faiz des heirs feu Fontenier, autrement dit Chéhulier, et des chouses qui

(1) Archives de la Subrardière. Titres de famille, tome I, nº 11. Parchemin.

furent aux Boessaux, que autrement en quelque manière que ce soit ; et eust esté faicte la dicte vendicion et transport, tant pour le droit des dessurdits, comme pour le droit de Jehan Goaibaut, Guillaume Benastre, Guillaume Gallier, comme soy faisant fort de Jehenne, veufve de feu André Goaibaut, lesquelx en ont semblablement vendu leur droit aux susdits achapteurs, le tout pour le prix et somme de dix royaulx de fin or, chacun de poys de franc. Et en la dite vendicion faisant, le dit Macé le Rouge eust promis faire obliger le dit Estienne Goaisbaut [à ce] présent contract, et le luy faire avoir agréable dedens le jour de Pasques prouchain venant, à la peine de dix livres, comme tout ce peut plus à plain apparoir par les lettres de la dicte vendicion et transport sur ce faictes et passéez, parmy lesquelles ces presentes sont annexées.

Néantmoins, en notre court de Craon, par davant nous en droit personnel establly, le dict Estienne Goaibaut de la pa[roi]sse du Bourg aux Nonnains (1), lequel, de son très bon plaisir, congnoit et confesse avoir loué, ratiffié, confermé et approuvé [la] dicte vendicion, telle que l'avoit faicte et passée le dit Macé Le Rouge ausdicts achapteurs, de son droit des dites chouses, et pour sa pa[rtie] de la dite somme de dix royaulx d'or, et en tant que mestier est, vent, transporte et octroye à touzjourmais par héritage audit sei[gneur] de Brassé et sa femme, pour eulx, et pour leurs heirs, tous et chacuns, les héritages qui

---

(1) Ancien prieuré, dépendant de Nyoiseau, abbaye de femmes fondée en 1109, par les compagnons de Robert d'Arbrissel, sur les confins de l'Anjou et du Maine, le Bourg aux Nonains a formé longtemps une paroisse distincte de celle de Renazé. (C. Port, *Dictionnaire de Maine-et-Loire*, t. III, p. 25). En 1614, il avait encore son curé, en la personne de Charles Hunauld, et un notaire François Crosnier qui résidaient dans le bourg. (Anciens actes de l'étude de Me Planté, notaire à Ballots). Les registres de l'état civil s'arrêtent à 1680. Vers la même époque, la paroisse fut réunie à celle de Renazé. Quoique transformé en métairie, le Bourg-aux-Nonains a conservé une curieuse entrée fortifiée, défendue par deux tours circulaires garnies de meurtrières, dans le style de la fin du XVe siècle au XVIe, avec remaniements postérieurs.

lui povent compéter et appartenir au dit lieu et appartenances de la
Cocimbre, avecques tous et chacuns les droiz, causes et actions, qu'il
y avoit et povait avoir, pour le pris et sommes de son droit des dix
royaulx d'or dessus dits, dont le dit Estienne Goaibaut s'est tenu,
pour sa porcion, pour bien content par davant nous A laquelle [rati]ffi-
cation et tout ce que dessus est dit tenir et garder serment, sans jamais
venir encontre, par applégement, contrapplégement, opposition que
autrement, et aus dites chouses héritaulx garantir, deffendre et meptre
à cler aus dits achapteurs, et à leurs heirs, de tous empeschemens
et obligations à cest fait contraires, envers toutes gens, toutteffois que
mestier en sera, aux charges anciennes, charge et oblige ledit Estienne
Goaibaut soy, ses heirs et tous ses biens meubles et héritages presents
et à venir où qu'ils soient, renonciant par davant nous ledit Estienne
Goaibaut à toutes et chacune les chouses à cest fait contraires ; et de
non venir encontre ce que dessus est dit, est tenu le dist Goaibaut, par
la foy et serment de son corps sur ce donnée en notre main. Et
en fut jugé et condampné de nous à sa requeste, par le jugement et
condampnation de notre dicte court. — Donné et fait le dixneufyesme
jour du moys de janvier lan mil cccc trente cinq, présens Jehan de
la Barre, seignour de Monternault, Jehan de Saint-Michel, Macé Le
Rouge et plusieurs autres tesmoins ad ce requis.

(Signé)

M. DE LA BARRE (1).

(1) Cette pièce est scellée en cire verte d'un sceau double sur queue de
parchemin. Sur le grand côté, on distingue seulement la forme de l'écu, sur lequel

II.

Charles, [par la grâce de Dieu, roi] de Franse, aux éleuz sur le faict des [aydes ordonnés pour] la guerre en la ville et élection d'Angiers sa[lut].

[Reçeu avons l'h]umble suplication de notre amy Jehan du Buat, escuier, contenant que jasoict ce que il soict né, extraict de noble lignée de toute lignée, et que du previlège de noble, il et ses prédécesseurs, de tel et sy long temps qu'il n'est mémoyre d'au contrayre aient jouy, et usé paisiblement, mesmement le dit expossant en son temps et fréquentation, ou moins (?) autre en lieu de luy et à ses despens, suffissamment monté et armé en nos guerres, à présent aians cours en notre royaumme à l'encontre de nos anciens anemis et adverseres les Angloiz, et [m]oul fraié et despendu du sien grandement ; néantmoins puis deulx ou troys mois, et que pour et occasion de la charge des gens d'armes estant sur ce païs, il a retraict sa personne et aucuns de ses biens, pour plus grand sureté en la ville d'Angiers, aucuns des gens d'icelle ville, soubz umbre de ce que, comme l'on dict, ilz nous ont faict prest d'aucune somme de deniers, pour icelle

on voit le *losangé* de la maison de Craon. Le revers, mieux conservé, offre un petit sceau rond, sur l'écu duquel apparaît le même losangé ; il est surmonté d'une étoile et accosté d'un soleil à droite et d'un croissant à gauche. Tout autour on lit cette légende : † CONTRES : DES : CAUSES DE CRAON. Nous reproduisons ici ce contre-sceau, d'après un charmant croquis que nous devons à l'amitié de M. G. Bouet, inspecteur de la Société Française d'archéologie.

(1) Archives de la Subrardière, titres de noblesse nº 4. Pièce en papier du XVIᵉ siècle. Nous avons rétabli quelques mots d'après une autre copie plus récente, également en papier.

recouvrer sur les aultres des gens de ladite ville, de leur autorité ou aultrement, ont faict un taux ou impos, ouquel entre les aultres ilz ont mis et impossé ledict expossant à certaine somme qu'ilz ont voullu, et se sont éforcés luy faire poyer, nonobstant que, comme dict est, il ne soit ne doye estre contribuables à aucun de nos aides par prest ne aultrement, et sans le volloir recevoir à oposition, ne appellation, combien qu'il ait offert se opposer, et aléger ses droictz et défensses qu'il a bonnes et légitimes en ceste partie; et doubte que de faict on le vielle contraindre rigoureusement de paier la some, à quoy il a esté imposé audict prest, quy [seroit au grand g]rief, préjudice et domaige de luy et] de sa postérité et lignée, sy comme il dit ; [Nous] req[uérant humblement] que, attendu ce que dict [est, qu'il est [noble] et extraict de noble lignée et faissant faict de noble, suivant la guerre quant besoin est ou a esté par luy, tant comme il a peu, et paraistre en lieu de luy et à ses despans, mesmement comme encores et présentement y a il un homme suffisamment monté et armé en la compaignée de Guinot de Brisac, cappitainne de gens d'armes de traict, et que onques ne fut contribuable ne s...... ainsi à nos aydes, subsides, empruns , ne aultres subventions quelz- conques, et ne s'est retraict en ladite ville d'Angiers, fors seullement pour la seureté de sa personne, et pour obvier et fuir aux périlz, dangiers et pilleries des gens d'armes, qui ont esté et sont par le païs tant de l'aller que du revenir du voiage d'Avrenches ; Nous luy voul- lons sur ce pourvoir d'aide, remède, humblement requérant icelui.

Pour quoy Nous, et chosses considérées, que ne voullons ledit su- pliant, soubz umbre de ce qu'il s'est retraict à la cause desur dite en la ville d'Angiers, aultrement estre asis en aucun emprunt, ne aultre de nos aides, dont a tousjours esté le temps passé franc, quite et exampt, comme les aultres nobles de nostre royaume, vous mandons, et si mestier est, commettons que, s'il vous apert ledit supliant estre noble

11

et extrait de noble lignée, suivant la guerre, ou avoir suivy tant que il a peu à le temps passé, ne le cont[raingnez, ne souffrez] estre contrainct en quelque man[iére que ce soit à po]ier dudit emprunt, impost ou au[ltrement mis sus] ou à mestre, soit en ladite ville d'Angiers ou alleurs, en la dite élection, mais le faictes jouir paisiblement de telz et semblables prévillèges, comme font et ont coustume faire les aultres nobles de nostre royaume de sa condition, se mestier est, et le recevez et ferre recevoir à oposition, en asignant ou faissant assigner à luy et aultres ses parties averses, s'aucunes en a jouy, par davant vous en votre audittoire, audit lieu d'Angiers, pour dire les causes de son oposition, procéder, et faire en oultre sur ce et des sirconstances et despendances selon raison, en faisant aux parties ouyes sur brief et compétente déclaration bon et brief accomplissement et justice.

Car ainsy Nous plaist estre faict audit suppliant, l'avons octroyé et octroyons, de grasse espéciale, se mestier est, par ses présentes, nonobstant quelconques ordonnances, mandemens, restitutions ou deffanses faictes ou à faire, lettres subjectives impétrées ou à impétrer ad ce contraires.

Donné à Saumur, le trezièsme jour de février, l'an de grasse mil quatre cens et trente et neuf, et de notre règne dixhuitiesme, soubz notre sel, ordonné en l'absense du grand. Par le conseil.

Ainsy signé en la grosse. J. DE LA GARDE.

III.

PRÉSENTATION DE FOI ET D'HOMMAGE PAR JEAN DU BUAT, SEIGNEUR DE BRASSÉ, A BERTRAND DE MONTBOURCHER, POUR LE FIEF DE LA COCIMBRE. 9 OCTOBRE 1459 (1).

Le IXe jour d'octobre l'an mil IIIJ^e cinquante neuf, Jehan du Buat,

(1) Archives de la Mayenne. E. 146, fol. 37.

fils puisné de feu Jehan du Buat, en son vivant seigneur de Brassé, iceluy du Buat à présent mary de damoiselle Jehanne de Charnacé, niepce de damoiselle Loyse de la Touschardière, à présent veufve du dit feu du Buat, a fait foy et hommaige simple à Monseigneur Bertran de Monbourcher, écuier, seigneur dudit lieu de Monbourcher, de la Corbière et de Ravallay, au regard de ses fiefs dudit lieu de Ravallay, à cause et par raison du lieu et appartenances de la Cocimbre, situé en la paroisse de Balloz, à luy appartenant, à cause de ladite de Charnacé, sa femme, en tout et à cause du don fait par ladite de la Touschardière à ladite femme dudit du Buat, en faisant le mariage d'eulx deux, que par le moyen du partaige fait entre ledit du Buat et Jehan du Buat, filz aisné de Guillaume du Buat, aiant l'accion de son dit père, par l'avancement qui par sondit père lui en a esté fait, en luy avançant son droit de succession naturel, ainsi qu'il est apparu par lettres obligatoires faictes et passées. Icelui hommaige fait en tant et pour tant, que d'icelui lieu il est tenu à ladite foy et hommage simple de mondit seigneur de Montbourcher. Lequel, à ladite foi et hommage faire et avouer, a reçu ledit du Buat puisné, sauf son droit et l'autry. Lequel du Buat en ce faisant a fait le serment ou tel cas accoustumé, et en gaigé le rachapt, lequel il a finé à la somme de vingt escuz, et s'est assenti bailler son adveu dedans les prochains plez dudit lieu de Ravalay. Ce fut fait ès présence de maistre Guillaume de La Roche, procureur de mondit seigneur de Montbourcher, messire Jean Marcillé prêtre, Olivier Cheminart et autres.

(Signé) DU BUAT,   LE CORDIER.

IV.

AVEU DE LA MOTTE DE BALLOTS, RENDU PAR JEAN DU BUAT, A CAUSE DE

LOUISE DE LA TOUSCHARDIÈRE, SA FEMME, A Mᵍʳ DE LA TRÉMOILLE, SEIGNEUR DE CRAON. 23 OCTOBRE 1442 (1).

De vous très noble et puissant seigneur, monseigneur de la Trémoille, de Sully et de Craon, Je, Jehan du Buat, congnois que, à cause de Louise de la Touchardière, ma femme, suis vostre homme de foy simple au regard de vostre baronnye de Craon, à cause et pour raison de mon herbergement, lieu et appartenances de la Mothe de Ballotz, ainsy qu'il se poursuit et comporte, o tous ses appartenances, tant en fiefs que en dommaine, o tel droit de voyrie, seigneurye, comme les prédécesseurs de madite femme et moi avons accoustumé avoir des dictes choses, avecques l'usage et féage tel que les prédécesseurs de madicte femme et moy avons accoustumé avoir en vos forestz de Craon et de Saint Michel. Desquelles choses, la déclaration s'ensuyt :

Et premièrement, mondict herbergement, avecques la motte, court, estrage et la maison du métaier dudit lieu, comme les fossés enlièvent, contenant un journau de terre ou environ, en terres arrables et non arrables, landes, pretz, pastures, courtilz, vergiers, bois, hais et autres terres, en ce comprins les terres et la courtillerie qui ont esté quictes pour vingt et sept solz de rente qu'ilz debvoient, contenans trante journaulx de terre ou environ et ung journau et demy ad ung homme faucheux de pré ou environ. Et à cause de mondit féage, me doivent plusieurs de mes hommes subjectz soixante et treize solz dix deniers de debvoir, en ce comprins trois solz quatre deniers de taille et de mauger? que le chappitre de Sainct Nicollas de Craon me contredisent et débatent, et dont ils sont en procès en ma court. Au regard duquel féage, j'ay droit de coustume, mesure et espave, justice,

(1) Copie délivrée à Jean du Buat, écuyer, sieur de la Subrardière, de Chanteil et de la Motte de Ballots, sur la grosse extraite du trésor de Craon, le 18 août 1618. Signé : Du Bois. Archives de la Subrardière. Titres de famille, t. I, pièce nᵒ 3, papier.

fief et seigneurie, et les droictz qui en deppendent c'est assavoir : droict de bailler à mes hommes et subjects estagers mesures à bled et à vin, pour vendre et pour achepter, en prenant patron de vous, et d'avoir la coustume appellée *levage* des denrées vendues en essemblée en mondit fief, et d'en avoir les espaves, ventes et autres émolumens de fief, touttefois que les cas y aviendront, et que aulcunes espaves y sont trouvées, droict de congnoistre par ma court de actions personnelles entre mes hommes et subjectz, pour le juge de ma court faire exécutter pour mes debvoirs non paiez, ou prendre et saisir en ma main les choses de mondit fief, pour mes debvoirs non paiez ou pour autre cause raisonnable, touttefois que bon me semble.

Et au regard de l'usage et féage que j'ay en vosdictes forestz, j'ay droict d'avoir et prendre, par usage et féage, à cause de mondit lieu et herbergement, les droictz qui s'ensuyvent, c'est à scavoir : droit d'usage à bois vert, sec, ver et chaist et brissé, et mort bois, et aux estroisses et espoinctes, sans merc, sans monstrée, pour le chaufage de moy et de mon métaier, et autres nécessaires de mondit lieu ; et bois vif par monstrée de vos officiers pour maisonner, édiffier, et réédifier et tenir en estat les maissons et herbergement de mondit lieu, en paiant quatre deniers au jour de la monstrée à vos officiers qui monstront ledit bois ; Et à pasturer o mes ovoies de mondit lieu en vos dictes forestz, excepté chacun an le temps du bié, durant quinze jours en la fin d'avril, et quinze jours au commencement de may, ouquel temps durant, mes bestes dudit lieu n'y doivent point aller, ni ès tailliz qui sont au desoubz de sept ans et ung mois. Et aussy droit à cueillir ou faire cuillir les feilles et litières pour amender les terres de mondit lieu et de mettre mes porcs qui sont oudit lieu, dès la veille de la Sainct Jean Baptiste continuellement jusques ou temps de la posson, francz en parnage ès dictes forestz, en paiant ung denier seulement en les faisant mettre en escript. Et pour raison desdites choses, vous doy et suis tenu vous rendre et paier par chacun an, environ l'Angevine, sept solz six deniers semonables, et doibt et suis tenu vous faire ou faire faire ung parc de votre bois des dictes forestz, par monstrée, à mettre les bestes trouvées malfaisant en vos dictes forestz par vos officiers, quand le cas y advient. Et o tout ce vous doy plege, gaige, droict, serte et obéissance, telle comme homme de foy simple doibt à sondit seigneur de fief et de foy simple, et les loyaulx tailles jugées comme celles y advenant par jugement, selon la coustume du païs.

Et, mon très noble et puissant seigneur, je vous baille par adveu sellé du sel de mes armes, et pour plus grande confirmation avoir ès dictes choses, signé de mon seing manuel, o protestation de moy, très noble et puissant seigneur, que s'il est trouvé contre moi adveu ou adveuz, baillez par mes prédécesseurs aux vostres, que autres debvoirs ou redevances vous en soient deubz, que je n'entends en rien à les vous dénier, ne débattre; ainçois les vous veulx paier et continuer, offrant vous faire foy et hommaige, si prendre le voullez, que plus n'est venu à ma congnoissance. Laquelle protestation et offre de hommage je vous faictz, affin qu'il ne puisse estre dict ne impugné contre moy, si nulz de vos debvoirs, serte ou redevances vous veille contredire ne débattre.

Donné et baillé cest présent adveu, le vingt et troisiesme jour d'octobre, l'an mil quatre cens quarante et deux.

V.

EXERCICE DU DROIT DE RETRAIT LIGNAGER PAR FRANÇOISE DE LA ROCHÈRE, VEUVE DE CLÉMENT DU BUAT. 4 SEPTEMBRE 1523 (1).

Maistre Jehan Richard a aujourd'huy en jugement congneu à

(1) Archives de Maine-et-Loire, E 2311, parchemin.

presme et au retraict lignaigner damoiselle Franczoise de la Rochère, ou nom et comme bail et garde de Guillaume du Buat, escuier, mineur d'ans, et enfent de feu noble homme Clément du Buat et de ladite damoiselle, comparante en la personne de Mathurin Le Breton, son procureur, au povoir espécial quant à demander ledit retraict, et iceluy faire excécuter, ainsi qu'il nous est appareu par les lettres de procuration, accause et par raison des choses héritaulx que ledit Richart avoit acquises de noble homme Jean Lefebvre, seigneur de la Duranderie, icelles choses sises au lieu et mectayrie de Sainct Eutrope qui autreffoiz fut à feue demoiselle Michelle du Buat, iceluy Lefebvre, proche parent et lignaiger dudit Guillaume du Buat. Et a ledit Richart mys son principal achapt, ventes, et touz autres loyaulx coustz, myses raisonnables en habondance par exposition du jourd'huy, faictes entre les dites parties à la somme de trente et deux livres solz tournois. Quelle somme ladite damoiselle a, ou dit nom que dessus, et présente en la personne dudit Le Breton, poyée et baillée audit Richard, ...

Nous avons baillé et adjugé, baillons et adjugeons à ladite demoiselle la pocession et jouyssance des dictes choses, et audit Richard et tous autres avons deffendu tous exploitz....

Donné à l'assise de Craon, tenue par nous René Mauviel, licencié es droictz, sénéchal, le vendredi IVᵉ jour de septembre, l'an mil cinq cens vignt et trois.

(Signé) DE LA TOUSCHE.

VI.

CONTRAT DE MARIAGE DE JEAN DU BUAT, SEIGNEUR DE BRASSÉ, FILS DE JEAN DU BUAT, SEIGNEUR DE BRASSÉ ET DE FEUE JEANNE DE

LAMBOUL, ET JEANNE DE CHARNACÉ, FILLE AINÉE DE ANDRÉ DE
CHARNACÉ ET DE CATHERINE DE LA TOUSCHARDIÈRE, 8 AOUT
1442 (1).

Sachent tous présens et avenir que, en nostre court de Saint-
Lorens des Mortiers, en droiz, par devant nous personnelment establiz,
nobles personnes Jean du Buat, seigneur de Brassé, Loyse de la
Touschardière, sa femme, André de Charnacé, seigneur dudit lieu de
Charnacé, et Katherine de la Touschardière, sa femme, les dites femmes
auctorisées suffisamment de leursdiz mariz quant à ce qui s'ensuit,
soubzmectant eulx, leurs hoirs, avecques toutes et chacunes leurs
choses ou povoir et juridiction de nostre dite court quant à tenir ce
que s'en suit; confessant de leur bon gré, sans aucun pourforcement,
que en traictant, parlant et accordant le mariage d'entre nobles personnes, Jean du Buat, filz puisné dudit Jehan du Buat et de feue
Jehanne de Lamboul, sa première femme d'une part, et damoiselle
Jehanne de Charnacé, fille esnée dudit André de Charnacé, et ladite
Katerine de la Touschardière, sa femme d'autre part; a esté traicté,
parlé et acordé entre le dit Jehan du Buat, père dudit Jehan du Buat,
et de ladite Loyse de la Touschardière, sa femme, suer germaine de la
dite femme dudit de Charnacé, et lesdiz de Charnacé et sa femme, les
acords, traictés et appointemens qui cy après s'ensuivent.

C'est à scavoir que pour cellui mariage estre fait, consommé et accompli, qui autrement n'eust point esté, ledit du Buat a congneu et confessé,
et encore par devant nous congnoit et confesse, jà piécza et d'autreffoiz avoir donné et octroyé, et donne et octroye à touz temps mais,
perpétuelement par héritage audit Jean du Buat son filz, pour lui, ses
hoirs et ayant cause les dommaines, lieux et mectaieries de Brassé, La

(1) Archives de la Subrardière, Titres de famille, t. I, nº 3. Pièce en parchemin,
scellée sur queue, scel perdu. Il existe en outre une grosse du même acte du 14
avril 1662.

Lande, La Brennintière et des Tioulières (1), sis et situées en la paroisse de Beaulieu, en la chastelenye de Montjean, tant en dommaines, justices, fiez, seigneuries, et tant cens, rentes, devoirs, dismes, prez, pastures, boais, haies, lices, landes, que autres choses quelsconques, et généralement toutes et chacunes les choses que ledit du Buat, père dudit Jean du Buat, a et avoit droit d'avoir et demander en ladite paroisse de Beaulieu, tant d'acquest comme de son patrimoine et matrimoine, sans riens y retenir, pour lui, ses autres héritiers en aucune manière, et tout ainsi, et par la forme et manière que contenu est plus applain en la lectre dudit don sur ce faicte et passée ; lequel don a esté ratiffié et approuvé par Guillaume du Buat, esné, frère germain dudit Jehan du Buat, ainsi qu'ilz dient, et encores dujourd'hui en tant que mestier est, ledit Jean du Buat, père dudit Jean du Buat, a ratiffié, loué et approuvé, loue, ratiffie, conferme et approuve du tout en tout ledit don, et a congneu et confessé le avoir faict ainssi et par la manière que dict est, comme contenu ès les letres dudit don, et promet ledit Jehan du Buat, l'aizné, faire avoir et tenir ledit don aggréable audit Guillaume du Buat, son fils aisné, et à ce le faire obliger et consentir, s'i oblige, n'y est dedens le jour des espousailles des dessurdits Jehan du Buat et Jehanne de Charnacé, à la paine de mil escuz d'or de paine commise (*sic*). Et a voulu et consenti ledit du Buat, père dudit Jehan du Buat que, ou cas que sondit filz yra de vye à trespassement paravant ladite Jehanne de Charnacé, que ladicte Jehanne ait provision de douaire, la vie durant dudit du Buat, sondit père susdit, sur les lieux de Brassé, La Lande, La Brenintière, et les Tioulières, et après son décès que elle ait son dit douaire sur lesdiz lieux, tel qu'il lui peut et devra compéter et appartenir, selon la coustume du païs.

Et ledit André de Charnacé et sa dite femme ont donné et

---

(1) Ce nom est écrit quelquefois : les Ajoulières.

octroyé , donnent et octroyent à ladite Jehanne de Charnacé ,
leur dicte fille aisnée, en luy avançzant son droit de succession
naturel por elle, ses hoirs, aians causes à touz temps mais ,
tout, tel droit de succession qui est avenu et descendu audit
André de Charnacé à cause de sadite femme par la mort et trépasse-
ment dé deffuncte Jehanne de la Touschardière, suer aisnée de sadite
femme, et aussi de feue Ioland de la Touschardière, autre suer
germaine de sadite femme, avecque le parfait du partaige, que ledit
de Charnacé demande et a droit de demander, à causse de sadite
femme à Jean de la Chesnaye à cause de Ysabeau de la Touchardière
• sa femme, à présent suer aisnée de ladite femme dudit de Charnacé,
et dont contens et procès est meu et pendant ès assises d'Angiers,
entre les dessus dicts de Charnacé et Chesnaye, à cause de leurs
dictes femmes. Lequel procès ledict de Charnacé a voulu et consenti,
veult et consent que ledit du Buat, ledit mariage consommé et accom- ·
pli, puisse pourssuir, conduire et démener à son singulier prouffit,
tout ainsi que eust fait et peu faire ledit de Charnacé, et généralement
tout le droit que lesdit de Charnacé et sa femme ont droit d'avoir et
demander audit de la Chesnaye à cause de sadicte femme, tant à cause
de sadicte femme, tant à cause desdictes successions du parfait dudit
partage, fruiz et levées, que en a prins et levé ledit de la Chesnaye,
depuis la mort et trespassement de ladicte feue Jehanne de la Touschardière, leurdicte sueur esnée, ou du moins depuis les sommacions à
lui faictes par ledit Charnacé paravant ledit procès encomencé, que de
ce qu'il en prendra et lèvera ledit procès pendant, avecques l'intérest
des despens dudit procès que autrement en quelconque manière que
ce soit.

Et toutes lesquelles choses dessurdites tant desdites successions du parfait dudit partage que autrement, les dessurdiz de Charnacé et sa femme du jourd'hui ont cédé et transporté, cèdent et
transportent à ladicte Jehanne de Charnacé, leur dicte fille aisnée, en

lui avanczant son droit de succession naturel ; et s'en sont désisté et départiz, et voulu et consenti que ladicte Jehanne de Charnacé, leur dicte fille ainznée, en face et puisse faire ou temps à venir, comme de sa propre chose, à elle acquise par droit de héritage, pour tel droit de succession, comme à ladicte Jehanne peust compéter et appartenir des successions de sesdiz père et mère, seulement réservé à ladite Jehanne de Charnacé à revenir et demander toutes successions de frères et de sueurs et autres successions collatéraux, quant le cas y avendra. Ainsi dit et expressément accordé entre les dictes parties , que , si le cas avenoit ledit de Charnacé aller de vie à trespassement avant ladite Katherine de la Touschardière, sa femme, que ladite femme se joyra de la moitié des fruiz des choses héritaux, par sondit mary et elle données à ladicte Jeanne de Charnacé, leurdicte fille aisnée, le cours de sa vie durant seulement. Et avecques ce, que sur les fruitz et revenues desdictes choses données, lesdiz du Buat et la dicte Jehanne de Charnacé, leurdicte fille, seront tenuz acquicter et descharger lesdiz de Charnacé et sa femme des fruitz et revenues, qu'ilz ont prins et levez du lieu de Cramaillé, pour tel droit, partie et porcion que audit de la Chesnaye, à cause de sadite femme, en peut compéter et appartenir.

Et laquelle Loyse de la Touschardière, femme dudit père dudit Jean du Buat, en la présence et du consentement de sondit mary, et auctorisée de lui, comme dit est, quant à ce, de son pur esmouvement, franche et libéral voulenté, et sans contrainte de nully, mais pour ce que très-bien lui plaist a donné et octroié, et par ces présentes donne et octroie à ladicte Jehanne de Charnacé, sa niepce, à touz temps mais, perpétuellement, pour elle, ses hoirs, et pour ceulx qui d'elle auront cause, tout ce que elle lui peut donner et aumosner de droit et selon la coustume du païs, c'est à savoir : la tierce partie de touz et chacuns ses biens immeubles et héritages, tant patrimoine, matrimoine, touz les acquests et conquestz, que ladicte Loyse, tante de ladicte Jehanne de Charnacé, a faitz ou temps passé, et fera et faire pourra ou temps avenir, durant le mariage de sondit mary et d'elle, avecques touz et chacuns ses biens meubles quelsquilz soient, pour s'en joïr ladicte Jehanne de Charnacé et ses hoirs, après le trespassement de ladicte Loyse, comme de ses propres choses à elle acquises par droit héritage. Où cas touteffoiz **que** ladicte Loyse yra de vie à trespassement, sans hoirs de son corps nez et procréez en mariage, ou que la lignée et descense de son corps deffaudroit, l'exécution de ladite Loyse faicte et acomplie sur les dictes choses premier et avant toute euvre, non comprins en ceste présente donnayson le fié des Déablières alias de Villedé, sis et situé en la baronnie de Pouencé, qui est l'acquest de sondit mary et d'elle, duquel fié elle en pourra faire et ordenner à son bon plaisir et voulenté.

Et en ceste présente rescovation faisant, ladicte Loyse de la Touschardière auctorisée de sondit mary comme dessus, et aussi le dit Jehan du Buat, son dit mary, ou cas que elle aura enffans de son corps nez et procréez en mariage, ont donné et octroié, donnent et octroient par ces présentes à ladicte Jehanne de Charnacé et audit Jehan du Buat, pour eulx, leurs hoirs et aians cause, à touz temps mais, ledit féage de Villedé pour eulx en joïr, après le décès et trespassement dudit du Buat et de ladicte Loyse, sadicte femme, sans riens y retenir ne réserver pour eulx leurs hoirs ou aians cause, fors les fruiz et revenues dudit féage, le cours de leur vie ou du plus vivant d'eulx deux seullement.

Et à icelles choses ainsi données, comme dit est, garantir, deffendre et délivrer aux dessus diz Jehan du Buat et Jehanne de Charnacé, ledit mariage consommé et accompli, à leurs hoirs et aians cause, de touz empeschemens et obligacions quiconques à cest fait contraires, envers touz et contre toutes gens, touteffoiz et quanteffoiz que mestier en sera, et sur ce garder de touz dommaiges, obligent les dessusdiz Jehan du Buat, André de Charnacé et leurs dictes femmes, chacun en tant comme à lui touche et peut toucher, compéter et appartenir, eulx, leurs hoirs et touz leurs biens meubles et immeubles, présens et avenir quelle partie qu'ilz soient, renoncians par devant nous quant à ce à toute exception, déception de mal de fraude, de bara, de lésion, de circumvention, à toutes coustumes veilles et nouvelles à ce contraires au droit, disant général renonciation non valoir, et par espécial lesdictes femmes au bénéffice et aide du droit Velléyan, à l'Epistre de « *Divi Adrian* » et à touz autres droiz faiz et introduitz en faveur des femmes, et généralement à toutes et chacunes les autres choses qui de fait, de droit et de coustume pourroient estre dictes, proposées, obbicées ou alléguées contre la teneur, forme ou substance de ces présentes en aucune manière.

Et de tout ce tenir, sans jamais venir en contre, par eulx ne par autres, par applégement, contrapplègement, opposition, allégation, ne autrement en aucune manière, sont tenuz le dessusdit Jehan du Buat et André de Charnacé et leurs dictes femmes, par la foy et serment de leurs corps sur ce d'eulx et de chacun d'eulx donnez en notre main, jugez et condampnez de nous par le jugement de notre dicte court à leur requeste et de leur consentement.

Ce fut fait et donné, en la présence de messire Jean Bourreau, chevallier, seigneur des Rues Bourreau, Jehan du Matz, escuyer, seigneur de Longchamps, Thibault du Houssay, escuyer, messire Jean Jagault, Guillaume Alluaut, prebtres, Phelipon Le Bouvier, Jean Pierre, Jean Boursier et autres tesmoings à ce appelés, le huitiesme jour de mois d'aoust, l'an de grâce mil quatre cens quarante et deux.

(Signé) LIGER.

VII.

QUITTANCE DE PAIEMENT DE DROIT DE VENTES DE CONTRAT, DONNÉE PAR MARGUERITE DAUMÈRES, VEUVE DE JEAN DE LA ROË, CHEVALIER, SEIGNEUR DE LIVRÉ ET DE THORIGNÉ A JEAN DU BUAT, SEIGNEUR DE BRASSÉ. 1er FÉVRIER 1462 (n. st.) (1).

Saichent tous que je, Marguerite Daumères, veufve de feu monseigneur Jehan de La Roë, en son vivant seigneur dudit lieu de Livré et de Thorigné, aiant à présent le bail et gouvernement de Jehan de la Roë, filz mineur d'ans de mondit feu seigneur et espoux et de moy, confesse avoir eu et reçeu de Jehan du Buat, l'esné, seigneur de Brassé, satisfaction et poiement des ventes du contrat par luy fait avecques Jehanne, veufve de feu Guillaume Le Breton, Renaut Le Breton, son filz, et o Gillet Hellaut, et sa femme, du droit qu'ilz avoient ès lieux de la Vigne et de la Goullarderie, tenus de moy comme bail dessusdit, au regard de mon fié et seigneurie de Livré ; dont la somme du contrat se monte cinquante escuz d'or à présent aiant cours. Et aussi confesse avoir eu et reçeu les ventes du contrat par avant fait par ledit du Buat, avecques ladite damme, veufve dudit feu Le Breton, par raison de doze bouesseaux de saigle de rente, o assiète espéciallement sur lesdits lieux, dont la finance du contrat se monte vingt quatre escuz d'or à présent aians cours.

Desquelles ventes et amende, je me tiens pour contente et en quicte ledit du Buat et tous autres. Tesmoing ceste quictance, signée à ma requeste des seings manuelz de Thomas Daumères, mon frère, et de Jehan Romy, cy mis le premier jour de février l'an mil iiijc et soixante ung.

A la requeste de madite sœur, (Signé) DAUMÈRES.

A la requeste de madite dame, (Signé) ROMY.

(1) Archives de la Subrardière. Titres de famille, T. I, nº 4. Parchemin.

VIII.

CONTRAT DE MARIAGE ENTRE OLIVIER CHEMINART, FILS DE JEAN CHEMINART, ÉCUYER, SEIGNEUR DE LA PORCHERIE ET DE DEMOISELLE BERTRANNE DU TERTRE SA FEMME ; ET CATHERINE DU BUAT, FILLE AINÉE DE JEAN DU BUAT, ÉCUYER, SEIGNEUR DE BRASSÉ ET DE JEANNE DE CHARNACÉ. 20 MAI 1462 (1).

Sachent tous présens et avenir que, en notre court de Craon en droit, par davant nous personnellement establiz nobles personnes Jean Cheminart, escuier, seigneur de la Porcherie, et damoiselle Bertranne du Tertre, sa femme, et Olivier leurs filz aisné, lesdits Bertranne et Olivier autorisés dudit Jehan Cheminart suffisamment à tout ce que s'enssuit d'une part ; et Jehan du Buat, aussi escuier, seigneur de Brassé, et damoiselle Jehanne de Charnacé, sa femme, et Kateiine du Buat, leur fille aisnée, ladite Jehanne et Katherine aussi suffisamment autorisée dudit Jehan du Buat quant à ce d'autre part ; soubzmectans eulx, leurs heirs, et tous leurs biens meubles et immeubles présens et avenir quelx qu'ils soient, ou povoir, juridicion, jugement et ou destroit de notre dicte court, quant à tout ce que s'ensuit ; confessent de leur bon gré, sans aucun pourforcement, que en traictant, parlant et accordant le mariage estre fait, consommé et accomply entre lesdits Olivier Cheminart et Katherine du Buat, lesdites parties, en faveur du mariage qui autrement n'eust point esté, et tout paravant que fiances aint esté prinses entre lesdits Olivier Cheminart et Katherine du Buat, ne bénédicion nupcial célébrée entre eulx, toutes lesdictes parties ont traicté, parlé et accordé entre eulx les accords et promesses qui s'ensuivent.

(1) Archives de la Subrardière. Titres de famille, T. I, n° 7. Parchemin.

C'est assavoir que lesdits Jehan Cheminart et Bertranne sa femme, auctorisée comme dit est, ont marié et marient ledit Olivier Chemynart, comme leur filz aisné et héritier principal, et dujourd'huy, en luy avansant partie de son droit de succession naturel, lui ont baillé et transporté, baillent et transportent perpétuellement par héritage le lieu et appartenances du Hail, garny de bestes qui de présent y sont, situé en la paroisse de la Celle Craonnaise, o toutes ses appartenances et déppendances, tant maison, estrage, courtils, vergers, vignes, prez, pastures, lices, landes que autres chouses quelxconques, sans riens en réserver ne retenir. Ainsi dit et accordé entre les dessusdites parties que, si ledit Olivier, ledit mariaige accomply, vait de vie à trespassement paravant ladite Katherine, et que lesdits père et mère dudit Olivier le sourvivrent, en celuy cas Jehan Cheminart, Bertranne sa femme et Olivier leur filz, auctorisés suffisamment, comme dessus est dit, ont baillé et transporté, baillent et transportent, ledit cas avenir, la pocession et saisine à ladite Katherine dudit lieu du Hail; laquelle oudit cas en pourra prendre et appréhender pocession et saisine réalement de fait, sans nulle congnoissance de cause, en entendant le decès et trespassement desdits Jehan Cheminart et Bertranne sa femme. Après le decès desquelx ou de l'un deulx, la dite Katherine aura le parfournissement de sondit douaire coustumier, tel qu'il luy pourra et devra appartenir, selon la coustume du païs, surs les autres héritages desdits Jehan Cheminart et Bertranne, sa femme, de prochain en prochain, dudit lieu du Hail ; et demoura touzjours ladite Katherine saisie en la manière dessusdite du lieu et appartenances du Hail, après le décès dudit Olivier avenu, soient ses dits père et mère ou l'ung d'eulx envie ou nom. Et ledit Jehan du Buat et Jehanne de Charnacé, sa femme, auctorisée comme dit est, ont donné et transporté donnent et transportent des appressent à ladite Katherine, leur fille, le lieu et appartenances de la Noë, avecques une maison et courtils situez près le bourc de la Celle, et x. sols tournois de

rente que doit la nuèce dudit bourg de la Celle, sours une maison o
ses appartenances, situez audit bourg de la Celle, chargés lesdits lieux
et chouses des charges anxiennes en devés, lesquelles chouses furent
l'acquêt de feu Jehan du Buat, en son vivant seigneur dudit lieu de
Brassé, et père dudit Jehan du Buat, et de damoiselle Loyse de la
Touschardière, apprésent veuve dudit feu du Buat, et ante maternelle
de ladite Jehanne de Charnacé. Et lesquelles chouses dessusdites
appartiennent audit Jehan du Buat et Jehanne de Charnacé, sa femme,
tant à cause du don que en fist ladite veuve à sadite niepce en faisant
le mariage dudit du Buat et d'elle, que par partage fait entre iceluy
Jehan du Buat et Jehan du Buat, son nepveu, fils aisné de Guillaume
du Buat, frère aisné dudit du Buat, père de ladite Katherine, et comme
aiant ledit du Buat, nepveu, l'action de sondit père, réservé
les fruits desdites chouses la vie durant de ladite veufve tant
seullement.

Et avecques ce, lesdits Jehan du Buat et Jehanne de Charnacé, sa
femme, ont donné et donnent à ladite Katherine, leur fille aisnée, la
somme de deux cens escuz d'or du pois apprésent aiant cours, à estre
poiée icelle somme audit Olivier Cheminart dedans les termes qui
s'enssuivent, etc., etc. (1)

Ce fut fait et donné le vingtiesme jour de may l'an mil iiij^c soixante
et deux, présens Guillaume du Buat, s^r de Chantelou, Jehan du Buat
son fils aisné, Aimery Laillier, s^{gr} du Boullay, messire Estienne
Morton et Jehan Gallier, pbrestres, tesmoins ad ce appellés et
requis.

(Signé) GRÉTERIL.

(1) Nous passons de longues formules de protocole, analogues à celles de l'acte
n° VI.

IX.

SENTENCE DES COMMISSAIRES DES FRANCS FIEFS DE L'ÉLECTION D'AN-
GERS, RECONNAISSANT LA NOBLESSE DE JEAN DU BUAT, SEIGNEUR
DE BRASSÉ, ET RELATANT DEUX AUTRES RECONNAISSANCES DE
NOBLESSE EN FAVEUR DE JEAN DU BUAT, SON PÈRE, ET DE JEAN DU
BUAT, SON AIEUL. 5 SEPTEMBRE 1465 (1).

A tous ceulx qui ces présentes lettres verront, Jehan du Moulin,
licencié ès lois, sire James Louet, conseiller du roy nostre sire, et
Guillaume Prévost licencié es loix, commissaires ordonnez par ledict
seigneur sur le fait des francs fiefs et nouveaulx acquestz des païs et
duché d'Anjou et de la Roche-sur-Oyon, salut.

Scavoir faisons que aujourd'huy s'est comparu et présenté, par
devant nous noble homme Jehan du Buat, escuier, sieur de
Brassé, en l'adjournement qui luy avoit esté baillé à la requeste
du procureur du roy, pour bailler par déclaracion touz et chacuns
les héritaiges, rentes et autres possessions qu'il avoit acquises
de nobles et qu'il tenoit en fié noble en ce païs d'Anjou, tant à
cause de lui que de sa femme, à tiltre d'acquest, succession
qu'aultrement affin d'en avoir la finance de franc fief pour le Roy,
nostre dict syre, telle que de raison. Où de la partie dudict du
Buat, estoit respondu qu'il n'estoit tenu bailler aucune déclaration,
parce qu'il disoit qu'il estoit noble nay, et extraict de noble et anxienne

(1) Archives de la Subrardière. Titres de noblésse n° 6. Pièce en parchemin, jadis
scellée de trois sceaux sur queue de parchemin, scels perdus. Au dos on lit :
Parafé *ne varietur*, Voysin de la Noiraye. Il existe une copie plus moderne prise à
la requête de François du Buat, seigneur du Teillay, et certifiée par Mathurin Fau-
veau et Mathurin Planchard, notaires de Quelaines, en la cour de Saint-Laurent
des Mortiers, en date du 19 juin 1635. Cette pièce a été publiée par M. Carré de
Busserolles, *Supplément à l'armorial de Touraine*, 1884, pp. 134-136.

lignée ; et que lui et ses prédécesseurs avoient vescu noblement. Et pour le monstrer, disait que feu Jehan du Buat, son père, et ses prédécesseurs estoient nez et extraitz de noble lignée, natifs du païs de Bretaigne, qui en leurs temps s'estoient toujours portez comme hommes nobles, ainsi qu'il offroit à prouver et monstrer vallablement. Aussi disoit ledict du Buat, que feu Jean du Buat, son père, en son vivant avoit esté convenu et aprouché par davant maistre Jean Fournier et feuz Nicole Muret, licencié ès loix, et Jehan du Douet, lors esleuz pour le roy, nostre dit syre, en la ville d'Angiers, envers le procureur du roy sur le faict des aides, en la demande que ledict procureur du roy luy faisoit de paier sa part et porcion de certain emprunt, que aucuns des manans et habitans de la ville d'Angiers avoient octroyé au feu roy Charles, que Dieu absoulle.

En laquelle demende ledit du Buat, son père, proposa estre noble, et que par ce, il n'estoit subget à contribuer à aucun aide ne succide, et que sur ce il fut appoincté qu'il prouveroit de son entencion.

Ce qu'il fist, et en prouva deuement, et par ce en avoit esté envoié comme homme noble en celle demande, ainsi qu'il offroit à monstrer, par sentence donnée par lesdicts esleuz en la dite ville d'Angiers et datée du troisiesme jour de juign l'an mil IV c XL. Ainsi disoit qu'il n'estoit tenu de paier aulcun francffié ; disoit avecques ce, que feu Jean du Buat, son aiel paternel, en son vivant, avoit esté convenu par davant feu Gilles Buchart et Jean Bourdon, lors commissaires pour le roy, nostre dit sire, sur le faict desdicts francs fiefs, ès païs de Touraine, d'Anjou et du Maine, et que par sentence daptée du quinziesme jour d'apvril après Pasques l'an mil III^c IV^xx et quinze, icelluy feu du Buat, aïeul paternel dudit deffendeur en fut envoié par lesdicts commissaires comme personne noble, sans le contraindre à paier aulcune finance de francffié, ainsi qu'il offroit à monstrer par sentence donnée par lesdits commissaires et dattée comme dessus. Et par ce disoit qu'il n'estoit tenu bailler par déclaration ne paier aucun francffié, et en debvoit estre envoié comme personne noble ; et le procureur du roy. nostre dict syre disoit au contraire. Et sur ce parties oyes, eut esté par nous appoincté que ledit du Buat produiroit sesdites lettres de sentence, et aultres choses qu'il voudroit produire ; et pareillement, ledict procureur du roy ce que bon luy sembleroit, pour sur ce leur faire droict, ordonner tel apoinctement que de raison. Auquel apoinctement ledict du Buat eust obbéy, et eussent jour à huy de leur faire droit.

Veues par nous lesdittes sentences données, en datte comme dessus, scellées et expédiés ainsi qu'il appartient, par lesquelles sentences lesdicts feuz du Buat son père et ayeul furent envoiez comme personnes nobles, et aussi que icellui du Buat deffendeur nous a deuement informé de sa noblesse, icelui du Buat en avons envoyé et envoyons sans jour, comme homme noble sans le contraindre à paier aulcune finance au roy, nostre dict syre, par raison des choses par luy acquises ou qu'il tient en fié noble ou aultrement.

Donné à Angiers, soubz nos seaulx le cinquiesme jour de septembre, l'an mil cccc soixante cinq.

(Signé) S. GARD.

X.

TESTAMENT DE BERTRANNE DU BUAT, VEUVE DE N. DE LA TOUCHE, ET SŒUR DE JEAN DU BUAT. 17 MAI 1486 (1).

Au nom de la Très Saincte et indivisible Trinité, le Père, le Filz et le Saint Esperit. Amen.

(1) Archives de la Subrardière. Titres de famille T. I, n° 9. Pièce en parchemin scellée d'un double sceau, presque fruste, sur l'un desquels nous croyons distinguer deux léopards l'un sur l'autre.

Saichent tous présens et avenir que, Je, Bertrande du Buat, dame de la Carterie, parroiscienne de Saincte Croix de Rocheffort, estant par la grâce de Dieu, au lit malade, saine de pencée, de mémoire, en bon, ferme et continuel propoux, combien que je soie inferme de mon corps, considérante et (attendante) la fragilité de humaine nature qui ung chacun jour s'amynuisse, entraictant (?) homme et femme chacun à sa fin, et qui n'est chouse plus certaine que la mort, ne chouse plus incertaine que l'eure d'iceulle, et que à la mort toute humaine créature est si subjecte que uneffoiz luy convient poier son tribut; lequel terme est indéterminable, en la disposition, voulenté, et ordrenance de Dieu, mon père, créatour; voullente et désirante de tout mon cueur pourvoir au salut et remède de ma pouvre ame, o la grace d'iceluy notre Seigneur, et nom voulente décéder intestade de cest siècle en l'autre, que Dieu ne veille, faies et ordonne mon testament ou moye darrienne volenté des biens temporelz, qu'il a pleu audit Seigneur me prester et donner en ceste mortelle vie, en la fourme et manière comme cy après s'en suit.

Et premièrement, pour ce que l'âme de homme et de femme est à prefférer avant toutes chouses terrianne, Je recommande l'âme de moy au glorieux roy de Paradis, à la benoiste glorieuse vierge Marie, sa mère, à monseigneur saint Michel archange, et à toute la célestiale court de Paradis, en leur supliant humblement et dévotement que à ma pouvre [ché]tive et dollente âme, quant el partira d'avecques mon corps, ilz veillent estre déffence et estre contre la très horrible et espouvantable face de l'ennemy d'enffer, prince de tenèbres, et la recepvoir et [conduir]e en la grant joyé perdurable de Paradis, qui est sans fin.

Et apprès ce que madicte ame sera départie d'avecques mondit corps, je veil et ordonne mondit corps estre baillé et livré à la sépulture de notre mère saincte église, et estre enterrée en l'église parrochial de Saincte Croix de Rocheffort au bon plaisir, vollenté et ordrenance de mes exécuteurs si dessoubz nommez.

Item, je veil et ordonne mes deibtes estre bien et loiaulement poiées, et mes tors faiz adrécez par les mains de mes exécuteurs. Item je veil et ordonne que, en portant mondit corps en ladite église de Rocheffort, qu'il soit dit virgilles de mors à note. Item, je veil et ordonne qui soit dit et célébré en ladicte églisse de Rocheffort deux trentains bien sollennemeys, faiz l'un davant mon obit, et l'autre apprès que mon sepme sera fait et accomply. Item, je vueil et ordonne qui soit dit et fait autant de service pour ma pouvre ame et amys tres-passez, comme l'om a fait et fait faire à mon bon amy et espoux, à son obit et sepme, tant avant que apprès.

Item, je veil et ordonne et donne tout et chescunes mes robes, quelles que elles soient, aux personnes qui s'ensuyvent; c'est assavoir, à Jehanne de Quatrevaux, la meilleure de mes robes forrée, tout ainxi que elle est de présent; Item une autre robe à la femme de Macé Cady, qui est nourice de mon filz, et que elle luy soit baillée et livrée dès à présent; Item à Gensseline Gaultière, ma gardienne, ma robe de morquin, qui est fourrée de gris; Item, je donne à ma commère, vefve de feu André Thébaut, une aultre de mes robes, et le demourant de mesdites robes, je vieulx qu'elles soient dispersées et baillées à mes chamberières qui de présent sont à me servir, et que lesdites robes soint baillées, livrées aux personnes cy dessus nommées par les mains de mes exécuteurs cy dessoubz nommez, sans aucune difficulté en faire. Item, et je vieulx et ordonne et donne mon manteau de morquin que je fait faire à porter mon deul à la boueiste et service dudit lieu de Rocheffort, pour iceluy manteau estre baillé et livré par les mains desdits procureurs de ladite fabrice aux pouvres filles mariées et aussi aux commères de ladite parroisses, pour prier Dieu pour l'âme de moy et amys trespassés. Item je donne à Jehanne Dugommelle ma chamberière de présent trois .....es (1) de

---

(1) Ce mot, dont la lecture nous échappe, doit être un terme local d'une mesure particulière au pays.

seigle pour son commencement et avancement de son mariaige, oultre sa part et porcion de mesdites robes.

Item, je donne, vieulx et ordonne que, après le decès de moy et de mon filz Jehan de la Tousche, la tierce partie de mes heritaiges [soit] à mon frère maistre Jean du Buat. Item je vielx et ordonne, confirme et approuve que la messe que feu mon mari et moy avons fondée emsemblement, paravant le jourduy par chacune sepmaine de l'an, à tousjoursmès perpétuellement, en l'églisse parochial dudit lieu Rocheffort, sur touz et chacuns nos acquetz et conquetz, et par espécial sur huyt sommes de blé que avons acquis de René Severie, nepveu de mondit feu mary, et que ladicte messe soit dicte et maintenue par messire Guillaume de la Tousche, prebtre, de prouche en prouche et de ligne en ligne, o condicion que si ledit René Severie rent et apporte les deniers en or ou en monnoye quilz luy ont esté bailléz, avecques les loiaux coust et misses, je veulx et ordonne que lesdits deniers soint reçeuz dudit Severie, et qui soint baillez et livrez audit de la Touche ou à celx à qui en appartiendra en sa ligne, par les mains de mesdits exécuteurs cy dessoubz nommez. Lesquelx deniers je vieulx quils soint convertiz et enploiez en acquetz por la continuacion de ladicte messe par les mains de mesdits exécuteurs, sans ce que jamais mes héritiers ne aultres, à cause de moy, en puissent aucune chouse demander, en prenant par mesdits exécuteurs bonne seureté et suffisante dudit messire Guillaume de la Touche, prebtre, de dire et faire dire et continuer ladicte messe en la dicte églisse de Rocheffort.

Item, je donne à Bertrande, fille de René Robinet, recepveur dudit lieu de Rocheffort, ma filleule, la meilleure de mes bandes de veilloux.

Item, je vieulx et ordonne qui soit donné à traize pouvres, qui tiendront les torches à l'environ de mon corps, à ung chacun pouvre deux aulnes de bureau, pour prier Dieu pour l'âme de moy et amys trespassez, [lors] du service fait et ordonné par mesdits exécuteurs.

Item, je veil et ordonne que mon frère, messire Guillaume de la Tousche, prebtre soit recompencé et satisfait des mises qu'il a faictes pour son feu frère, mon espoux, et pour moy, depuis son trespassement joucques aujourdhuy, en espérance qu'ilz me face de mielx ou mielx le temps avenir, et pour les bons et aggréables services qu'ilz m'a fait le temps passé, et auxi pour ses paines, travail et vacca- cions qu'il a vacqué et vacque chacun jour pour moy, avecques une pippe de vin blanc que ledit messire Guillaume de la Tousche a baillée, laquelle à esté despersée et beue à l'obit et sepme de mondit feu mary et espoux, et aultres mises qu'il a faictes pour moy à mes affaires et nécessitez, et que ladite récompence soit faicte par mesdits exécuteurs si dessoubz nommés.

Item, je veil et ordonne que mon filz, Jehan de la Tousche, soit baillé et livré à Jehan Méron, cappitaine de Rochefort, auquel je pry et supply qui luy plaise avoir mondit filz pour recommandé. Item, je conferme, louee et aprouve une donnaison, que jé faicte audit Jehan Méron, escuier, paravant lejourduy, de article en article et de point en point, sans ce que jamais elle puisse estre cassée, débatue, corrompue et anulliée en aucune partie d'iceulle, et quelle sortisse en soy son plainier et entier effaict.

Item, je nomme et eslistz mes exécuteurs pour faire et acomplir madite exécution; c'est assavoir Jehan Méron, escuier, seigneur de Moutier, René Robinet, recepveur de Rocheffort, ausqueulx et à chacuns deulx je prie et supply que de madicte exécution ilz veillent prendre en eulx le fés et la charge, et iceulx faire et acomplir bien et deuement à leur povoir; en mains desquelx,.... etc.

Et affin que cest présent mien testament ou moye darraine vollenté vaille, tienne et ait foy, son plainier et entier effait, et plainière et perpetuelle fermeté, je pry et supply à la garde des seaulx establiz aux contratz de la chastelenie de Rocheffort, et du doyen de Maugé que, à cest présent mon testament ou moye darraine volenté, ilz veillent mectre et appouser les seaux desditz contractz et dudit doyen.

Et je Jehan Allayre, provoust et garde des seaux desditz contractz, et Guillaume Guischet, prebtre, garde des seaulx dudit doien, à la supplication et requête de ladite testatereisse et à la relacion de Jehan Laurens, clerc, notaire desdites cours, pardavant lesquels quelles chouses dessusdites ont esté faictes et divissées par ladite testatereisse, si comme iceluy notaire nous a relaté, et à la relacion duquel et en quelles choses nous ajoutons plaine foy, et avons mis et appousé à ses présentes lettres les seaux desdits contrats et dudit doien, en confirmation et approbation des chouses dessusdites.

Se fut fait et donné ès présences de messire Jehan Dailleurs, messire Jehan Ivedy, prebtres, Jehan Le Roy, l'esné, Macé Cady, Jacquet Colas, Perrine la Grismoutonne, Gensseline Gaultière, Michelecte la Thibaude, et aultres. Ce fut fait et donné, le dix septiesme jour du mays de mai, l'an de grâce mil quatre cens quatre vigns et six.

(Signé) LAURENS.

XI.

RÉSOLUTION DE VENTE OBTENUE PAR JEANNE LAMBERT, FILLE DE JEANNE DU BUAT, SUR GILLES DE LA BARRE, SEIGNEUR DU BURON. 5 DÉCEMBRE 1502 (1).

Aujourduy cinqüiesme jour de décembre, an l'an mil v^c et deus. Et comme il estoit ainsin que, par avant le jour duy, Mathurin de

---

(1) Archives de Maine-et-Loire, E, 2,311. Parchemin, scel perdu.

Grayzay, escuyer, signeur du Vau, et damoysselle Jehanne du Buat, sa femme, de luy suffisalment auctorissée, eussent japiesja vendu à Gilles de la Barre, escuyer, signeur du Buron, le nombre de six bouesseaux de segle de rente, mesure du Challonge (1), rendable par chacuns ans desdits vendeurs audits achapteurs au jour de la my aoust, en la maisson desdits achapteurs au lieu du Buron, o grâce contenue enmy le contrat de ladite vendition ; et estoit ainsi que Jehan Pellerin, mari et espous de damoysselle Jehanne Lambert, fille de la dicte Jehanne du Buat, seroit par devers et en la présence dudict Gilles de la Barre, escuyer, et auquel et au dedens de la grâce a raporté et refondé lesdits degniers, et partant ledit escuyer, ou nom comme dessus, en a quitté ledit Pellerin o touz autres, et veust et consent que le contrat de ladite vendicion passé par Estienne Grésil soit cassé, anullé et de nulle valleur, et que ses présentes luy soint signées de son signé et du signé de Estienne Grésil, nottaire, pour luy servir et valloir à l'avenir ce que de raison.

Fait en la mayson de Bouche d'Ussure, les jours et an dessus dits. Et veult ledit escuyer, et consent que ces présentes lui soient scellées du petit sceau du Challonge, et pour plus grant affirmation. Présens ad ce Guillaume Cournaut (?), Pierre Périés de Méral et autres.

(Signé) † DE LA BARRE.

ESTIENNE GRÉSIL.

(1) Le Chalonge, fief de la paroisse de Châtelais (Maine-et-Loire) et ancienne châtellenie relevant du château d'Angers à foi et hommage lige. Elle appartenait au XIVᵉ siècle à la maison de Laval, et au XVIᵉ à la famille Cheminart. C. Port, *Dictionnaire de Maine-et-Loire*, t. I, p. 575.

XII.

PROCÈS VERBAL D'OFFRE DE FOI ET HOMMAGE PAR JEANNE DU BUAT,
VEUVE DE PIERRE LAMBERT, ÉCUYER, SEIGNEUR DE LA POMMERAYE,
A N. DE LA CHÈZE, TUTEUR DES ENFANTS DE FEU GUY DE MONT-
BOURCHER, SEIGNEUR DU DIT LIEU, DU PINEL, ET DE RAVALLAY.
22 FÉVRIER 1505 (1).

A tous ceulx qui ces présentes verront, Jehan Brunel, notaire juré
des contraltz de la court de Craon, salut.

Scavoir faissons que aujourduy, XXII° jour du moys de febvrier,
l'an mil cinq centz quatre, me suis transporté au lieu et domaine
de Ravallay, en la paroisse de Livré, auquel lieu estoient en personnes
damoissèlle Jehanne du Buat, veufve de feu Pierre Lambert, escuier,
en son vivant, seigneur de la Pommeraye, en la paroisse de
Marens. Laquelle veufve c'est transportée audit lieu et domaine
de Ravallay, pour savoir si monseigneur de la Chèze, tenoit le
bail des enfans jeunes d'ans de feu Guy de Montboucher, en son
vivant escuier, seigneur dudit lieu, du Pinel, de la Corbière et
de Ravallay. Laquelle demoiselle veufve dessusdite, c'est enquisse
si le dit seigneur de la Chèze ou son procureur Jehan de Mon-
targuyn, escuier seigneur du Chastégnier, ou leur sénéchal ou
aultres officiers dudit de la Chèze, tenoit le bail desdits jeunes
enfans dudit deffunct Guy de Montboucher desquelx mectayers estans
oudit lieu de Ravallay, savoir est Gillet Blavoye et Jehan Guyon ;
lesquel répondirent à ladite damoiselle qu'ils ne estoient pas ou païs
présentement. Dont leur dist la dite damoissèlle ; « Je suis venue toute
délibérée pour ouffrir audit seigneur de la Chessze les foiz et hom-

(1) Archives de la Subrardière, *Titres de famille*, t. I, n° 11. Papier.

maiges, telle que je doy audit seigneur, à cause et pourtant que je tiens à foy simple ou telle que je la doy faire, et qu'il peut apparoir par les advouz de mes prédécesseurs, à cause de mon lieu et domaine de la Cocimbre situé en la parroisse de Ballouz. Et à moyen de ce, je me oufre à faire ladite hommaige touctes fois qu'il plera à mondit seigneur et que ses hommaiges seront assignez. Et partant pour ce que je n'ay pas trouvé mondit seigneur ne aultre, à cause et au nom de luy, de l'offre que en ay faite et présentacion d'icelle que ay faicte audit lieu de Ravallay, dont je suys subjecte à cause de madite terre de la Coscimbre, je vous en requiers instruire comme noctaire ; lequel je luy octroye pour luy servir et valloir et tout ainsi que de raison ».

Et tout ce, je certiffie estre vroy par ces présentes, tesmoing mon seing manuel cy mys, audit lieu de Ravallay, les jours et an dessus dits, présens ad ce lesdits Gillet Blavoye et Jehan Guyon, mectayers oudit lieu de Ravallay.

(Signé) G. BRUNEL.

XIII.

DONATION PAR GILLES DU BUAT, ECUYER, SEIGNEUR DE BRASSÉ, ET CATHERINE PINÇON DE BOUTIGNÉ, SA FEMME, EN FAVEUR DE JEAN DU BUAT, LEUR FILS PUINÉ. 18 AVRIL 1507 (1).

Sachent touz présens et avenir, que en notre court de Craon, en droit pardavant nous personnellement establiz, Gilles du Buat, escuier, seigneur de Brassé, et damoiselle Katherine Pinczon, son espouze auctorisée de sondit mary suffisamment par davant nous quant à cest

(1) Archives de la Subrardière. Titres de famille, tome I, n° 15. Pièce en parchemin, scel perdu. Au dos on lit : Parafé, *ne varietur*, Voysin de la Noyraie.

fait, soubzmectans eulx et chescuns d'eulx au povair et juridiction de notre ditte court, quant à cest faict ; lesquelx congnoessent et confessent de leur bon gré et sans aulcun pourforcement, avoir donné et octroyé, et encore par devant nous et par la teneur de ces présentes lettres donnent et octroint, dès maintenant et apprésent à tousjourmès et perpétuellement, par héritaige et par manière et avancement de droit successif, à Jehan du Buat, leur filz puisné, les choses héritaulx qui sensuivent ; c'est assavoir le lieu et appartenances de la Blandinière, situé en la parroisse de Ballouz, et tout ainsi que icelui lieu se poursuit et comporte, tant en fons que en dommaine, tant maisons, court, yssues, estrages, jardrins, vergiers, lices, landes, boys, hayes et clouaissons, loges, buconts, terres arrables et non arrables, que touctes aultres chosses quelxconques deppendants d'iceluy lieu. Et avecques ce baillent, quictent, donnent, cèdent et transportent lesdits du Buat et son espouze audict du Buat, leur filz puisné, le nombre et quantité de trois septiers de saigle, mesure de Craon, de rente annuelle et perpétuelle que lesdits du Buat et son espouze ont droict d'avoir, prendre, lever et recepvoir chescuns ans au terme d'Angevine au lieu et appartenances de la Forterye, sur la courtillerye du Laieul, avecques quatre chappons, le tout de rente annuelle et perpétuelle, rendable et payable chacuns ans audit terme d'Angevine, franche, quicte et délivre. Et en oultre et avecques ce, donnent et avancent lesditz Gilles du Buat et son espousze audit Jehan du Buat, leur filz puisné, la rente qui leur est deue sur ledit lieu de la Blandinière ; parmy ce faissant que Gillot du Buat, oncle paternel dudit Jehan du Buat puisné, son nepveu, tient et possède ledit lieu de la Blandinière sa vie durant, comme ussufruictier, nonobstant que, si ledit Gillot du Buat avoit enfantz, néetz et procréez au mariage de luy et de sa femme, qu'ilz tiendroient et posséderaient perpétuellement par héritage ledit lieu de la Blandinière. Et pour ce que le cas fust avenu, lesdiz Gilles du Buat et son espouze ont donné et avancé audit Jehan du Buat, leur filz puisné, pour et en récompensation dudit lieu de la Blandinière, leur lieu de la Chevrollaye, tout ainsi que celuy lieu se pourssuit et comporte, avecques toutes et chacunes ses appartenances, circonstances et dépendances, avecques les rentes dessusdites, en quelconques fié et seigneurie que lesdites chosses soient situéez et aux charges anxiennes ; transportans, baillans, etc....

Et apprès la mort et trespas du dit Jehan du Buat puisné, lesdits héritages reviendront à son frère aisné, ou à qui aura cause de luy ; fors et réservé que si le dit Jehan du Buat estoit marié et il eust eu enfantz néetz et procréez de luy et de sa femme, ilz succéderoient lesdits héritages à tousjoursmès perpétuellement comme leur propre héritage. A laquelle donnaison et avancement de droit successif ainsi donné et avancé, comme dit est, et chosses dessus dites tenir et accomplir fermement et léalment sans jamais venir à l'encontre en aulcune manière etc..... Ce fut fait et donné au lieu de la Soubrardière, en la maison et demourance dudit escuyer et son espousze, le dix huitiesme jour d'avril apprès Pasques l'an mil cinq cents et sept. Présens ad ce, Geffroy Houillot, Katherine, veufve de feu Michel Desmot, Louisse, fille de feu Macé Lepage et aultres ad ce présens et requis.

(Ceste présencte lettre a esté regrossée, parce qu'elle avoit esté mise ès mains dudit Gilles du Buat et non recouvrée après le trespas dudit Gilles du Buat, et commandé en jugement à estre mise et baillée ès mains dudit Jehan du Buat par commandement de Monseigneur.)

(Signé) PRUNEL.

(Au dos on lit :) Aujourdhuy, XIX° jour de juillet l'an mil cinq cens et quatorze, en notre court de Craon, personnellement establiz, noble homme, Georges du Buat, soubzmettant luy ses hoirs etc., confesse avoir loué et ratiffié et approuvé, et encore par devant nous et par ces présentes loue, ratiffie et approuve de poinct en poinct, d'article en article la donnaison faicte par feu noble homme Gilles du Buat, son père, à noble homme Jehan du Buat son frère, puisné, tout ainsi que contenu est de l'autre part de ces présentes, et a renoncé et renonce ledict Georges du Buat à toutes et chacunes les choses à ce contraires ...... Fait et passé audit Craon, en la maison de monsieur le chastellain dudit lieu, le jour et an comme dessus.

Fait en la présence dudit Jehan du Buat, qui a prins et accepté la dite ratiffication faite comme dessus.

(Signé) DU BUAT, GELINEAU, DE LA RONGÈRE.

XIV.

CONTRAT DE MARIAGE ENTRE GEORGES DU BUAT ET PERRINE DE BOIS JOULLAIN, FILLE DE FEU CHARLES DE BOIS JOULLAIN ET DE BÉATRIX DE SEILLONS. 20 AVRIL 1507 (1).

Sachent tous présens et avenir que, comme en traictant parlant et acordant le mariaige estre fait, consommé et acomply entre Georges du Buat, escuier, fils aisné de Gilles de Buat, aussi escuier, seigneur de Brassé en Craonnays, d'une part, et de damoiselle Perrine du Bois-Joullain, fille de feu Jehan du Bois Joullain, en son vivant escuier, et seigneur dudit lieu du Boys Joullain, et de damoiselle Beatrix de Seillons, à présent dame dudit lieu du Bois Joullain d'autre part ; et pour ce est-il que en nostre court de Candé, en droit par davant nous, personnellement establitz, lesdits Gilles de Buat, seigneur du dit lieu de Brassé, ledit Georges du Buat, son fils, esné o l'auctorité dudit son

(1) Archives de la Subrardière, Titres de famille, t. I, nº 16. Pièce en parchemin. Au dos on lit : parafé *ne varietur*, Voysin de la Noiraye.

père d'une part, et ladite damoiselle Béatrix de Seillons et Perrine du Bois Joullain, sadite fille esnée d'autre part ; soubzmettans toutes les dites parties eux, leurs hoirs, avecques tous et chacuns leurs biens, meubles et immeubles, présens et avenir quelzqu'ils soient, ... donne iceluy Gilles du Buat, père dudit Georges du Buat, son fils esné et principal héritier, en faveur dudit mariaige, son lieu, dommaine et appartenances de la Chevrolaye, o ses appartenances, appendances et déppendances, ledit lieu situé et assis en la paroisse de Ballotz, en la baronnie de Craon. Ensemble luy a donné, toutes et chacunes ses bestes estans de présent oudit lieu, pour, par ledit Georges de Buat, sondit filz aisné et principal héritier, et ladite Perrine du Bois Joullain, sa femme future, en jouir pour l'avenir, dès lors et à présent, comme de leur propre héritaige. Aussi a voulu, vieult et conscent par ces présentes ledit Gilles de Buat, que non obstant ce qu'il ait conscenti et conscant (*sic*) par ces présentes, ledit son fils estant marié avecques ladite Perrine du Bois Joullain, sa femme future, comme son fils esné et principal héritier, que, ce non obstant, iceluy Gilles du Buat vieult et conscent par cesdictes présentes que ladite Perrine ait et prenne, aura et pourra prendre et avoir, après sa mort et trespas, droit de douaire sur ses chouses héritaulx, non obstant quelque coustume qui puisse estre au contraire, et que ladite Perrine soit aussi mariée comme fille esnée et princippalle héritière de ladite sa mère.

Aussi est dict, promis et accordé entre lesdites parties, que ou cas que le dit Georges de Buat alloit de vie à trespas avant ledit Gilles de Buat, son père, que en iceluy cas, ladite Perrine de Bois Joullain aura et possèdera ledit lieu de la Chevrolaye, jusques après la mort et trespas dudit de Buat, en attendant sondit douaire. Et aussi a promis, doibt et est tenue ladite damoiselle Béatrix de Sèillons nourrir, tenir et entretenir chès elle, audit lieu du Bois Joullain, à ses propres coustz et despens lesdits Georges de Buat et ladite Perrine, sa femme future, jusques au temps du premier trespassé dudit Gilles de Buat, père dudit Georges, ou de ladite Béatrix de Seillons. Aussi a ladite Béatrix de Seillons donné et promis bailler audit Georges de Buat et à ladite Perrine, sa fille, pour don de nopces la somme de cent livres tournois, de laquelle somme elle a poié par davant nous audit Georges la somme de trente livres tournois, en quinze escuz soullail et le sourplus en monnaye courant, et dont ledit Georges s'est tenu pour content, et le sourplus de ladite somme, qui est soixante dix livres tournois, ladite Béatrix de Seillons doit et est tenue paier et bailler audit Georges, dedans le jour qu'il espousera ladite Perrine, sa fille et femme future de celuy Georges.

Et pareillement est dit, promys et accordé entre lesdites parties ledit mariage faisant, que ladite Béatrix de Seillons jouyra et possèdera touz et chacun les fruitz, prouffitz, revenus et esmoullumens dudit lieu du Bois Joullain, de ses appartenances et deppendances, le court de sa vie durant, sans ce qu'il luy soit ne puisse estre empesché par ledit Georges de Buat, ladite Perrine, sadite femme future, ne autres, ainsi qu'elle a coustume faire par avant ce jour, et tant dudit lieu de Bois Joullain que des métairies et autres héritaiges, ainsi qu'elle avoit et a de coustume. Et ont voulu et conscenti lesdites parties, ledit mariaige estre fait et acompli, moyennant les choses dessusdites et chacunes d'icelles ; car autrement ne l'eussent jamais consenti.

Auxquelles choses dessus dites et chacunes d'icelles faire, tenir et acomplir, tant d'une part que d'autre, sans en faillir, ne jamais aller, ne venir à l'encontre, par appleigement, contrappleigement, opposition, appellacion ne aultrement, et lesdites choses garantir, sauver, délivrer et deffendre vers tous et contre touz, et sur ce s'entregarder lesdites parties d'une part et d'autre de touz dommaiges, renoncyans toutes lesdites parties par davant nous, quant ad ce, à toutes et chacunes les choses qui, tant de fait que de coustume, pourront estre à cest faict contraires. Et ainsi l'ont promys et juré tenir icelles parties, et chacune d'icelle, par la foy et serment de leurs corps sur ce d'eulx donné en notre main, jugez et condampnez de nous par le jugement et condampnation de notre dicte court à leurs requeste.

Ce fut donné, fait et passé ès présences de nobles hommes ; Tristan d'Andigné, seigneur des Essarts, Jehan Desnos, seigneur de Villates, Françoys Chemynard, seigneur de la Porcherye, Françoys de Seillons, seigneur de la Rivière ; messire Jehan Haren, prebtre, Guillaume de Estoubles et plusieurs autres.

Ainsi signé en la mynute de ces présentes; ledit Tistan d'Andigné, Franczois Chemynard, G. de Buat, Francois de Seillons et G. du Buat le vingtiesme jour d'avril, après Pasques l'an mil cinq cens et sept.

(Signé) P. BOULLAY.

XV.

RATIFICATION PAR FRANÇOISE TOURNEMYNE, BARONNE DE LA HUNAU-
    DAYE ET DU HOMMET, ET ANNE DE MONTJEAN, DE LA VENTE DE
    LA MERCERIE ACQUISE PAR PERRINE DE BOIS-JOULAIN, VEUVE DE
    GEORGES DU BUAT. 2 NOVEMBRE 1524 (1).

Sachent tous présens et advenir, que en notre court de Chasteau-Briend, se sont comparues en leurs personnes par davant nous, chacune de nobles et puissantes damoiselles Francoyse Tournemyne, baronnesse de la Hunaudaye et du Hommet, dame de la Beraudière et

(1) Archives de la Mayenne, E. 237.

de Saint Péan, et Anne de Monte Jehan, veufve de feu noble et puys-
sant seigneur Georges Tournemyne, en son vivant baron dudict lieu
et de la Hunaudaye et du Hommet, seigneur de la Berardière et de
Sainct Péan, soubzmectantes lesdictes damoiselles elles et chacune
d'elles, elles et leurs hoirs avecques tous et chacuns leurs biens,
meubles et immeubles, présens et advenir quelx qu'ilz soient, au
povoir, destroict, ressort et juridicion de notre dicte court quant à cest
faict ; confessent par ces présentes avoir par cy davant constitué
leur procureur spécial, Jehan Romy, escuier, seigneur de la Hée, quant
à faire vendicion, cession et transport à damoiselle Perrine du Bois-
Joulain, veufve de feu noble homme messire Georges du Buat, en son
vivant seigneur de la Soubrardière et de Brassé, du lieu et mectairie
de la Mercerie, situé et assis en la paroisse de Méral et ès environs,
ainsi que plus à plain est contenu par le contract de ce faict dabté le
vingtiesme jour d'octobre l'an [mil cinq cens] vingt et quatre, signé de
M. Meaulain et de M. Hunauld, pour la somme de neuf cens livres
tournois, dont y auroit [eu pour tous ceux] qui avoient prins
les peines et solicitations la somme de cinquante livres, quelle
somme est comprinse èsdictes neuf cens [livres tournois dudict
marché], ainsi que en faisant ladicte vendicion dudit lieu par ledict
Romy à ladicte du Bois Joulain, ledict Romy, procureur susdit, ait
promis faire avoir agréable ladicte vendicion ausdictes damoiselles,
Francoyse et Anne, et en porter lectres de ratiffication à ladicte du
Bois Joullain dedens la [feste sainct] André prochainement venant ; et
à la peine de cent escus d'or au merc du soleil de peine commise,
ainsi que plus à plain appert par [les dictes lectres de] vendicion du
dict lieu de la Mercerie dabtées comme dessus. Lequel contract nous
avons veu, leu de mot à mot. Pareillement en notre présence, icelles
deux damoiselles Françoise et Anne ont veu, leu et regardé ledict
contract, et icelluy leur avons leu et donné à entendre.

Et ce faict, et après que ledict Romy leur en eust pryé et

requis qu'elles eussent à ratiffier ledict contract, et icelluy avoir pour agréable ; et icelluy ont ratiffié et ratiffient de point en point, d'article en article. Et oultre, a ledit Romy poié et baillé en notre présence à ladicte Francoyse Tournemyne, et du consentement de la dite Anne de Monte Jehan, la somme de huyt cens cinquante livres, et d'avoir baillé et employé ladite somme de cinquante livres tournois, chacune desdictes Francoyse Tournemyne et Anne de Monte Jehan se sont tenues à bien contentes. Et de tout le contenu oudit contrat de vendicion de la mectaierie de la Mercerie, chacune desdites damoiselles, seulles et pour le tout, a promys et promect par ces présentes garantir ledict Romy vers ladicte damoiselle Perrine de Boys Joullain, ses hoirs et ayans cause, de ladite vendicion dudit lieu de la Mercerie, et de la réception des deniers de ladicte vendicion, tant du principal que vins ; et dont lesdictes damoiselles en ont quicté et quictent ledit Romy et ladicte de Boys-Joulain achapteresse ; et à ce faict chacune desdictes damoiselles ont obligé et obligent tous et chacuns leurs biens meubles et héritaiges présens et advenir, espéciallement ladite damoiselle Francoyse Tournemyne lesdictes terres et seigneuries de la Berardière et de Sainct Péan. Et ont renoncé et renoncent au bénéfice de division et à l'authentique présenté. Et de non venir encontre tout ce que dessus est, sont tenus lesdites damoiselles par les foy et serment de leurs corps, sur ce d'elles donné en notre main ; et en furent jugées et condampnées de nous à leurs requestes par les jugement et condampnacion de notre dicte court.

Faict et passé au chastel dudict lieu de Chateau Briend, le deuxiesme jour de novembre l'an mil cinq cens vingt et quatre.

(Signé) BARBIER. passe, F. CHENNET, passe.

XVI.

ACQUÊT DU FIEF DE BESNÉART, PAR GUILLAUME DU BUAT, SEIGNEUR
DE BRASSÉ, ET PERRINE DE BOIS JOULAIN, SA MÈRE, SUR MATHURIN
LAILLIER, SEIGNEUR DE LA CHESNAYE. 15 FÉVRIER 1528 (n. st.). (1).

Sachent tous présens et avenir, que en nostre court de Craon, en
droict, par devant nous personnellement estably, noble homme
Mathurin Laillier, seigneur de la Chesnaye (2), en la paroisse de Sainct
Martin du Lymet, soubzmectant soy, ses hoirs, avecques tous et
chacuns ses biens, meubles immeubles, présens et avenir, quelxqu'ilz
soient, au povair et juridicion de nostre dicte court quant à cest faict ;
lequel confesse de son bon gré, sans nul pourforcement, avoir vendu,
transporté et octroié, et encores par devant nous, et par la teneur de
ces présentes, vend, transporte et octroye dès maintenant et à présent
à tousjourmais perpétuellement par héritaige à noble homme Guillaume
du Buat, seigneur de Brassé, et à damoiselle Perrine du Bois Joulain,
mère dudit du Buat, seigneur de Brassé, qui achaptent ensemble pour
eulx, leurs hoirs, et pour ceulx qui d'eulx auront cause, les lyeux,
mestayries, dommaines, terres, fyefz et seigneuries, hommes et
subjectz de Besnéart, situéz et assis en la paroisse de Balotz et ès
environs, comme lesdits lyeux et mestayries, fyefs et seigneuries sont
composez, et comme ilz se poursuyvent et comportent, o leurs appartenances et déppendances sans riens en réserver, tant maisons,
jardrins, vergiers, ruees, yssues, prez, pastures, hays, boys, garennes,
lyces, landes, terres arrables et non arrables, que toutes aultres choses
quelsconques, en quelques fyefs et seigneuries que lesdites choses

_____

(1) Archives de la Subrardière. Titres de famille. T. I, n° 22. Copie sur parchemin.
(2) Le domaine de la Chesnaye-Lallier vient d'être légué à la commune de Renazé
par M. Daudier, de Château-Gontier.

soient assises, o les charges, rentes, et debvoirs anxiens acoustumez et deuz pour raison des choses, transportant, quictant, cessant et délaissant, dès maintenant et à présent, ledit vendeur ausdits achapteurs, à leurs hoirs et ayans cause, la possession et saysinne des dits lieuz, dommaines et mestayries de fyefs et seigneuries de Besnéart, ainsi vendues et transportées comme dit est, o le fons propriété et seigneurie d'icelles, avecques touz et chascuns les droitz, noms, raisons, causes, titres, actions, pétitions et demandes et droict d'avoer, dessadvouer et de demander que ledit vendeur y avoit et povait avoir, sans riens ne aucune chose en réserver, d'aucun droit commun ou espécial, et pour en faire à l'auteur desdits achapteurs de leurs hoirs et ayans cause toute leur plaine volunté, comme de leur propre chose.

Et est faicte ceste présente vendiction et transport, pour le pris et somme de deux mille cinq cens lyvres tournois, monnaye courante, sur laquelle somme lesdits achapteurs demeurent quictes vers ledit vendeur de la somme de cinq cens lyvres tournois, au moyen que iceluy de la Chesnaye vendeur demeure quicte vers iceulx achapteurs du nombre et somme de doze setiers, quattre bouesseaulx de seigle et doze livres dix solz tournois, le tout de rente annuelle et perpétuelle, en quoy le dit seigneur de la Chesnaye leur est tenu, au moyen de la vendition que noble homme, Jean de Scepaulx, seigneur de Gaubert, en vertu d'une procuration espécialle dudit de la Chesnaye, avait faicte audit du Buat pour la somme de cinq cens livres tournois. Lequel de la Chesnaye a confessé avoir eu les deniers d'icelle vendition, au moyen de quoy la dite vente demeure recousse cassée et anullée au proffilt dudit de la Chesnaye, et luy ont esté rendues les lettres obligatoires et minutes de créacion de ladite rente et procuration susdite comme cassées et anullées. Et le reste de ladite somme, qui est deux mille livres tournois, lesdits achapteurs sont tenuz les mectre et employer en l'acquict dudit seigneur de la Chesnaye vendeur ainsi que sensuyt, savoir est, à noble homme Jehan de la Barre, seigneur de Villede, la somme de mille livres tournois pour la rescousse et admortissement de cinquante livres tournoys de rente, en quoy ledit seigneur de la Chesnaye est tenu vers ledit seigneur de Villede, et ce dedans la Sainct Jehan Baptiste prochennement venant, jucques auquel temps ledict de la Chesnaye dict avoir grâce de rescoure et admortir ladite rente, en payant ladite somme de mil livres tournois, et à Mathurin Bernier la somme de cinq cens livres tournois, pour la recousse et admortisse- ment du lieu et mestayrie de la Poupinière, situé et assis en la paroisse de Charancé. Et à Anthoyne Allain la somme de quatre cens quarante livres tournois pour le requict et admortissement du lieu et apparte- nances de Rochereul, situé et assis en la parroisse de Marigné. Lesdits lieuz venduz ausdits Besnier et Allain pour lesdites sommes susdites, o grâce qui encores dure..... ,

Et le reste de ladite somme de deux mil cinq cens livres tournois qui est soixante livres tournois a esté payé constent, en notre présence par lesdicts achapteurs audit seigneur de la Chesnaye, vendeur dont il s'est tenu à bien payé et content par devant nous, et en a quicté et quicte lesdits achapteurs etc., etc.

Faict et passé au lieu de la Souberardière en la parroisse de Méral, ès présences de nobles hommes Jehan de Scepeaulx, seigneur de Gaubert, Jehan de la Barre, seigneur du Val, Georges Le Picquart, seigneur du Chastelier, tesmoigns ad ce.

[Constat]. Et a promis et est tenu ledit seigneur de la Chesnaye faire ratiffier et avoir ce présent contract aggréable à damoiselle Andrée de la Bouessière, son espouse, dedans Pasques prochenement venant à la peine de tous intérestz, ces présentes neantmoyns demeurans en leur vertu.

Donné le quinziesme jour de febvrier l'an mil cinq cens vingt sept. Ainsi signé en la minute de ce présent : M. Laillier, J. de Sceppeaulx, M. Meaulain, J. de la Barre, G. du Buat, G. Le Picquart.

(Signé) MEAULAIN.

XVII.

ACQUET SUR REMERÉ (RESCOUSSE) DU FIEF DE BESNÉART PAR GUILLAUME DU BUAT, SEIGNEUR DE BRASSÉ, SUR FRANÇOIS PINÇON, SEIGNEUR DE BOUTIGNÉ. 15 JUILLET 1533 (1).

Saichent touz, présens et avenir, que comme ainsi soit que noble homme Guillaume du Buat, seigneur de Brassé, et deffuncte damoyselle Perrine du Boys Joullain, sa mère, eussent vendu, cedé et transporté perpétuellement par héritaige à noble homme Franczois Pinczon, seigneur de Boutigné, le lieu, dommaine, mectaierie, fief et seigneurie, hommes et subjects de Besnéart (2), sis et situé en la parroysse de Ballotz, et pour la somme de deux mille livres tournois payée comptant en faisant ladite vendition, et o grâce de rescoure et retirer ledit lieu de Besnéart, donné par ledit achapteur ausdit vendeur et à chacun d'eulx, seul et pour le tout et leurs hairs, du jour et dabte de ladite vendition jusques à troys ans prochainement venant..... Et pour ce en notre court de Craon, en droict, ledit Franczois Pinczon, seigneur de Boutigné,.... confesse..... ce jourd huy avoir eu et reçeu manuellement, ès presence des signés en la minute, dudit Guillaume du Buat, seigneur de Brassé, ladite somme de deux mille livres tournois, pour la rescousse, rachapt et racquit dudit lieu et mettairie de Besnéart.

Faict au lieu de la Souberardière, présens Guillaume du Buat,

(1) Archives de la Subrardière. Titres de famille. T. I, n° 25. Pièce en parchemin, scel perdu.

(2) Le domaine de Besnéart était dès 1319 la propriété de Guillaume Touchard, valet, dont la famille a donné le nom au fief de la Touchardière en Ballots, et a fait entrer la seigneurie de la Motte de Ballots dans la maison du Buat de la Subrardière, comme nous l'avons dit plus haut (p. 33.) Guillaume Touchard céda la terre de Millian, en Brain sur les Marches, au prieuré des Bons Hommes de la forêt de Craon, de l'ordre de Grammont par accord sanctionné par Hugues, évêque d'Angers le samedi avant l'Ascension 1319, en présence de Jean de Launay, et de Jean de l'Ansaudière. Archives de la Mayenne, série H.

escuyer, seigneur de Barillé, Jehan de la Barre, seigneur du Val, Anthoine Allain et autres...., le quinziesme jour de juillet mille cinq cens trente et troys. Auxi estoit à ce présent Jehan Pinczon, seigneur de la Mote.

(Signé) MEAULAIN.

XVIII.

SENTENCE DE L'ÉLECTION D'ANGERS EN FAVEUR DE GUILLAUME DU BUAT, SEIGNEUR DE LA SUBRARDIÈRE, RECONNAISSANT SON DROIT D'EXEMPTION DE TAILLES, EN QUALITÉ DE NOBLE, CONTRE LES HABITANTS DE MÉRAL. 20 SEPTEMBRE 1533 (1).

Entre Guillaume du Buat, escuyer, seigneur de Brassé et de la Subrardière, comparant par maistre Jehan de Nouault, son procureur demandeur en demande de délivrance, et deffendeur au principal d'une part, et les paroissiens manans, et habitans de la paroisse de Méral, ayans prins en garantaige Jacques Gérard, leur collecteur, comparans par Jullien Besnard, leur procureur, deffendeurs à ladite délivrance et demandeurs au principal d'autre part. Du consentement desdites parties, comparantes comme dessus, et pour procès éviter, et obvier aux fraiz mises et intérestz qui pourroient intervenir à cause de ce procès, et aussi de notre office, avons audit du Buat mis et mectons à pleine délivrance ces chousses saisies, et lui avons donné congié d'en jouir. Et en avons deschargé et deschargeons les commissaires. Et au surplus avons absoulz et absolvons ledit du Buat de la demande, fins et conclusions desdits paroissiens, sans despens de fins, admende. Et appoinctons que lesdictes sommes de deniers, ausquelles le lieu de la

(1) Archives de la Subrardière. Titres de noblesse, nº 8. Pièce en parchemin.

Soubrardière, où ledit de Buat auroit esté tauxé ès deulx années dernières passées, seront esgaillées comme mauvailx deniers au prochain
taulx sur les manans et habitans de ladite paroisse de Méral.

Donné à Angiers, par davant nous, les esleuz pour le roy, notre
sire, sur le faict de la justice des tailles et aydes, le sabmedy vintiesme
jour de septembre l'an mil cinq cens trente troys.

(Signé) G. HENAULT.

XIX.

DÉCLARATION DE REVENUS PAR GUILLAUME DU BUAT, SEIGNEUR DE LA
SUBRARDIÈRE, A LA SÉNÉCHAUSSÉE D'ANGERS. 14 AVRIL 1540 (1).

Déclaration faite pardevant le lieutenant général de la sénéchaussée
d'Anjou, à Angers, en vertu des lettres patentes du roy, données à
Compiègne le 15 octobre 1539, par noble homme Guillaume du Buat,
seigneur de la Subrardière, du fief et seigneurie de Besnéard, de la
Chevrolaye, demeurant paroisse de Méral, des choses héritaux qu'il
tient en fief en arrière fief en ladite sénéchaussée ; scavoir, le lieu de
Subrardière, sis en la paroisse de Méral, tenu à foy et hommage simple
du seigneur de Livré, évalué, toutes charges déduites 30 livres de
revenu. Item, le lieu, fief et seigneurie de Besnéard, tenu à foi et
hommage simple du seigneur de Livré, sis en Ballots, évalué charges
déduites, 30 livres de revenu. Item, la closerie de la Chevrolaye sise en
la paroisse de Ballotz tenu à foi et hommage simple du seigneur de
Livré, évaluée, charges déduites 15 sols tournois de rente. Item, le

(1) Archives de Maine-et-Loire, E. 2311. Copie analytique de la main du feudiste
Audouys.

lieu de Cramaillé, sis paroisse de Myré, tenu à foi et hommage simple du seigneur de Myré, évallué toutes charges déduites, 25 livres de revenu.

Ainsi signé DU BUAT.

XX.

PRODUCTION DE GÉNÉALOGIE DEVANT L'ÉLECTION D'ANGERS, PAR GUILLAUME DU BUAT SEIGNEUR DE BARILLÉ ET DE CHANTELOU, ET PAR GUILLAUME DU BUAT, SEIGNEUR DE LA SUBRARDIÈRE ET DE BRASSÉ. 1556 (1).

Entendent monstrer et prouver par davant vous, messieurs les esleuz pour le roy, notre syre, sur le faict des tailles et aydes en l'élection d'Angers, commissaires dudit seigneur en ceste partie, nobles personnes Guillaume du Buat, seigneur de Baryllé et de Chantelou, et Guillaume du Buat, seigneur de Brassé et de la Souberardière les faicts qui s'ensuyvent :

Premièrement, dient lesdits escuiers, qu'ilz et un chacuns d'eulx sont nobles personnes, nayz et estraictz de noble ligne et de mesmes maison.

Item, qu'ilz et leurs prédécesseurs ont tousiours vescu noblement, hanté et fréquenté les armes, estant aux guerres aux services des roys, sans jamais avoir faict acte dérogeant à leur estat de noblesse.

Item, comme telz, ont tousjours esté et sont lesdits escuiers tenuz et réputez notoirement.

Item, et pour plus amplement desduyre leur généalogie et des-

(1) Archives de la Subrardière. Titres de noblesse, n° 9. Pièce en papier, écriture du XVIᵉ siècle. La date se déduit de la pièce suivante qui est le complément de celle-ci.

cence et montrer qu'ils sont issuz de noble maison et générance illustre et anxienne, dient et sera prouvé qui (*sic*) sont issuz et descenduz des maisons du Buat, pays de Dolays au duché de Bretaigne, et de la maison de Montauban.

Item, lesquelles maisons estoient bonnes et grosses maisons, des meilleures et plus anciennes de leur dit pays, respectivement, et maison de grand honneur et renon.

Item, que l'ung des juvénieulx et enfans puynés de ladite maison du Buat se retira oudit pays du Mainne et comté de Laval, et illec pour ses honneurs, vertu et noblesse, fut conjoinct par marriaige avec damoiselle Guillemette du Vergier.

Item, laquelle du Vergier estoit issue de nobles personnes, tant du cousté de père comme de mère ; c'est assavoir du cousté du père de la dite maison du Vergier, et de la maison de Bouant du cousté et ligne de la mère.

Item, duquel mariaige yssut deffunct noble homme Jehan du Buat, en son vivant seigneur des seigneuries de Barillé et de Brassé et de plusieurs autres belles terres et seigneuryes.

Item, lequel Jehan du Buat fut maryé avec damoyselle Collette de Sainct Aignan, qui estoit fille de noble homme Pierre de Sainct-Aignan, fils de messire Alexandre de Sainct Aignan, en son vivant chevalier et seigneur dudit lieu.

Item, et laquelle maison de Sainct-Aignan estoit une bonne et ancienne maison noble en ce pays d'Anjou, baronnye de Craon, de laquelle sont yssus plusieurs notables gentilshommes et damoyselles ; Et encores à présent entient et porte le nom la dame de la Tour de Ményves oudit pays d'Anjou (1).

---

(1) La Tour de Ménive, châtellenie de la paroisse de Saint-Hilaire-Saint-Florent (Maine-et-Loire), dont dépendait la seigneurie des paroisses de Saint-Hilaire et de Chétigné. Elle appartenait dès le XVe siècle à la famille Le Roux. Catherine de Sainct-Aignan ayant épousé Jean Le Roux, portait effectivement le titre de dame de la Tour

Item, desquelx Jean du Buat et de Sainct Aignan yssit deffunct Guillaume du Buat, son filz aisné, duquel yssit une fille qui fut mariée avec noble homme Jacques Deré, son héritière principale par représentation dudit Guillaume son père, auquel sourvesqut lequel Jehan père. Duquel aussi et de ladite de Sainct Aignan yssit deffunct Jehan du Buat, père de l'ayeul dudit seigneur de Barillé, et du père de l'ayeul dudit seigneur de Brassé.

Auquel Jehan filz, et bien qu'il ne fust fondé comme en bienfaict et usufruict par la coustume, attendu qu'il y avoit représentation dudict Guillaume, fils aisné, lesdits père et mère firent donnaison à perpétuité et par héritages de plusieurs belles terres, dont il joyt, et encores à présent en joyssent lesdicts escuiers. Ce qu'il n'eussent peu faire, se non qu'ilz eussent esté nobles personnes, parce que entre roturiers et plébéians les père et mère ne peust faire aulcun advantaige à l'ung de leurs enfans plus qu'à l'aultre, selon la loi et coustume du pays.

Item, lequel Jehan du Buat, fils desdits du Buat et de Sainct-Aignan, fut conjoinct par marriaige en premières nopces avec l'une des filles de la maison de Lanboul, et depuys avec damoyselle Loyse de la Touschardière ; qui estoient nobles personnes et extraictes de ancienne chevalerye et noble lignée.

Item, duquel mariaige dudit Jehan du Buat et de ladite de Lanboul, yssirent entre autres ses enfans nobles personnes Guillaume du Buat, son fils ainsné, et Jehan du Buat, son filz puisné.

Item, auquel puisné et ad ce qu'il fust mieux maryé, et pour aultres causes ad ce movans, ledit père donna par héritaige, du consentement dudit Guillaume, aisné, audit Jehan puisné, ladite seigneurie de Brassé, et plusieurs autres terres, ainsi comme luy avait faict son père ; auquel tiltre encores à présent ledit seigneur de Brassé joyt de

de Ménives, après la mort de son mari (1535). C. Port. *Dictionnaire de Maine-et-Loire*, t. III, p. 605.

ladite seigneurie, laquelle, cessant ladite donnaison, eust appartenu audit seigneur de Barillé par les raisons devant dictes.

Item, lequel Guillaume, filz aisné dudit Jehan, et seigneur de Barillé, Chantelou, fut conjoinct par marriaige avec déffuncte damoiselle Perrine Nepveu, qui estoit pareillement de bonne et ancienne maison et noble lignée, tant de père que de mère.

Item, duquel Guillaume yssit feu Clémens du Buat, père dudit Guillaume du Buat à présent seigneur de Barillé.

Item lequel Clémens fut maryé avec damoyselle Françoize de la Rochère, encores à présent vivante, qui estoit fille du seigneur de la Rochère, lequel estoit pareillement noble personne et de noble et ancienne maison et chevalerye.

Item, desquelx Clémens et de la Rochère, est yssu ledit Guillaume du Buat, à présent seigneur de Barillé.

Item, et au regard dudit feu Jehan du Buat, filz puisné desdits Jehan du Buat et de Lanboul, il fut conjoinct par mariaige avec damoyselle Jehanne de Charnacé, fille de la maison de Charnacé en Anjou.

Item, desquelz Jehan, puysné, et de Charnacé, yssit feu Gilles du Buat, seigneur de Bracé, qui fut conjoinct par marriaige avec damoiselle Katherine Pinczon.

Item, et des dits Gilles et Pinczon, yssit feu Georges du Buat, seigneur de Bracé, père dudit Guillaume du Buat à présent seigneur de Bracé, filz dudit Georges et de damoiselle Perrine du Bois Joullain, qui estoit pareillement noble personne de toutes lignes.

Item, touz lesquelx dessus nommez ont tousjours vescu noblement, comme dict est, et esté tenuz et réputez nobles personnes.

Item, ont maryé et emparaigé leurs enfans noblement ; les ont maryez, les aulcuns comme leurs principaulx héritiers, aux aultres ont faict dons et advantaiges, comme il estoit et est permis à nobles et non à aultres.

Item, ont partaigé et devisé leurs biens et successions noblement, ainsi que la loy et coustume du pays le veult et ordonne.

Item, et pour ce que, dès le temps des guerres de Bretaigne, ledit Jehan du Buat, byayeul dudit seigneur de Barillé, et père du bysaieul dudit seigneur de Brassé, se retira oudit temps en la ville d'Angers, qui fut en l'an mil quatre cens trente neuf, ou environ celuy temps, on luy voulut faire poyer quelque portion d'ung emprunt, lors demandé aux manaȵs d'Angers par le roy Charles, lors régnant, que Dieu absolve ; ce qui fut contredict par iceluy du Buat.

Item, et depuys en l'an mil iiij^c xl fut absolz en ladite demande, et declairé noble personne et exempté de toutes taille, aydes et subsides.

Item et encores longtemps auparavant, et dès l'an mil iij^c iiij^{xx} xv, feu Jehan du Buat, père dudit bysaieul d'iceluy seigneur de Baryllé, fut appellé pardevant les commissaires du Roy, sur le faict des affranchissementz des fiefs nobles, et illec, par sentence donnée, veuz les droictz, fut déclaré noble personne et comme tel envoyé.

Item, et encores en l'an mil iiij^c lxv, ledit bisayeul dudit seigneur de Barillé fut de rechef apellé, touchant le faict desdict afranchissement de fiefz nobles.

Item, et pareillement fut par sentence donnée, veuz les tiltres des dits du Buat et enquestes faictes, envoyé en ladicte demande et déclaré noble personne.

Item, et tousjours tant auparavant comme depuys, ont lesdicts seigneurs de Barillé et de Brassé, qui sont, comme dict est, cousins et yssuz d'une mesme maison, vescu noblement, et encores vivent noblement, et ont tant eulx, que leurs dicts prédecesseurs, respectivement suyvy et fréquenté les armes, et faict, comme encores font, actes et exercice de noblesse, sans y avoir desrogé aulcunement.

Item et est tout connu et notoire que lesdits Guillaume du Buat, seigneur de Baryllé, et Guillaume du Buat, seigneur de Brassé, sont nobles personnes et n'est aulcunement révocqué en doubte.

Item, et sont touz lesdictz faictz dessusdictz escriptz vroyz et notoires.

Item et d'iceulx offrent lesdits Guillaume du Buat, seigneur de Baryllé, et Guillaume du Buat, seigneur de Brassé, informer, si mestier est, tant par lettres que tesmoings.

Item, et au moyen de ce, demandent et requèrent estre envoyez comme nobles personnes, exemptes de toutes tailles et tributz et subsides, et, en tant que mestier seroit ou est, qu'ilz soient tels déclairez.

(Signé) MENARD.

XXI.

INVENTAIRE DE TITRES NOBILIAIRES PRODUITS DEVANT L'ÉLECTION D'ANGERS PAR GUILLAUME DU BUAT, SEIGNEUR DE BARILLÉ ET DE CHANTELOU, ET PAR GUILLAUME DU BUAT, SEIGNEUR DE LA SUBRARDIÈRE. 17 OCTOBRE 1556 (1).

Inventaire des actes, tiltres et enseignemens, que mectent et produysent par devers vous, messires les esleuz pour le roy, notre sire, sur le faict des tailles et aydes en l'élection d'Angiers, commissaires dudict seigneur en ceste partie, nobles personnes Guillaume du Buat, seigneur de Baryllé et de Chantelou, et Guillaume du Buat, seigneur de Brassé et de la Subrardière, pour monstrer qu'ilz sont nobles yssuz et extraictz de nobles personnes et ancienne lignée et cheval-

---

(1) Archives de la Subrardière, Titres de noblesse, n° 10. — Pièce en papier, copie du XVI⁰ siècle. Au dos on lit en écriture du XVI⁰ siècle : Inventaire pour nobles personnes Guillaume du Buat, seigneur de Barillé, et Guillaume du Buat, seigneur de Brassé, contre le procureur du roy.

lerye ; que tant eulx que leurs prédécesseurs ont toujours vescu noblement, hanté et.fréquenté les armes et esté tenuz et réputez nobles personnes, et des aultres faictz contenuz en l'intendit des ditz escuyers :

Premièrement, produysent leur dict intendit, contenant leur descence généalogique et ramaige et leurs aultres faictz et moyens ; costé au dos par   A.

Item, pour informer du contenu dudict intendit, faictz et articles desdictz escuyers, produysent la coppie d'une lettre ancienne, en forme deue et auctentique, passé soubz la cour de Laval, en dabte du second jour de febvrier l'an mil quatre cens et sept, par laquelle appert que, dès ledict temps, nobles personnes, feuz Jehan du Buat et Collecte de Saint Aignan estoient joincts ensemble par mariaige, desquels sont yssuz lesdictz seigneurs de Barillé et Brassé, et qu'ilz estoient dictz tenuz et réputez nobles personnes ; et que en usant de leur droict et privilleige de noblesse, ils donnèrent à Jehan du Buat, leur filz, qui étoit père de l'ayeul dudict seigneur de Barillé, et père du bysaieul dudict seigneur de Brassé (1), plusieurs choses héritaulx declairées par ladicte lettre pour en jouyr par héritaige ; ce qu'il n'eust peu faire, sans estre noble personne attendu qu'il avoit d'autres enfans, comme appert par ladicte lettre, et mesmement la fille de Guillaume du Buat qui avoit esté son filz aisné, avecques le procès verbal de vous, monseigneur, qui avez collationné ladicte pièce en la présence du procureur du roy. Le tout cothé par   B.

Item, produisent la coppie d'une aultre lettre auctenticque en dabte des moys d'octobre l'an mil quatre cens vingt et deux, par laquelle appert que, sur le débapt qui estoit entre ledit père de l'ayeul dudit de Barillé et noble homme Jacques de Deré, qui avoit espousé

---

(1) Il y a ici et dans les articles suivants une inexactitude. Le degré de parenté des deux exposants avec Jean du Buat, fils de Collette de Saint-Aignan, est le même.

la fille aisnée de ladicte maison, touchant la donnaison mentionnée en la dite lettre, y eut transaction par laquelle ladicte donnaison fut entérignée, comme faicte par nobles personnes et entre nobles personnes, avec le procès verbal de vous, monseigneur, qui avez collationné la dicte pièce ; le tout cothé par   C

Item, à la dicte fin produysent ung cahier contenant les coppies de deux lettres ; la première desquelles est une coppie de lettres royaulx, impétrées par ledict deffunct Jehan du Buat, père de l'ayeul dudict seigneur de Barillé et du bysaieul dudict seigneur de Brassé, le xiii⁰ jour de febvrier l'an mil iiii⁰ xxxix, par lesquelles le feu roy Charles, que Dieu absove, manda aux esleuz d'Angiers le faire jouyr du privilleige de noblesse, comme les aultres nobles d'Anjou et de ce royaume, et ainsi que avoit faict les prédécesseurs dudict deffunct du Buat, pour les causes et raisons contenues èsdictes lettres, et le exempter de certain subside levé sur les habitans d'Angiers, où ledict du Buat s'estoit retiré pour raison des guerres estans lors. La seconde est la coppie d'une sentence donnée par lesdictz esleuz d'Angiers, sur l'entérignement desdictes lettres royaulx, par laquelle, après grosses enquestes et production faicte, et veuz plusieurs tiltres touchant ladite noblesse dudict du Buat, et de sesdicts prédécesseurs, lesdites lettres furent entérignées avec légitime contradicteur, et fut déclairé lui et sa postérité nobles personnes, et ordonné qu'ilz jouyroient desdicts privilleiges de noblesse, comme appert par ladicte sentence ; au bout desquelles coppies est le procès verbal de vous, monseigneur, qui avez collationné lesdictes coppies, le tout cothé sur ledit cayer par   D

Item, à ladicte fin produysent la coppie d'un autre sentence datée du cinquième septembre l'an mil quatre cens soixante-cinq, donnée par les juges commissaires et déléguez par le roy sur le fait des francs fiez et nouveaulx acquetz, par laquelle appert que ledict deffunct Jehan du Buat fut, en la demande que on luy faisoit, après avoir informé deuement de ses droictz et noblesse, tant par enquestes que tiltres, envoyé et déclaré comme dessus noble personne, avec votre procès verbal de la collation de ladite pièce ; le tout cothé par   E.

Item, produysent la coppie d'une lettre et transaction faicte entre le dit deffunct Jehan du Buat et deffunct missire Jehan Quatrebarbes, chevallier, seigneur de la Rongère, pour monstrer que icelluy du Buat, en tous ses actes contractz et faictz, se disoit et portoit noble personne, et tel estoit dict et porté, avec votre procès verbal touchant la collation de ladicte coppie ; le tout cothé par   F.

Item, à ladicte fin produysent une coppie d'une aultre lettre, datée du dixièsmee jour de juign, l'an mil quatre cens quarente sept et pour monstrer que feu Guillaume du Buat, ayeul dudict seigneur de Barillé, estoit filz aisné et héritier principal dudict Jehan du Buat, seigneur de Brassé, et qu'ilz estoient nobles personnes, comme appert par ladicte lettre, avec le procès verbal touchant la collation d'icelle ; le tout cothé par   G.

Item, produysent à ladicte fin un aultre cayer de papier, ouquel sont les coppies de quatre lettres anciennes et auctenticques :

La première des quelles contient que, l'an mil quatre cens quarante et ung, ledict deffunct Jehan du Buat père de Guillaume, ayeul dudit seigneur de Barillé et de Jehan, puysné, bysaieul dudit seigneur de Brassé, donna audict Jehan son filz puisné, ladicte seigneurie de Brassé et aultres choses déclairées par ladicte donnaison.

La seconde, est ung contract de mariaige faict entre deffunct noble homme Olivier Chemynart, seigneur de la Porcherie, et Katherine du Buat, fille de ladite maison de Brassé, lequel fut faict et célébré comme entre nobles personnes. Ainsi appert par ladicte lettre, datée du moys de may mil IIII^c soixante et deux ;

La tierce est la coppie d'un aultre contract de marriaige d'entre noble homme Pierre de la Tousche, seigneur de la Beunèche, et Jehanne [aliàs Bertranne] du Buat, aussi fille de la dite maison de Brassé, le XIIIe juillet, l'an mil IIII^c LXXVIII.

La quarte et dernière est la coppie d'un aultre contract de marriage entre deffunct noble homme Gilles de la Barrière, seigneur de la Pommeraye et Jacquette du Buat, fille de Jehan du Buat, seigneur de Chantelou.

Par lesquelles pièces apert, que lesdictz prédécesseurs desditz escuyers ont marié et emparaigé leurs enfans noblement, et leur ont faict donnaisons, partaiges et divisions, ainsi que entre nobles personnes, avec plusieurs aultres clauses, pactions, conditions et conventions prohibées entre roturiers, et non nobles. Au bout desquelles coppies est votre dict procès verbal, le tout cothé sur ledict cahier par   H.

Item, pour monstrer que lesdictes donations, traictez, mariages et contractz susdictz et aultres cy après desduictz, ne eussent peu valloir estre faictz entre roturiers et non nobles, produysent l'extraict de plusieurs articles du libre coustumier d'Anjou (1), avecques le procès verbal du greffier de la seneschaucée d'Anjou, garde du libvre ; le tout cothé par   I.

Item, produysent la coppie d'un aultre contract de mariaige, faict ou moys d'aoust lan mil quatre cens quarente et deux, de deffunct Jehan du Buat et damoyselle Jehanne de Charnacé, ayeul et ayeulle du dict seigneur de Brassé, par lequel appert qu'ils furent mariez et partaigez comme nobles personnes, et qu'ilz estoient et ont esté en possession de ladicte noblesse, avec vostre dict procès verbal touchant la dicte collation ; le tout cothé par   K.

Item, produysent à ladicte fin la coppie d'un aultre contract de mariaige de deffuncte Jehanne du Buat, fille de Guillaume du Buat et tante des parties avec le seigneur de Domhamon, avec partaige des droictz qui luy pouvoyent compéter et successions de ses prédeces-

---

(1) On trouvera tous les renseignements désirables sur les articles de droit coutumier, auxquels ce passage fait allusion, dans le bel ouvrage publié par M. C. J. Beautemps-Beaupré, *Coutumes et institutions de l'Anjou et du Maine*, antérieures au XVIe siècle, texte et documents, Paris, 1877-1882, in-8°, t. II, p. 43.

seurs, comme entre nobles personnes, ainsi comme appert par ladite
lettre passée soubz la cour de Craon le xxiᵉ jour de may l'an mil iiiiᶜ
lxiii, signée et scellée, avec le procès verbal de vous, monseigneur
qui avez collationnée ladicte coppie ; le tout cothé par   L.

Item, produysent ausdictes fins ung aultre cahyer de papier,
contenant les coppies de deux lettres auctentiques, l'une et première
des quelles contenant que, feu Gilles du Buat, prédecesseur du dict
seigneur de Brassé, feist don et adventaige à son filz puisné de plusieurs choses contenues ès lettres dudict don, daté de xviiiᵉ apvril
l'an mil cinq cent sept ; La seconde est la coppie d'ung aultre contract
de partaige par lequel deffuncte Perrine du Bois Joullain, comme bail du
dict seigneur de Brassé, bailla et feist partaige à Françoys du Buat,
escuyer, frère de feu Georges du Buat, seigneur de Brassé, père dudict
seigneur de Brassé, produysans des choses de la succession de ses
prédecesseurs, ainsi comme à puysné noble, comme appert par la dicte
lettre, pour monstrer que les dict prédecesseurs des produysans ont
tousjours continué leurs dictes possessions de faict et exercice de
noblesse, au bout desquelles coppies est le procès verbal de vous,
monseigneur, qui les avez collationnées ; le tout cothé par   M.

Item, produysent ung aultre cahier en papier contenant les coppies
de troys contractz de mariaige ;

La première des quelles contient que feu noble homme Clémens
du Buat, père dudict Guillaume du Buat à présent seigneur de Barillé,
fut conjoinct par mariaige avec damoyselle Francoyse de la Rochère,
encores à présent vivante, et que ledict mariaige fut faict comme
entre nobles personnes, avecques aultres clauses, pactions et accords
appartenant seullement à nobles personnes

La seconde contenant que ledict seigneur de Barillé, qui à présent
est et produict, a maryé damoyselle Jehanne du Buat, sa seur, avec
noble homme Georges Le Picart, seigneur du Chastelier, l'a empa-

raigée et partaigée noblement, comme appert par ledict contract datté du XII⁰ septembre, l'an mil vᶜ vingt et sept.

Item, la tierce et dernière est la coppie du contrat de mariaige de feues nobles personnes Georges du Buat et Perrine du Boys Joulain, père et mère dudict seigneur de Brassé, qui à présent est et produit ; par laquelle appert que ledict mariaige fut faict comme de nobles personnes, comme ilz estoient, laditte lettre datée du xx⁰ jour d'apvril l'an mil vᶜ et sept. Au bout desquelles coppies est le procès verbal de vous, monseigneur, qui les avez collationnées ; le tout cothé par   N.

Item, produysent comme dessus la coppie d'un aultre lectre auctenticque, en dapte du xvII⁰ de mars l'an mil vᶜ xxvII, par laquelle appert que ledict Guillaume du Buat, seigneur de Barillé, a faict par- taige à damoyselle Georgine (1) du Buat, sa sœur, comme à personne noble, ainsi que appert par ladicte lettre, au bout de laquelle est votre procès verbal touchant la collation de laditte coppie ; le tout cothé par   O.

Item, produisent les coppies de deux actes et réceptions desdicts produisans, l'ung de lan mil vᶜ xxxI, et l'autre de l'an mil vᶜ xxxvII, par lesquels appert que chacun desdits seigneurs de Barylle et de Brassé et Soubrardière ont obéy aux ban et arrière ban, et esté ad ce reçeuz comme nobles personnes et quilz en sont en possession avec votre procès verbal ; le tout cothé par   P.

Item, produisent ung acte donné et expédié par davant vous le dix septiesme jour d'octobre l'an mil vᶜ LI, contenant entre autres choses que aviez appoincté que les dits escuiers produyroient ce que bon leur sembleroit, et que foy seroit adjoutée aux coppies extraicts ou vidimus de lettres, qui par vous seroient faictz et collationnez, comme à leurs originaulx. Pour veoire faire et collationner les quelx extraictz, vidimus et coppies, le procureur du roy fut par vous intimé, comme appert par ledict acte ; lequel est cothé par   Q.

(1) Aliàs Guyonne ou Jeanne.

Item, produisent l'acte du jourd'huy, dix septiesme jour d'octobre mil vᶜ LVI, contenant que lesdicts escuiers ont produict ce que bon leur a semblé à l'encontre et en présence dudict procureur du roy ; cothé par

R.

(Signé) LE BLANC,   CAMUS.

XXII.

AVEU RENDU PAR GUILLAUME DU BUAT, SEIGNEUR DE LA SUBRAR-
DIÈRE, POUR LE FIEF DE L'HOMMEAU-LA-HART, A LOUIS DE LA
TRÉMOILLE, BARON DE CRAON. 12 SEPTEMBRE 1558 (1).

De vous très hault et très puissant seigneur, monseigneur Loys de la Trémoille (2), capitaine de cinquante hommes d'armes des ordonnances du roi notre sire, comte de Guynes, de Benon et de Taillebourg, vicomte de Th[o]uars, prince de Tallemont, baron de Sully, de Montagu et de Craon, Je, Guillaume du Buat, escuyer, seigneur de Brassé, et de la Soubrardière, congnois et confesse estre votre homme de foy simple, a[u] regard de votre terre, seigneurie, et baronnie de Craon, à cause et par raison de mon fief et seigneurie de l'Ommeau de la Hart, et du moulin appelé le moulin de Brochard, rues, yssues, jardrin, chaussées, portes et reffoul, et d'une quantité de pré estant soubs la chaussée dudit reffoul, le tout contenant en fons quatre bouessellées

---

(1) Archives de la Subrardière. Titres de famille. T. I, n° 41. Pièce en parchemin ne portant pas trace de sceau, et paraissant une copie du XVIᵉ siècle.

(2) Louis de la Trémoille, prince de Talmont et de Anne de Laval, sa première femme, fille et héritière de Guy de Laval. Louis de la Trémoille, IIIᵉ du nom, avait épousé en 1549, Jeanne de Montmorency, fille du connétable de ce nom, et mourut en 1577. — Moréri, *Grand dictionnaire historique.* — Le Paige, *Dictionnaire topographique..... du Maine,* 1777, t. I. p. 490.

de terre ou environ, joignant les coustez en partie et aboudtant d'un bout à la terre du lieu de l'Escorcherie, d'aultre cousté en partie et d'aultre bout à la terre du lieu de l'Ommeau.

Item, icy après ensuyvent les noms et sournoms de mes subjectz, tenans terres de moy en mondit fief et seigneurie de l'Ommeau de la Hart, et qui me doibvent cens, rentes, debvoirs et avenaiges et aultres servitudes, pour raison des terres qu'ils tiennent en mondit fief et seigneurie de l'Ommeau, au terme d'Angevine ou aultres termes en l'an .

Et premier Nycollas Chevillard, à cause de son lieu de l'Ommeau, qu'il tiend à foy et hommaige simple de moy, me doibt six deniers tournois de debvoirs.

Item, la veufve et héritiers feu Jehan Boys, et les enfans de feu Guillaume Boysseau et aultres détenteurs du lieu des Tesnyères, en tant que dudit lieu y en a tenu de moy, me doibvent neuf solz tournois de taille ou debvoir.

Item, Guillaume Ernault (1), seigneur de la Daulmerie, à cause de son lieu du Cruschet, me doibt troys solz quatre deniers de debvoir et deux bouesseaux d'avoyne d'avenaige. Item, Yves Goysbaud, Guillaume Bleveu, Gilles Robin, Marin Grandin à cause de leurs femmes, filles de feu Loys Goysbauld, et les hoirs de feu Guillaume Huchedé, à cause du lieu de la Chevrolays et d'une pièce de terre nommée l'Esbaupin, me doibvent treze solz tournois de debvoir et une gélyne de gelinayge. Item, Gilles Le Breton et ses cohéritiers, à cause de certaines terres sises en l'ousche des Tombes, me doibvent vingt deniers. Item Jehan Moreau et Vallérien Denouault, à cause de leurs femmes, filles de feu Pierre Guynogneau, et aultres détenteurs du lieu du Fleschay me doibvent cinq deniers tournois. Les enfants de Guyon Ogier, la veufve

---

(1) La famille Ernault a possédé longtemps la terre de la Daumerie, dans la paroisse de Livré. Jeanne Ernault est encore qualifiée du titre de dame de la Daumerie, à la date du 7 août 1603, dans les *Registres de l'État civil de Livré*.

et héritiers de feu Guyon Lemée et aultres détenteurs de la Bazinière, à cause des terres qu'ilz tiennent en mondit fief me doibvent vingt deniers. Item, le chapellain de l'Escorcherie, pour le lieu de l'Escorcherie, et pour les terres qu'il tient en mondit fief, me doibt vingt solz de debvoir et quatorze bouesseaux d'avoyne mynne d'avenaigète. Item, Gilles Lorier le Jeune et les hoirs de feu René Moynot, pour les terres qu'ilz tiennent en mon fief, deux bouesseaux d'avoyne d'avenaige. Item, la veufve et héritiers de feu Macé Briand, et la veufve de feu Mathurin Cadotz et aultres héritiers de feu René Briand, à cause d'une pièce de pré sise entre les prez de l'Ommeau, une haye entre deux, me doibvent deux solz unze deniers. Item, les dessusdits, pour certains aultres héritaiges situez entre les terres dudit lieu de l'Ommeau, deux solz unze deniers tournois.

Sur lesquelz mesdits subjectz et au dedans de mondit fief et seigneurie, j'ay droict d'espaves et petite coustume, et aultres droictz telz que à seigneur bas-justicier appartient, et selon la coustume du pays. Et de ce vous doy pleige, gaige, serte et obéissance, telz que homme de foy simple doibt à son seigneur de foy simple, et les loyaulx tailles jugées quant elles y adviennent selon la coustume du pays, sans aultre charge ne debvoir.

Et, lequel ce présent adveu, je vous rends et baille, sauf à vous déclarer lesdites choses par monstrées ou aultrement, deuèment, selon que raison donnera. Et vous plaise scavoir, très hault et très puissant seigneur, que cy dessus sont contenues les choses que je tiens de vous à la dite foy et hommaige simple et les sertes et obéissances que je suys tenu vous en faire, selon que m'en suys enquis o parfaicte dilligence, o protestacion de moy faicte que, s'il estoit trouvé par advou ou advouz rendus, par mes prédécesseurs à messeigneurs les vôtres, que plus grandes aultres choses tensisse de vous à ladite foy et hommaige simple que les choses dessusdites, je ne m'en désadvoue pas de vous, anczois offre m'en advouer; ou que plus grande sertes,

redebvances et obéissances fusse tenu faire, je n'entends en rien les
vous dényer, contredire, débattre, ne empescher en aulcune manière,
mais suys prest les vous faire payer et continuer au temps advenir,
offrant vous faire vroy par serment, si prendre le voulez, que plus n'en
est venu à ma cognoissance. Laquelle protestacion et offre de serment,
je vous faictz, affin qu'il ne puisse estre dict ne imputé contre moy
aultrement que deuement, que je vous ay baillé par adveu, et que n'en
soys reprins ne traicté en aulcune manière.

Et tout ce, tres hault et très puissant seigneur, vous rends et baille
ce présent adveu, signé de mon seign manuel et seellé de mon séel
d'armes cy mys, le douziesme jour de septembre l'an mil cinq cens
cinquante huict.

(Signé) LE TONDEURS.

XXIII.

ACQUÊT DE LA HENRIÈRE PAR GUILLAUME DU BUAT, SEIGNEUR DE
LA SUBRARDIÈRE. 17 OCTOBRE 1560 (1).

Devant Me Gournadet, notaire en la cour de Craon, Me Francoys
Bachelot, élu de Beaumont, demeurant à Château-Gontier vend à noble
homme Guillaume du Buat, seigneur de Brassé et de la Subrardière, le
lieu et métairie de la Henrière, sis en la paroisse de Méral, que ledit
vendeur a paravant acheté de la veuve et héritiers de François Gouyon
(*sic*) (2), seigneur de Bigot, ledit lieu étant tenu au fief de Pyngenayn à
7 sols 6 deniers de devoir, et chargé en outre de 14 livres de rente, et

---

(1) Archives de la Subrardière. Parchemin, scel perdu. Nous analysons seulement
ici cette pièce.

(2) Ce personnage appartient à la maison de Goyon qui avait des possessions dans
l'Anjou, à la suite de diverses alliances.

de trois cents de lin à la seigneurie de la Ragotière, de deux boesseaux de blé à l'Aumônerie de Craon. L'achat est fait pour le prix de 1100 livres tournois et 10 écus soleil de vin de marché.

Fait en la maison seigneuriale de Cramaillé, présents M° Mathurin Arnout, lieutenant particulier à Château Gontier, et Jehan Mézière le 17 octobre 1560.

XXIV.

ACQUÊT PAR BAIL A RENTE DE PARTIE DE LA BRENINTIÈRE, PAR GUILLAUME DU BUAT, SUR JEAN DAOUDET, SEIGNEUR DE MAULLE. 8 AVRIL 1562 (1).

Saichent tous, présens et advenir, que en notre court de Craon en droict par davant nous, personnellement estably, honorable homme Jehan Daoudet, seigneur de Meaulle, et y demeurant en la paroisse de Fontaine Coupverte, tant en son propre et privez nom que ou nom et soy faisant fort et comme procureur de damoyselle Katherine de la Durantière, sa compaigne et espouze, à laquelle il a promis faire ratiffier et avoyr le contenu en ces présentes pour agréable, dedans la feste de sainct Marc prochainement venant, à la peine de touz intérestz, néanlmoins ces présentes demeurant en leur forme et vertu, soubzmectant tant en son propre et privé nom et comme procureur de ladicte de la Durantière, et en chacun desdits nom seul et pour le tout, confesse de son bon gré, sans nul pourforcement, avoyr cejourd'huy baillé et baille par ces présentes, à tiltre de baillée et prinse à rente et non aultrement à noble homme Guillaume du Buat, seigneur de la Souberardière et de Brassé, ad ce présent et acceptant, qui dudict Daoudet a prins, reçeu et accepté pour luy ses hoirs et ayans cause tout et chacun tel droict,

(1) Archives de la Subrardière. Titres de famille, T. I, n° 39, Parchemin, scel perdu.

action, part et portion de héritaiges maisons et chouses héritaulx queulxconques, qui pouroient et eussent peu compecter et appartenir, compectent et appartiennent audict Daoudet, bailleur à cause de sadite espouse, tant au lieu de la Brenintière de la paroisse de Beaulieu, que aultres lieux à cause et pour raison de la succession mort et trespas de deffuncte damoyselle Renée du Buat, en son vivant religieuse demeurant à Laval, et tout ainsi que ledict droict tant de la Brenintière que en quelques aultres lieux où ilz puissent estre situez et assis etc...

Et est faicte ceste présente baillée, prinse et acceptation pour en poyer, servir et continuer par chacuns ans ladite rente au jour, terme et feste de Toussaincts la somme de cinquante sols tournois de rente annuelle et perpétuelle, rendable et poyable par ledit du Buat ses hoirs et aians cause à la main du dit Daoudet ou de ses hoirs et ayans cause, par chacun an au terme de Toussaincz.

Faict et passé au lieu et maison noble de la Berardière, présens Jehan Lancelot, et passé par nous René Augier et Francoys Meaulain notaires soubz signés, aussi présens Jehan Lenfantin, Jehan Regnouard et aultres tesmoings requis et appellez, le huictiesme jour d'apvril l'an mil cinq cens soixante deulx apprès Pasques.

(Signé) MEAULAIN.

XXV.

CONTRAT DE MARIAGE DE RENÉ, FILS AINÉ DE GUILLAUME DU BUAT, AVEC ANNE DE LA ROUSSARDIÈRE, FILLE DE FEU RENÉ DE LA ROUSSARDIÈRE, ET DE RENÉE D'AVAILLOLES. 2 JUILLET 1559 (1).

Saichent tous, présens et advenir, que en traictans le mariaige

---

(1) Archives de la Subrardière. Titres de famille, t. I, n° 42. Parchemin, scel perdu. On lit au dos de l'acte : Parafé, *ne varietur* ; Voysin de la Noiraye.

entre noble homme René de Buat, filz de noble homme Guillaume de
Buat, seigneur de Brassé et de la Soubrardière d'une part, et damoyselle Anne de la Roussardière, fille de deffunct noble homme René de
la Roussardière, en son vivant seigneur de Parronneau et de Gauteret,
et de damoyselle Renée d'Availloles d'autre, ont esté présens en personnes, establiz en la court royal du Mans, par devant nous Samson
Le Roux, notaire juré d'icelle, et deuement soubzmys, lesdits Guillaume et René du Buat, et ladite damoyselle Anne de la Roussardière ;
Lequel René de Buat, o le voulloir et consentement dudit Guillaume
de Buat, son père, et ladite Anne de la Roussardière, o le voulloir et
consentement de ladite René d'Availloles, sa mère, ont promis
prendre l'ung l'autre en mariaige, moyennant que saincte église s'i
accorde, et qu'il n'y ayt empeschement légitime.

En faveur duquel mariaige, et qui autrement ne se fust faict, le
dit Guillaume de Buat a maryé et par ses présentes marye ledit René
du Buat, comme son fils aisné et principal héritier, et a promis nourrir
et entretenir lesdits futurs espoux, et ou cas que lesdits futurs espoux
ne se voullussent demeurer avecques ledit Guillaume du Buat, et se
voullussent retirer, dès à présent, comme dès lors, et dès lors comme
dès à présent, ledit Guillaume du Buat a, en avancement de droict
successif, baillé, céddé et transporté audit René du Buat, qui ce a
accepté, pour luy ses hoirs et ayans cause, les lieux, terre et seigneurie de Brassé et Cramaillé avecques leurs appartenances et déppendances, situez, scavoir est ledit lieu de Brassé en la paroisse de Beaulieu, ou conté de Laval, et Cramaillé en la paroisse de Myré en Auton.
Et lesquels lieux ledit Guillaume du Buat a asseuré valloir la somme
de cinq cens livres tournois de rente, et a promis autant les faire
valloir de proche en proche sur ses autres biens, et iceux garantit au
dit René de Buat, ses hoirs, et ayans cause, vers tous et contre tous.

Est dict et accordé touteffoiz, le cas advenant que ledit René de
Buat décéddast, et qu'il y ayt enffans de luy et ladite de la Roussardière,

que ladite Anne de la Roussardière ne pourra du vivant dudit Guillaume demander, tant pour son douaire que pour sesditz enffants, que lesditz lieux de Brassé et Cramaillé de la valleur et composition cy-dessus, pour lequel droit de douaire, *liberis non existantibus*, ladite Anne vivant, ledit Guillaume aura lesdits lieux jusques à la somme de quatre cens livres tournoys de rente, sauf à ladite Anne à demander plus ample douaire, si bon luy semble et voit que bon soit après le décès dudit Guillaume ; et au regard dudit de Buat, il prendra ladite Anne avecques ses droitz, noms, raisons et actions, et moyennant ces présentes, ne pourra ledit René de Buat, du vivant de sondit père, demander aucune chose des biens à luy escheuz par la mort de sa deffunte mère, fors les meubles.

Et de tout ce que dessus lesdites parties sont demeurées à ung et d'accord ; et promis chacun en son endroict garder, tenir et entretenir. Et ad ce se sont obligez et obligent respectivement, eulx leurs hoirs, biens et choses meubles et immeubles, présens et advenir, renoncians lesdites parties à toutes et chacunes les choses qui tant de fait de droit que de coustume pourroient servir et valloir, et estre ad ce que dessus contraires ; s'en sont abstrainctes par les foys et serment de leurs corps, sur ce d'eulx baillée en nostre main, dont nous, à leurs requestes et de leurs consentemens, les avons jugez et condempnez par le jugement et condempnation de nostre court, en la présence et du consentement de ladite damoyselle Renée d'Availloles, de messire Francoys d'Availloles, chevallier, commandeur de Bequonnoys, oncle maternel de ladite Anne, noble homme Guillaume Quatrebarbes, seigneur de la Rongère, mari et espoux de damoyselle Jehanne de la Roussardière, sœur aisnée de la dite Anne ; nobles hommes Guy Mauviel, seigneur de la Drouère et du Tremblay et René Mauvyel, seigneur de la Caherye, oncles maternels dudit René de Buat, maistre Jehan Chevallier, prebtre, curé de Gastines et y demourant, et maistre

Guillaume Le Fuzelier, licentié ès loix, seigneur du Pont, tesmoings ad ce requis et appellez.

Faict et passé au dit lieu et maison noble de Gauteret, paroisse dudit Gastines, le second jour de juillet, l'an mil cinq cens cinquante neuf.

Et sont signez en la mynute originalle de ces présentes ; G. du Buat, René du Buat, B. d'Availloles, F. d'Availloles, A. de la Roussardière, G. Quatrebarbes, G. Mauvyel, R. Mauvyel, J. Chevallier, Fuzelier, avecques nous notaire, dessus nommé et soubzsigné, qui avons reçeu ces présentes.

(Signé) LE ROUX.

XXVI.

AVEU DE RENÉ DU BUAT, SEIGNEUR DE LA SUBRARDIÈRE, PRÉSENTÉ PAR MARIN DU BUAT A JEANNE DE MONTMORENCY, DAME DE LA TRÉMOILLE ET DE CRAON. 22 MAI 1581 (1).

Jehanne de Montmorancy, dame de la Trémoille, duchesse de Thouars, princesse de Tallemont, vefve de feu très hault et très puissant seigneur, messire Loys, seigneur de la Trémoille, en son vivant duc dudit Thouars, prince de Tallemont, comte de Luyne,... Taillebourg, baron de Craon, Sully, L'Isle-Bouchard et Barrié, chevallier de l'Ordre du Roy, cappitaine de cinquante hommes d'armes de ses ordonnances, [ladite dame] curateur et ayant la garde et administration de la personne et biens de Claude, seigneur de la Trémoille, fils dudit feu

---

(1) Archives de la Subrardière, Titres de famille, t. I, n° 43. Pièce en parchemin, scel perdu. Au dos on lit : parafé, *ne varietur*, Voysin de la Noiraye.

seigneur et de nous, à tous ceux qui ces présentes lettres verront, salut.

Scavoir faisons que, à la continuation de l'assignation géneralle des hommaiges de notre baronnie de Craon, Marin du Buat, escuier, sieur de la Rivière, du Boys Hubert, comme procureur ayant charge de Renné du Buat, escuier, sieur de la Soubrardière, de Cramaillyé (?), et du fief et seigneurie de l'Hommeau de la Hart, ainsi qu'il a faict aparoir par sa procuration passée soubz la court de Craon par devant René Augier et Pierre Belocé, notaires d'icelle, les présant jour, mois et an, nous a offert faire et de faict faict les foys et hommaige simple, que ledit Renné du Buat doibt et est tenu nous faire, en ladite quallité à cause de notre dite baronnie, pour raison du fief et héritaige de l'Hommeau, ses appartenances et déppendances. A quoy, après que ledit Marin du Buat nous a eu informé de l'acte de réception de foy et hommaige faicte à notre feu mary par Guillaume du Buat, père dudit Renné, du huitiesme jour de mars mil cinq cens cinquante six, avons reçeu icelluy Marin du Buat audit nom, moyennant qu'il nous a faict et présenté [l'aveu et hommage], selon et au désir de la coustume d'Anjou, dans le temps de laquelle avons condampné ledict Renné du Buat, frère d'icelluy Marin audit nom, nous bailler son adveu et dénombrement par le menu, confronté de nouvelles confrontations, reprenant ..... (1) si aulcuns sont deulz. En tesmoing de quoy nous avons signé cesdites présentes et à icelles faict apposer le scel de nos armes.

Au chastel de Craon, le vingt-deuxiesme jour de may, mil cinq cens quatre vingts ung.

(Signé) J. DE MONTMORENCY.

Par ma ditte dame.... Pineau.

(1) Quelques mots effacés.

XXVII.

AUTORISATION DE POURSUITE EN RETRAIT LIGNAGER OBTENUE PAR
PHILIPPE DU BUAT, ÉPOUSE DE JACQUES DE MONDAMER, SŒUR DE
RENÉE DU BUAT, SUR NOBLE RENÉ DU BUAT, SEIGNEUR DE LA
SUBRARDIÈRE. 12 MARS 1583 (1).

Entre damoiselle Phelippes du Buat, femme de noble homme
Jacques de Mondamer, demanderesse en authorisation, comparante
par maistre Pierre Ogereau, licentié ès loix, son conseil et procureur,
d'une part, et ledict noble homme Jacques de Mondamer, défendeur,
par maistre Nicollas de la Chaussée, licentié ès loix, son conseil et
procureur d'autre. La demanderesse a dict que, de l'advis dudict de
Montdamer, elle a faict adjourner en demande de retraict lignaiger
noble homme René du Buat, seigneur de la Soubzbrardière, pour avoir
par retraict lignaiger le fief de Gastines avec autres choses par lui
acquises de noble homme René Pellault et damoiselle Renée du Buat,
sœur de ladicte Phelippes ; ce qu'elle ne peut faire sans faire aliénation
de son propre et mesmes du lieu et mestairie de Rousseray ; Requiert
que pour cest effect . . . . qu'elle soit authorisée par
justice, ledict de la Chaussée procureur pour ledict de Mondamer, en
vertu de procuration spécialle du sixiesme de ce mois, à déclarer qu'il
autorisoit ladite du Buat en la poursuitte et exécution de retraict
lignager, qu'elle veut et entend faire sur ledit sieur de la Soubzberar-
dière, de la vendition et aliénation qu'elle veut faire de ladite mestairie
du Rousseray, pour l'effect dudict retrait lignager, et de ce qu'en
pourra deppendre. Dont les avons jugez ...., authorisons ladicte
demanderesse en la poursuite de exécution dudit retraict lignager,

(1) Archives de la Subrardière. Titres de famille, t. I, n° 44.

vendition et aliénation dudict lieu et mestairie du Rousseray et tout ce qui en deppendra...

Passé audit lieu le dozième jour de mars l'an mille cinq-cent-quatre-vingt et trois.

(Signé) GAUTIER.

XXVIII.

CONTRAT DE MARIAGE ENTRE LOUIS DE CHAMPAGNÉ, FILS AINÉ DE FRANÇOIS DE CHAMPAGNÉ, SEIGNEUR DE LA MOTTE-FERCHAULT, ET DE MARIE DE LA ROUSSIÈRE, ET PERRINE DU BUAT, FILLE DE RENÉ DU BUAT, SEIGNEUR DE LA SUBRARDIÈRE, ET DE ANNE DE LA ROUS-SARDIÈRE. 14 FÉVRIER 1584 (1).

« Le mardi quatorziesme jour de febvrerier l'an mil cinq cens quatre vingts quatre avant midy, comme propos et traicté de mariaige soyt entre noble homme Loys de Champaigné, seigneur de la Roussière, fils aisné de nobles personnes François de Champaigné et de damoyselle Marie de la Roussière, son espouze, sieur et dame de la Mothe Ferchault, L'Alizier, la Perronnière, Coulené et Commer d'une part ; et de damoyselle Perrine du Buat, fille aisnée de noble homme René du Buat, sieur de la Soubrardière et de Cramaillé, et de deffuncte damoyselle Anne de la Roussardière, vivant son espouze, d'autre part ; ont esté faictes les pactions et conventions matrymoinialles, telles et en la manyère qui ensuyt.

Pour ce est il que, en la court royal du Mans et du Bourg Nouvel en droict, par davant nous René Viel, notaire d'icelle, soubz laquelle

(1) Archives de la Subrardière. Titres de famille, t. I, n° 47. Pièce en papier.

juridiction lesdites personnes cy après nommées ont prorogé et prorogent de juridiccion, ledit Loys de Champaigné, seigneur de la
Roussière, demeurant au lieu et maison seigneurial de la Mothe
Ferchault, paroisse du Lyon d'Angiers, et nobles hommes René d'Andigné seigneur du lieu d'Angrie, de Rouez, de Vritz, demeurant au
lieu et maison seigneurial d'Angrie, paroisse dudit ˄Angrye, et noble
homme René de Champaigné, sieur de Roussignol, demeurant au
lieu et maison seigneurial du Roussignol, paroisse d'Angrie, ou nom
et comme procureur spécial dudit noble homme François de
Champaigné, seigneur de la Mothe [Ferchault], en vertu de leur
procuration passée soubz la court du Lyon d'Angers, par Jehan Fay
l'unzièsme jour de ce présent moys de février, signée de Champaigné
et Fay, et encores ledit Loys de Champaigné et ledit René d'Andigné
et René de Champaigné, en leurs privez noms et soy faisans forts
desdits Francoys de Champaigné et Marye de la Roussière, et en
chacun desdits noms seul et pour le tout ; ausquels Françoys de
Champaigné et Marie de la Roussière, ilz ont promys faire ratiffier et avoyr agréable le contenu en ces présentes, et en fournir
lettre de ratiffication valables audit René du Buat et à sadite
fille, dans la feste de Pasques prochaine venant, à la peinne de
toutes pertes, despens dommaiges et intérests des présentes néant-
moings et d'une part. Et ledit René du Buat, sieur de la Souberardière,
et ladite Perrine du Buat, sa fille, demeurans au lieu et maison seigneurial de la Souberardière, paroisse de Méral, d'aultre part, soubzmectans respectivement lesdites partyes eulx, leurs hoirs, et confessent etc... avoyr en traictant et accordant dudit mariaige des
dits Loys de Champaigné et de ladite Perrine du Buat, et en faveur
d'icelluy, convenu et acordé ce que s'ensuit, c'est à scavoir que ledit
René du Buat, en faveur dudit mariaige, lequel aultrement n'eust
esté faict, convenu et accordé, a baillé, quicté, ceddé, et délaissé ausdits
futurs conjoincts, tant en avancement de droict successif que attendant

partaige tant des biens d'icelluy René du Buat que de ladicte deffuncte
Anne de la Roussardière, mère de ladite Perrine du Buat, les lieux,
dommaynes et choses hérittaulx qui ensuyvent scavoyr : la terre, fief et
seigneurye de Myngé, en la paroysse de Courbeveille et de envyrons ;
Item les lieulx des Grandes et Petites Théardières, et de la clouserye
de la Théardière, pressouer, vignes qui en déppendent ; Item la mestairye de Groysé, lesdits lieux de Théardière et de Groysé, seigneurie
de la paroisse de Quellaines ; Item le lieu domayne et mestairie de la
Cherbottaye, en la paroisse de Cherré, toutes lesdites choses avecques
leurs dites appartenances et déppendances, pour en jouyr et en prandre
et percepvoir les fruictz par lesdicts futurs conjoincts pour l'advenir.
Lesquelles choses susdites, ledit sieur de la Souberardière a asseuré et
promys faire valloir cinq cens soixante six escus deux tiers, évallués
à dix sept cens livres tournoys de revenu annuel. Et parce que dudit
lieu de la Cherbottaye en appartiennent seullement les deux parties
audit du Buat, icelluy du Buat a promys acquérir et mectre à cler et
au délivre le sourplus dudit lieu, et du tout en faire jouyssance ès
dits futurs conjoincts et dedans un an. Et à faulte de ce faire, baillera
auxdits futurs conjoincts aultre hérittaige de la valleur dudit seurplus.
    Oultre, a ledit sieur de la Souberardière donné jurement et promys
bailler ausdits futurs conjoincts, dedens le jour des espousailles, la
somme de doze cens escuz soleil, oultre la somme de neuf cens escuz
aux termes cy après, scavoir quatre cens escuz par quatre termes et
esgaulx payemens d'an en an, le premier payement commenczant
d'huy en ung an montant cent escuz, à continuer jusques au parfaict
payement desdits quatre cens escuz, et le reste montant cinq cens
escuy dedans d'huy en quatre ans prouchains venant. Lesquelles
sommes susdites est accordé et convenu estre pour don de nopces, et
pour les accoustrements nuptciaulx de ladite Perrine du Buat, sans ce
que lesdits futurs conjoincts en soient tenuz à raport, ne icelles estre
précomptées en leur partaige des succession dudit René du Buat et de

ladite Anne de la Roussardière, ne icelles mectre en hérittaige ; ainsi sont déclarées estre de nature de meuble.

Oultre, a ledit sieur de la Souberardière promys d'avoir et nourir, en sa maison de la Souberardière, lesdicts futurs conjoincts et leur train honneste, tant qu'il leur plaira demeurer avecques luy, sans pareillement en estre tenuz à auchun raport. Et est convenu que si ledit sieur de la Roussière et sadite future espouze, ou l'un d'eulx, vendent le propre hérittaige de ladite Perrine du Buat, en icelluy cas, ledit seigneur de la Roussière a promys la récompenser en aultre hérittaige de la valleur des hérittaiges aliennez, ou mectre les deniers qui en proviendront en acquest d'hérittaige, censé et réputté le propre immeuble de ladite Perrine du Buat. Et pour le regard dudit sieur et dame de la Mothe, ledit sieur d'Angrie et du Roussignol, èsdits noms et ès chacuns d'iceulx, ont baillé à jouyr pour l'advenir ausdits futurs conjoincts la terre, fief, et seigneurie de la Perronnière, tant en fief qu'en domaynes, cens, rentes et debvoirs et tous esmolluemens de fief, dixmes, mestairyes, clouseryes, prez, boys, tailleys et toutes choses qui en deppendent, fors le lieu et mestairye de la Roche Andebault, que lesdits sieurs d'Angrye et du Roussignol, èsdits noms, ont réservé et réservent par ces présentes, o condition que, s'il plaist audit sieur et dame de la Mothe bailler aultres terres ausdits futurs conjoincts de la valleur de ladite terre de la Perronnyère, ilz le pouront faire, quant bon leur semblera, et ce faysant, rentreront en la possesion et jouissance de ladite terre de la Perronnyère. Et ont lesdits Loys de Champaigné, et lesdits sieurs d'Angrye et du Roussignol èsdits noms, convenu et assigné douayre à ladite Perrinne du Buat, scavoyr, du vivant desdits sieur et dame de la Mothe, de la tierce partye de ladite terre de la Perronnyère, o la réservation susdite seullement, et après le décès de l'un d'iceulx de la tierce partye de leurs biens, en cas où le dit Loys de Champaigné sera fondé ou droict de la succession du décédé seullement, et en tous les aultres biens dudit Loys de Champaigné, en cas de donayson advenant, encores que ladite Perrine du Buat soyt hérittière de terre, et qu'il y ayt coustume au contraire, à laquelle coustume lesdites partyes ont renoncé et renoncent par exprès. Laquelle assignation dudit douayre est sans préjudicier aux droits de douayre de ladite Marye de la Roussière, selon les conventions faictes entre lesdits seigneurs de la Mothe, son mary et elle, et sans ce que ces présentes en ce regard puissent nuyre et préjudicier aux droicts de ladite Marye de la Roussière. Moyennant lesquelles pactions et conventions susdites, lesdits Loys de Champaigné, seigneur de la Roussière, et ladite Perrine du Buat, o le consentement dudit René du Buat, sieur de la Souberardière, père de ladite Perrine, et desdits sieurs d'Angrye et du Roussignol èsdits noms et de noble homme David de la Roussardière, sieur de Gaultray, filz aisné de noble homme René de la Roussardière seigneur de Pareneau, oncle maternel de ladite Perrine du Buat, et de noble homme François de Quatrebarbes, seigneur de la Rongère, et aultres parents cy-après nommés, ont promys mariaige l'un à l'aultre, et iceluy mariaige consommer et acomplir en face de Saincte Eglise Catholique et Romayne, quand l'un en sera requis par l'aultre.

Et tout ce que dessus a été stipullé et accepté par chacune desdites parties. Et dont à se tenir et garantir obligent lesdites parties, renoncyans par foy, serment, jugement; condampnons, etc.....

Faict au lieu seigneurial de la Soubrardière, paroisse dudit Méral, en présence des dessusdits, et de noble homme Jehan du Buat, frère aussi de ladite Perrine, myneur, et encores noble homme Tristan de Fontenaille, seigneur de Marigné, et Eustache Hardouyn, seigneur de la Girouardière, beaufrère dudit Loys de Champaigné, et noble homme Marin du Buat, seigneur de la Rivière, Bois Hubert, Jehan Le Picquard, seigneur de la Grant Maison, Nicollas Amyot, seigneur de l'Ensaudière, et René Pellault seigneur de Boys Bernyer, proches parens de la dite Perrine du Buat et aultres soubsignés.

(Signé) VIEL, notaire.

XXIX.

EXTRAIT ANALYTIQUE DU TESTAMENT DE RENÉ DU BUAT, SEIGNEUR DE
LA SUBRARDIÈRE. 19 MAI 1584 (1).

« In nomine Domini. Amen.

Le dix neufiesme jor de may l'an mil vᶜ quatre vingtz et quatre, en la court royal du Mans, en droict, par davant nous René Viel, notaire d'icelle, a esté personnellement estably noble homme, René du Buat, seigneur de la Souberardière et Cramaillé, demeurant audit lieu seigneurial de la Souberardière, paroisse de Méral, soubmettant etc..... de présent détenu de maladye corporelle, sain d'esprit et d'entendement, congnoissant qu'il n'est rien plus certain que la mort, et incertaine l'heure, ne voullant décédder de ce mortel monde intestat, et sans disposer des biens temporels qu'il a pleu à Dieu le Créateur luy donner et prester, et disposer à son honneur, etc. »

Il veut être inhumé en l'église de Méral, au lieu et place de ses prédécesseurs ; il ordonne « une chanterie générale » pour son enterrement avec luminaire garni de treize torches et six cierges.

Il ordonne en outre de faire célébrer « un annuel dans l'église de Méral ; trois trentains solennels, l'un au couvent de Notre Dame des Anges (2), par les religieux dudit lieu, le deuxième dans l'église de Ballots et la troisième dans celle de Myré.

(1) Archives de la Subrardière. Titres de famille, t. I, nᵒ 49. Pièce en papier.
(2) Couvent de Cordeliers, érigé dans la paroisse de l'Hôtellerie de Flée (Maine-et-Loire), par Pierre de Rohan, maréchal de Gyé, exécuteur des dernières volontés de Françoise de Porhouët, sa femme. Le Pape Alexandre VI autorisa, par bulle du 31 mars 1500, cette fondation, qui prit le nom de Notre-Dame-des-Anges. Un fils des bienfaiteurs, François de Rohan, évêque d'Angers permit aux religieux de quêter dans le diocèse (6 octobre 1504), et les papes enrichirent ensuite d'indulgences spéciales l'église du couvent qui possédait une épine de la Sainte Couronne. Vendus en 1791, incendiés en 1792 et 1795, l'église et les bâtiments claustraux ont

Il commande en outre de payer une rente annuelle de dix écus à sa sœur Anne du Buat, religieuse à Nantes, et veut que la donation faite par son père, Guillaume du Buat, seigneur de la Subrardière, de la moitié du lieu de la Hayrière, en faveur de Jean Suzanne, ait son effet. Il ordonne de payer à noble homme Marin du Buat, son frère, seigneur de la Rivière, la somme de soixante escus deux tiers, à René Hayer, sieur de Charots, celle quatre vingt six écus. Il élit pour son exécuteur testamentaire, Marin du Buat, seigneur de la Rivière et du Bois Hubert, son frère, et Louis de Champagné son gendre. Guillaume Bougvier, curé de Ballots est témoin. 19 mai 1584.

XXX.

INVENTAIRE APRÈS DÉCÈS DES TITRES ET PAPIERS DE RENÉ DU BUAT, SEIGNEUR DE LA SUBRARDIÈRE. 16 NOVEMBRE 1584 (1).

Inventaire fait au lieu et maison de la Subrardière devant René Viel, notaire, à la requête de messire noble homme Marin du Buat, sieur de la Rivière et du Boys Hubert, curateur de noble Jehan du Buat mineur, enffant de défunt noble personne René du Buat et damoyselle Anne de la Roussardière, son espouze, vivans sieurs dudit lieu seigueurial de la Souberardière, des lettres, tiltres et enseigne-ments trouvés audit lieu, pour la conservation des biens dudit myneur en présence de noble homme Loys de Champagné, sieur de la Roussière, et damoyselle Perrine du Buat, son espouze, seur dudit

disparu en partie, ou ont été aménagés pour des usages agricoles. C. Port. *Diction-naire de Maine-et-Loire*, t. I, p. 115.

(1) Archives de la Subrardière. Titres de famille, t. I, n° 50. Pièce en papier. Nous passons une partie des mentions qui feraient double emploi avec les pièces déjà publiées ou analysées.

Jehan du Buat, myneur, auquel inventaire faire avons procédé comme s'ensuyt :

Du seizième jour de novembre l'an mil cinq cens quatre vingts quatre, davant et après midy.....

Premièrement, ung acte de retrait lignaiger, faict juridiciellement à Angers le 21 jour de mars 1583, contenant la recousse, reméré et remboursement de la terre, fief et seigneurie de Gastines, faict par damoyselle Phélippes du Buat, femme et espouse de noble homme Jacques de Mondamer, sur deffunct noble homme René du Buat, seigneur de la Souberardière. En payment de partye desdits denyers d'icelle recousse, elle a vendu et quicté audit du Buat, seigneur de la Suberardière, le lieu et mestairie du Rouseray, paroisse de Ballotz.

.... Item, une procuration en parchemin du sieur et damoyselle de la Motte Ferchault, père et mère dudit seigneur de la Roussière, passée soubz la court du Lyon d'Angiers, le unziesme jour de febvrier mil cinq cens quatre vingt et quatre, portant pouvoir de contracter mariaige entre ledit seigneur de la Roussière, leur filz, et ladite damoyselle Perrine du Buat, fille dudit déffunct seigneur de la Souberardière.

Coppie du 27 apvril 1582 contenant que ledit [Me René] Gaultier, [greffier civil à Angers], a agréable le payment qui a esté faict par ledit [Me René] Pellaut, seigneur du Bois Bernier, à noble René du Buat, seigneur de la Souberardière, de la somme de troys mil cens escuz à Françoise Péju, veufve feu René Maullevault et Marie Maullevault, sa fille.

.... Item ung contrat de transaction de procès faict entre noble Noé René Ernault, sieur de Chemans, mary de damoiselle Loyse de Scépeaulx, dame de la terre, fief et seigneurie de la Bodynière, demandeur d'une part, et ledit feu René du Buat, deffendeur d'aultre, passé et reçeu soubz la cour de Chasteau Gontier, par davant Jehan Gauchot, notaire d'icelle, le 1er jour de juillet 1580, après midi.

..... Item, un accord et partaige faict entre ledict deffunct sieur de la Souberardière, à cause de sa déffuncte femme, et le sieur de Paronneau, passé devant Jehan Pichon, notaire, 12 novembre 1560.

Item, ung aultre contrat passé soubz ladite court de Craon, le deuxiesme jour de juing 1567, par Le Tondeur, notaire d'icelle, contenant que noble Guy Baraton, seigneur de la Freslonnière, vendit à Mre Pierre Cynoir, prebtre, le lieu de la Fousse, paroisse de Beaulieu.

Item, ung contract de baillée à rente faicte par noble homme, Pierre du Buat, seigneur de la Beaudynière, audict deffunct Guillaume du Buat, de certaines choses héritaulx portées par le contract passé par Geoffroy Nouault, notaire dudit Craon, le 2e jour de décembre mil ve soixante quattre.

Item, une quictance en pappier contenant le payement et acquict faict par Me André Goullay, procureur de Craon, pour noble homme René du Buat à noble homme François Pinczon, de la somme de 25 escuz par accord ; la quictance en dabte du 3e jour de décembre 1561, signée F. Pinczon.

Item, un contract de baillée et prinse de rente, faict par noble homme Clément Jamelot (1), seigneur de la Tourpinyère, audit Guillaume du Buat, escuyer, de certains droictz et hérittaiges, demeurez de la succession de deffuncte damoyselle Renée du Buat, religieuse, pour la somme de quarante sols tournois de rente annuelle, par contract passé par F. Meaulain, notaire dudit Craon, 15e juillet 1563.

Item, ung aultre contract passé par ledit Meaulain, le 5e jour de novembre 1577, contenant que Me Michel Suzanne, prebtre, curé d'Athée, a faict vendition audit deffunct noble René du Buat des deux parties du lieu de la Vigne, paroisse de Méral.

Item, une lettre de partaige, faicte et passée soubz la court de Chasteau Gontier, pardavant Pierre Symon, notaire d'icelle, le 13e jour

(1) Jamelot de la Turpinière.

de novembre 1564, contenant partaige faict entre le sieur de Paroneau, le sieur de la Rongère et le sieur de la Souberardière.

Item, une aultre lettre de partaige en fourme faict entre lesdits sieurs de Paroneau et ledit René du Buat, seigneur de la Souberardière, touchant la succession de deffunct noble René de la Roussardière, leur père, faict par davant ledict Hunault, notaire de Craon, le penultième jour de febvrier, mil vᵉ soixante ung.

Item, ung autre contrat en forme, passé soubz la court de Craon, par Meaulain et Hunault, notaires d'icelle, le 20ᵉ jour d'octobre 1524 (1), contenant que Jehan. Romy, seigneur de la Hée, procureur spécial de noble et puissante damoiselle Françoyse Tournemyne, baronnesse de la Hunaudaye et de la Berardière et Anne de Montejehan, veuve feu noble et puissant seigneur Georges Tournemyne, fist vendition du lieu et mestayrie de la Mercerye, situé paroisse de Méral, à damoyselle Perrine de Boys Joullain, veuve feu Georges du Buat, vivant seigneur de la Souberardière........

Présents nobles personnes : Loys de Champagné, seigneur de la Roussière et demoiselle Perrine du Buat, son épouse, noble René L'Enfant, seigneur de la Guesnerie et aultres.

XXXI.

CONTRAT DE MARIAGE ENTRE JEAN DU BUAT, SEIGNEUR DE LA SUBRARDIÈRE, FILS AÎNÉ DE RENÉ DU BUAT ET DE ANNE DE LA ROUSSARDIÈRE, AVEC MAGDELEINE DE BIRAGUE, FILLE DE FRANÇOIS DE BIRAGUE, CHEVALIER, ET DE JEHANNE DE LA POMMERAYE. 12 NOVEMBRE 1609 (2).

Du lundi douzième jour de novembre avant midy, l'an mil six cent

(1) Le texte porte à tort 1584.
(2) Archives de la Subrardière, Titres de famille, t. II, nº 2. Copie en parchemin.

neuf, davant nous Babtiste Poulliert, notaire royal du Mans et du
Bourg Nouvel, demeurant en la paroisse de Montigné, ont esté présant
et personnellement establiz en leur personne, chacuns de Jean du
Buart, escuier, seigneur de la Soubrardière et de Mingé, filz aisné et
principal héritier de deffunct noble René du Buart et de damoyselle
Anne de la Roussardière, comme ils vivoient seigneurs de la Soubrardière et de Mingé, demeurant en la maison seigneurialle de la Soubrardière paroisse de Méral d'une part, et chacuns de messire
Francoys de Birague, chevalier de l'Ordre, autrefoys mary de deffuncte
dame Jehanne de la Pommeraye, messire René de Birague, aussy
chevalier, filx aisné et principal héritier de ladite dame, et damoyselle
Magdelayne de Birague, fille et héritière porsionnée de ladite deffuncte
dame de la Pommeraye, demeurant ensemble en la maison seigneurialle du Verger, paroisse de Montigné d'aultre part. Lesquelz soub-
metant eulx, leurs hoirs et ayans cause, tous et chacuns leurs biens,
meubles et immeubles, présens et advenir quelsqu'ils soient, soubz le
pouvoir, ressort, et jurisdiction de notre dicte court et de touttes
aultres sy mestier est quant à ce que dessus ; disant, confessant, en
traictant du mariage futur dudict du Buat, et damoyselle de Birague,
avoir faict et aresté les pactions et conventions matrimonialles, telles
que s'ensuit, sans lesquelles il n'auroit esté passé outre en la confirmation de leur mariaige.

C'est à savoir que lesditz du Buat et damoyselle Magdelaine de
Biragues, avecques l'autoritté, gré et consentement desdits de Biragues, ses père et frère, ont promis se fiancer et espouser en face de
Sainte Eglise catholicque, apostolicque et Roumayne, lorsque par l'un
l'autre en sera requis, synon qu'il se trouvast empeschement légitime
suffizant de droict pour mariaige dissoudre. En faveur duquel, et pour
la dot et portion légitime immobillière, que ladite damoyselle est

Il existe aussi une autre copie sur papier certifiée conforme par Julien Fontaine, le
18 septembre 1616, dont nous suivons ici le texte.

fondée pouvoir prétendre et espérer des successions de ladite déffuncte de la Pommeraye, sa mère, et de déffunct noble Brandelis de Birague, son frère, qui auroit survécu ladite de la Pommeraye, sa mère, et même ce qu'elle pourroit espérer en la succession dudit François de Birague son père, et toutes restitutions de fruict perçeuz depuis leur décès, iceux Loys de Birague, père et filx, ce sont eux et chacuns d'eux chargé pour le tout, renonçant au bénéfice de division, ordre de discussion, submis et obligés fournir auxditz futurs conjoints la somme de seze mille livres, scavoir la somme de six mille livres, dedans les premiers jours mars prochain, et le surplus, montant dix mille livres, du premier jour de janvier en deux ans lors en suivant, pendant le cours desquels, ou rétention que en sera faite, ils demeureront soubz les mesmes obligations et hipothèque indivise, subzmis de payer le soubz pour livre au lieu des fruitz à la fin de chacune année ; du total de laquelle somme de seze mille livres, ledit sieur du Buat s'est obligé enfoncer en achapt d'héritage, au profit de ladite demoiselle, au compté de Laval ou baronie de Craon, dedans trois ans à compter de ce jour, la somme de onze mille livres, qui demeureront de nature du propre, patrimoines inaliénables à ladite damoyselle, sans que à faute de l'amploy dedans ledit tamps elle puisse estre mobilisée. Mais en cas de dissolution de mariage ou communauté, sera propre et particulière à ladite damoyselle, prinze et levée sur les biens et plus clairs deniers de leur communaulté future, et où ilz ne sufiroient, sur les propres dudit sieur du Buat, qui demeureront par ypotèque générale et particulière obligés sans diminution de douayre, et où pendant le mariayge elle entrerait ou interviendrait avecque ledit sieur époux en debte, que cy-après ils ne pourroint contracter ou contrats d'aliénation des propres de l'un ou de l'autre ou aultrement, lui en a été et est dès à présent toutes indamptnités prominzes par ledict sieur du Buat, et le remplacement assigné et assuré sur tous et chascun ses biens, encore que cy-après l'on obmette à rapporter èsdicts contracts à faire l'indampnité et remplacement, parce que le présent aura son effet extenxible aulx futurs contracts ; et demeure au surplus laditte damoyselle, douayrière du douaire coustumier. Les fruitz duquel commenceront à courir à son profict du jour du décès, et que douaire aura lieu, sans aulcune sommation, nonobstant les coustumes à ce contraire, auxquelles les parties ont par exprès dérogé, et où le décès de l'un desdits conjoincts arriverait auparavant l'acquisition de ladite communauté ou après celle acquise, sans enfans procréés de leur maryaige futur, ils se sont faicts don réciproque et mutuelle de la some de deux mille livres pour être prinze sur la portion particullière du premier mourant au profict du survivant. Et oultre laquelle, où ladite damoyselle survivrait, les bagues et jouyaux et habits, que aura ladite damoyselle, lui demeureront, et desquelles ledit sieur luy a fait dont en faveur de ces présentes.

Moyennant ce que dessus, et pouaiements qui seront faitz desdites sommes, lesdits futurs conjoints, ladite de Birague, en temps que besoin est ou seroit aucthorisée dudit sieur du Buat, ont renoncé et renonce par exprès, au profict dudit seigneur René de Birague ou de ses hoirs, à tous droits successifs ou immobiliers, qu'ils ou elles eussent pu prétandre des successions défférées de ladite deffuncte de la Pommerais et dudit Brandelis de Birague, et de la succession future et à écheoir dudit messire Francoys de Birague son père, et de faire aultre recherche des fruitz du passé, qui demeureront compensés avecque ses nourriture et entretien. Tous lesquels droits desdites successions échues et à écheoir demeurent transmis et transférés au proffit dudit René de Birague ; et lesdits de Birague, père et frère, déchargés de toutes perceptions de fruits et droits. Et laquelle damoyselle ils ont promis accoutrer d'habits sortables à sa condition, ce que a été gré, stipullé et accepté entre les partyes ; dont les avons respectivement obligés, jugés et condamnés ainsy le tenir par le jugement et condamnation de notre dite cour.

Faict et passé audict Montigné, en la mayson et présence de noble homme Louis de Champaigné, sieur de la Mote Ferchaux, de l'Eperonnière et de l'Asissyère, mary de damoyselle Perine du Buat, sœur germayne dudit sieur futur époux, noble Lancelot de Quatre-Barbes, sieur de Chasnay, Guillaume de Quatre Barbes, sieur de la Roussardière, noble Guillaume de Langelerye, sieur dudit lieu et de Brassé, discret messire Mathurin Verger, prieur du prieuré d'Entrammes, et de honorable maistre Daniel Duchemin, sieur de Mingé, licencié ès droit, séneschal d'Entrammes, advocat à Laval, honorable maître Ambroise Guays, sieur de la Mesnerie (?), auditeur en la chambre des comptes de Laval et y demeurant, tesmoings à ce requis et appelés, lesquels ont signé en la minutte qui demeure près nous notaire.

[La copie du contrat de mariage certifiée conforme par Julien Fontaine le dix-huitième jour de septembre 1616.]

XXXII.

ACQUET DE LA MOTTE DE BALLOTS PAR JEAN DU BUAT, SEIGNEUR DE LA SUBRARDIÈRE, SUR PAUL DE LA SAUGÈRE. 25 JUIN 1610 (1).

Le vendredi vingt et cinquiesme jour de juin M VIe dix, apprès midy, en la cour de Craon en droit par devant nous, Jean Chevillard, notaire d'icelle demeurant à Ballots, ont esté présents et personnellement establiz, Paul de la Saugère, escuyer, sieur de la Bossardière, demeurant au chasteau de Torigné en ladicte parroisse de Torigné, pays du Maine, estant de présent en ceste dicte ville de Craon, soubz laquelle court il a prorogé et accepté de jurisdicion pour l'effaict des présentes, soubzmettant, etc, confesse etc, avoir aujourd'huy vendu,

(1) Archives de la Subrardière, Titres de famille, t. II, n° 3. Copie certifiée par Meaulain et Boys notaires en cour de Craon.

quitté, ceddé, délaissé et transporté, et promet garantir, etc, à Jean du Buat, escuyer, sieur de la Subrardière et y demeurant parroisse de Méral à ce présent et acceptant, et lequel a achapté pour luy etc ; c'est à savoir le lieu et closerye de la Motte de Ballotz, fiefz et seigneurie en despandant, cens, rentes et debvoirs, domaines, appartenances et dépandances, situées en la parroisse de Ballots, pays de Craonnois, et tout ainsi que ledit lieu et fief avec tous ses droitz honorifiques, proéminences et prorogatives en l'église de Ballotz deppendant dudit fief, et tous droits, noms, raisons et actions, comme ilz se poursuivent et comportent, et qui appartenoient audit sieur vendeur, sans en faire réservation ; tenu (*sic*) lesdictes choses des fiefs dont elles sont mouvantes que ledict vendeur n'a peu déclarer, apprès l'avoir adverty de l'ordonnance royal, à la charge de payer et acquitter par ledict sieur achapteur les cens, rentes et debvoirs féodaux et seigneuriaux pour l'advenir, et quitte du passé, transporte etc, o tous les droictz. Et est faicte la présante vendicion, cession, délays et transport, pour le prix et somme de dix sept cent livres tournois, quelle somme ledict du Buat a payée et baillé présantement devant nous audict sieur de la Saugère, en espèces de quarts d'escuz de seize solz pièces, et autres espèces de monnoye de présent ayant cours, au pois et pris de l'ordonnance. Laquelle somme ledict sieur vendeur a comptée et nombrée et icelle prise et emportée, et d'icelle somme s'en est tenu et tient à comptant et bien payé, et en a quitté et acquitté par ces présentes ledict sieur du Buat, luy ses hoirs etc, et pour l'exécution des présentes, ledict de la Saugère a esleu domicille en sa maison seigneurialle de la Bossardière pour y recepvoir touttes actes de justice, lesquelz vaudront comme sy faictz estoient à sa personne. Et dont à la quelle vendition, quitence et tout ce que dessus est dit tenir et garantir etc., obligation et renonciation etc.; en vin de marché donnés et commissionnés à ceux qui ont traicté et procuré ses présentes estre faictes et célébrées en faisant ces présantes, la somme de soixante livres et baillé comptant par ledit achapteur audict vendeur, dont ledict sieur du Buat en demeure quitte, et déclaré de nature du principal en cas de retraict.

Faict et passé au dit Craon, maison ou pent pour enseigne le Chapeau-Rouge, où demeure honorable homme Abraham Lasnier, es présences de Mᵉ Mathurin Davy, sieur de la Bairaudière, advocat en la jurisdiction de Craon, et y demeurant, Robert Guilloteau, escuyer, sieur du Hallay, demeurant à la Bossardière, paroisse de Miré, honorable homme Jacques Le Conte, sieur de la Plante, demeurant au bourg de Mée, tesmoings.

Et sont signez en la minutte originalle de ses présentes : de la Saugère, Jean du Buat, R. Guillotteau, M. Davy, J. Le Conte et J. Chevillard, notaire susdit.

XXXIII.

MAINTENUE DE NOBLESSE EN FAVEUR DE JEAN DU BUAT,
20 AVRIL 1627 (1).

Confirmation de noblesse donnée à Chateau Gontier par Jérôme de Bragelongne, commissaire général en la généralité de Tours en faveur de Jean du Buat, comme étant issu de René de Buat ; le dit René de Buat, de Guillaume ; le dit Guillaume de Georges ; le dit Georges de Gilles de Buat : veu aussi le contrat de mariage de Georges du Buat, escuier, fils de Gilles du Buat et de damoiselle Perrine de

---

(1) Archives de la Subrardière, Titres de noblesse, nº 12. Pièce en papier, scellée d'un sceau de Jérôme de Bragelongne : *à l'écu chargé d'une fasce, chargée elle même d'une coquille, accompagnée de trois molettes, deux en chef et une en pointe, un lambel à trois pendants surmontant le tout.* Au-dessus de l'écu, un casque à quatre grilles, tourné à droite, avec cimier et lambrequins. Nous donnons une analyse de la pièce.

Bois Joulain du vingt avril mil cinq cent sept etc, et autres pièces.

(Signé) BRAGELONGNE.

XXXIV.

BAPTÊME DE CLOCHE A BALLOTS 21 NOVEMBRE 1633 (1).

Le 21 novembre 1633 a esté béniste la grosse cloche de cette paroisse de Ballotz, par nous Bertran Foucault, prebtre curé ; et nommée Charles par messire Charles du Buat, escuier, chevalier, seigneur de Chantail, la Bodinière, Le Rocher Volleinnes et la Subrardière, et des fiefs et seigneuries de la Mothe de Ballotz, et haulte et puissante dame Magdeleine de Birague, veufve de Messire Jean du Buat, escuier seigneur de la Subrardière etc. Laquelle fut remontée en la place au clocher le vingtroisième du courant, ayant esté refaicte et fondue le quatorziesme du mesme mois de novembre par Joseph Lami, maistre fondeur demeurant en la ville d'Angers, au portail de Saint Aubin, au frais de Yves Cynoir, l'aisné, lequel a donné la somme de neuf vingt livres qui estoit marchandée pour rendre ladite cloche du mesme pois qu'elle estoit auparavant. Et la quelle cloche s'est trouvée augmentée de huit vingt livres, et est pesante au raport du s^r Lami de dix sept cents cinquante livres. La dicte bénédiction a esté faicte ès présences de Mr Estienne Néant prebtre vicaire, de Mre Pierre Maslin, Mre René Besnard, Mre Jean Richard, et Mre René Gohier, tous prebtres habitués en cette paroisse.

(1) Etat civil de Ballots.

XXXV.

CONTRAT DE MARIAGE ENTRE CHARLES DU BUAT, CHEVALIER, SEIGNEUR
DE LA SUBRARDIÈRE, ET ÉLISABETH DE LA CORBIÈRE, FILLE DE
CHARLES DE LA CORBIÈRE, CHEVALIER, ET DE MARIE PIDOUX.
12 FÉVRIER 1646 (1).

Le 12e février 1646, devant Jean Marcoul, notaire royal au Maine,
résidant au bourg de Cossé-le-Vivien, et René Simon, notaire royal à
Angers, fut présent messire Charles du Buat, chevalier, seigneur de la
Subrardière, Chantail, la Bodinière, Ballots et autres lieux, fils de feu
messire Jean du Buat, chevalier, seigneur de la Subrardière, et de
dame Magdelaine de Birague, demeurant en sa maison seigneuriale de
Chanteil d'une part, et damoiselle Élisabeth de la Corbière, fille de
messire Charles de la Corbière, chevalier, seigneur de la Besnichère,
des Alleux en Juvigné, et de deffunte dame Marie Pidoux, demeurante
avec ledit seigneur de la Besnichère son père, en sa maison seigneuriale des Alleus ; lequel Charles du Buat, du consentement de sa mère
Magdelaine de Birague, à présent femme de messire René Daubert,
aussi chevalier, seigneur de Launay et Beaulieu, et de son consentement, et du consentement de messire Jean de Birague, chevalier, seigneur baron d'Entrammes, et demeurant en son château d'Entrammes,
de messire René de Cherbonnier, seigneur de Monternault, la Mare, et
de Badet, tant en son nom que comme procureur de messire René de
Quatre Barbes, chevalier, seigneur de la Rongère, demeurant paroisse
de Saint Sulpice, et de messire Louis de Langellerye, chevalier, demeurant à Beaulieu, par procuration ; et ladite demoiselle de la Corbière

(1) Archives de la Subrardière. Titres de famille t. II, n° 3. Pièce en parchemin. —
Le texte renfermé par des crochets n'est qu'une analyse des conventions matri-
moniales.

du vouloir et autorité dudit seigneur son père, de messire Charles de
la Corbière, chevalier, seigneur de Mortelève, son ayeul, en son nom
et comme procureur de la haute et puissante dame Élisabeth de Tudert,
dame de la Roche Picher, son ayeulle, de messire Nicollas de Tudert
conseiller du roi au Parlement, doyen de l'Église de Paris, de messire
Claude de Tudert, chevalier seigneur de la Bournallière, conseiller du
roi, par procuration, de haut et puissant seigneur messire Phelippes
de Picher-le-Plessis, seigneur chastelain des justices et des seigneuries
de Semur, Saint-Quentin et le Bordage, de haute et puissante dame
Louise de Beaux, par procuration, de haut et puissant seigneur messire
Pierre Séguier, chevalier, chancelier de France, par procuration, de très
illustre seigneur Dominique Séguier, évêque de Meaux, conseiller du
Roi, premier aumosnier de sa majesté, par procuration, de messire
René Le Clerc, chevalier, seigneur baron de Coullaines et de Loué, de
messire Pierre de Brilliac, conseiller du roy, de messire Charles de
Brilliac, chevalier, seigneur de Faniou, capitaine d'une compagnie pour
le service du roy, par procuration ; de messire Gabriel de la Corbière,
chevalier, seigneur dudit lieu, demeurant en sa maison seigneuriale
de la Fracquère, paroisse de Loiré, de messire Eustache de Hardouin,
chevalier, seigneur de la Girouardière, et y demeurant, paroisse de
Paiston, de messire René de Fontenelles, chevalier, seigneur dudit
lieu, de Souvigné, Sauconné, demeurant au lieu seigneurial de
Fontenelles, paroisse de Laigné, de messire Phelippes de Magdaléon,
chevalier, seigneur de Chauvigné, y demeurant paroisse d'Athée, et de
messire René Charlot, seigneur de la Crespinière, demeurant à la
Bouchefollière, paroisse de Simplé, tous proches parens et amis de la
damoiselle de la Corbière.

[La dot de la future s'élève à quarante mille livres tournois. En faveur
du futur, sa mère, Magdeleine de Birague cède à son fils du consentement de son mari les fiefs et seigneuries qu'elle tient en douaire et
usufruit à la charge que Charles du Buat lui laissera la maison seigneu-

riale de la Subrardière, avec mille cinq cents livres de rente annuelle].

Furent à ce présens : messire Pierre Daubert, chevalier, seigneur de Langueron, fils dudit seigneur de Launay, et dame Marie du Buat son épouse, fille dudit deffunct seigneur de la Subrardière, et de ladite dame de Birague, duement authorisée dudit seigneur de Langron, son mary, demeurant en la maison seigneuriale de Launay, en la paroisse de Beaulieu.

XXXVI.

AVEU DE CHARLES-JOSEPH DU BUAT SEIGNEUR DE LA SUBRARDIÈRE, A MAGDELEINE DE LAVAL VEUVE DE HENRI-LOUIS D'ALOIGNY, MARÉCHAL DE FRANCE, POUR LES SEIGNEURIES DE SAINT-PÉAN, LA MOTTE DE BALLOTS ET L'HOMMEAU-LA-HART. 3 AOUT 1677 (1).

De vous, très haute et très puissante, dame Magdelaine de Laval, dame du Palais de la reyne, veufve de deffunt haut et puissant seigneur, messire Henry Louis d'Alongny, vivant chevalier, marquis de Rochefort, baron de Cors en Berry, de Craon, premier baron d'Anjou, seigneur des villes du Blanc, Roches, Salleron, Preigné ?, Rolleigné ?, La Forest et autres lieux, mareschal de France, capitaine des gardes du corps du Roy, lieutenant-général de ses armées, gouverneur pour sa Majesté des provinces de Lorraine, pays Barrois, et commandant pour son service dans les éveschés de Metz, Toul et Verdun, mère et tutrice naturelle de messeigneurs vos enfans et du deffunct seigneur :

Je, Charles Joseph du Buat, chevalier, seigneur de la Subrardière,

(1) Archives de la Subrardière, copie sur papier, certifiée conforme par Duroger, greffier de Craon, et suivie de l'acte de réception dudit aveu, en date du même jour devant le senéchal de Craon, Robert sieur de la Barre.

Chanteil, Saint Péan, la Bodinière, la Hunaudière, la Motte de Ballots, Rocher Volaine (1), et l'Hommeau la Hard, fils aisné et principal hérittier de deffunct messire Charles du Buat, vivant chevallier, seigneur de la Subrardière, mon père, recognois estre votre homme de foy pour et à cause de vostre dicte baronnie de Craon, à raison de mes terres, fiefs seigneuries de Saint Péan, la Motte de Ballots, et l'Hommeau la Hard, tant en fief qu'en domaine, sans en faire aucune réunion, au contraire séparement et indistinctement les unes des autres, o telle vairrie, justice et seigneurie, comme mes prédecesseurs et moy avons accoustumé y avoir.

§ I.

AVEU DE LA MOTTE SAINT-PÉAN.

Desquelles choses la déclaration s'en suit :

Premier, les choses, fonds, domaine, métaierye de la Motte Sainct Péan, et les douves, plessis domaniaulx, et garennes à connils et lapins en ce qui en dépend.

Item, les maisons, estrages, vergers et court de la Courtiilerie de Sainct Péan, avec une pièce de terre au dessoubs dudit herbergement, appelé le Clos, dans laquelle est la Motte appellée la Motte Sainct Péan, entourée de douves, et qui est la marque de ma seigneurie de la parroisse de Sainct Péan, contenant ladite pièce entière cinq journées ou environ, sise au bourg dudit Sainct Péan.

Item, une autre pièce de terre appellée le Gravier, contenant quatre journaux de terre ou environ, joignant à la terre d'Estienne Le Clerc, sieur du Lattay.

Item, deux hommées de pré soubz la Motte de Saint Péan.

(1) *Aliàs*, Roche et Volaines.

Item une autre pièce appelée le Pré du Pont, contenant deux hommées joignant... à la terre qui autrefois fut du temporel du prieuré du Pertre.

Item une autre pièce .....

Item une autre pièce appellée la Touschette, autrement la petite Hodairie, contenant un quart de journau, joignant d'un costé la terre de noble et discret Nicolas Gilles, abbé de la Grüe (*sic*).... Laquelle métairie doibt chacuns ans à la recepte de mon fief de Saint Péan, au terme d'Angevinne, la somme de seize solz de taille et debvoir.

S'ensuit le dénombrement de ma métairie de Dolnaize, dépendant du domaine de mondit fief de Saint-Péan.

Les maisons, herbergements, courtils, vergers, granges, étables, etc.

S'ensuit la consistance de mon lieu et closerie de Gaste-Chèvre :

1º Une maison avec une chambre couverte d'ardoise, la cour, issues et jardins......

S'ensuit la teneur de mon lieu et métairie de la Bernussière...

Item tout ce qu'il y a du grand estang de Maye par le fil de l'eau du ruisseau, et le Bas Moulin de Maye ; le surplus dudict estang, moulin, moulins de Mesloing et Bigot, rivaiges et refoul, estang, chesnaye, bois, terres.... relèvent de moy à cause de mon fief de la Bodinière.

S'ensuit la teneur de mon fief et hommes qui relèvent de moy à foy et hommage, et les tailles, debvoirs et services qu'ils me doivent, à cause de mondit fief de Sainct Péan.

Premièrement, ma maison seigneurialle de Chanteil, où je fais ma demeure, composée d'un grand corps de logis, d'une chapelle, fuie, escuyries et autres logemens, avec une grande cour, le tout clos de murailles et douves, pont-levis, portail et tours ;

Item, au dehors, métairie, domaine, fief, seigneurie, hommes, subjectz, bois de haulte fustaye, taillis, garennes, tailles, cens, rentes, dépendant......

Item, je relève de mondit fief de Saint Péan, ma terre, fief et seigneurie de la Bodinière, en la paroisse de Livré, hommes, sujets, vassaulx, charges, cens, et doibs chacuns an à la recepte de mondit fief de Saint Péan la somme de quatre livres cinq sols deux deniers au terme d'Angevine de taille et debvoir, et autres redevances telles que homme de foy lige doibt à son seigneur de fief,..... lesquelles terres, fiefs de Chantail et de la Bodinière sont eschues audict deffunct mon père de la succession de deffunct messire Jean du Buat, vivant chevalier, sieur de la Soubrardière.

Item, messire Charles Paul de la Saugère, chevallier, seigneur de la Boussardière, est mon homme de foy lige, à cause de son fief et domaine de la Croptière, en la paroisse de Bouschamps, par parage failly, et pour les rentes qu'il prend en ladite paroisse de Bouschamps et en la paroisse Saint Michel des Bois, et me doibt chacuns ans la somme de L sous de taille et debvoir.

Item, dame Jacquine Le Bégasseux, veufve de messire François Lefebvre, sieur de Laubrière, conseiller du roy en son parlement de Bretagne, tient de moy à foy lige son fief, herbergement... de Pingenay et généralement tout ce qui en défend ; laquelle terre ledit deffunct sr Lefebvre a acquise de deffunct Me François Le Cousturier, vivant chevalier, sr de Chambrette, aussi conseiller du roy en son parlement de Bretagne, et me doibt cha[cuns] ans la somme de LV s. de taille et [debvoir].

Et pour son lieu et métairie de la Bouverie la somme de XVI s. aussi de taille et debvoir...

Item, ledit sr de Laubrière pour son lieu de la Naillerie, en Méral, me doibt, chacuns ans, VIII boisseaux d'avoyne, et son lieu de la Grignonnière IV boisseaux aussi d'avoyne.

Item, Marc de Bréon, escuyer, père et garde noble de damoiselle

N...... de Bréon, héritière de dame N..... Le Picquart, vivant donataire de damoiselle Marie Le Picquart, est mon homme de foy à cause de sa terre de la Motte de Bois Rahier, en ma parroisse de Sainct Péan et me doibt chacuns ans la somme de VII solz VII deniers, obolle, de taille et debvoir, etc...

Item ledit seigneur de Bréon est mon homme de foy simple, à cause de partye de sa métairye de la Barre Grignay....

Item, ledit seigneur de Bréon.... pour raison de sa métairye de la Grande Motte Bois Rahier.

Item, les hérittiers de déffunct messire Charles de Briand, chevallier, sieur de la Brosse, par partie de son lieu et métairie de Gentillé, est mon homme de foi simple, et me doibt chacun an VI deniers de taille. L'autre partie de ladite métayrie relève aussi de moy à ladite foy et hommage, à cause de mon fief et seigneurie de la Bodinière.

Item, noble homme Jacques Tavernier, conseiller du roy, est mon homme de foy lige, à cause de son fief, métairie et domaine de la Brosse, en la paroisse de Livré, pour raison de quoy me doibt chacuns ans audit terme d'Angevine la somme de V s. de taille.

Item, Léonarde Bullourde, mère et tutrice naturelle de ses enfans et de deffunct Jean Herbert, tient de moy à foi et hommage lige, pour raison de sa mestairie de la Guitesnière, et me doibt, chacuns ans VIII sous de tournois et II boesseaux d'avoine.

Item, René de la Chevallerie, escuyer, sr de la Touschardière est mon homme de foi simple, pour raison de sa métairie de la Haltière en Ballots, et m'en doibt, chacuns ans, V sols de taille.

Item, Mathurin Bruneau est mon homme de foi simple pour son lieu de la Petite Rivière, et me doibt chacuns ans XII sous de taille.

Item, messire Charles Lefebvre, sieur de l'Espinay, conseiller du roy en son parlement de Bretagne, est mon homme de foy lige, à cause de son fief, métairie et domaine de l'Épinay, en la paroisse de

Bouschamps, en tant qu'il y en a tenu de moy, et me doibt LII sols de taille.

Item, ledit sʳ Lefebvre de l'Épinay est mon homme de foy lige, à cause de la Motte du Petit Saint Péan en Bouschamps, par luy acquise de Mathurin Hullin, escuyer, et me doibt chacuns ans la somme v sols de taille débattus.

Item, les hoirs de deffunt Mᵉ François Maugars, sieur de la Grandinière, advocat à Angers est *(sic)* mon homme de foi lige, pour raison de sa métairie de la Hodairie, en la paroisse de Saint Péan, et me doibt, chacuns ans, de taille, x solz.

Item, messire Mathurin de Savonnière, chevalier, seigneur de la Tronse, conseiller du roy en son parlement de Bretagne, mary de dame Marie de Godes, principalle héritière de deffuncte dame Charlotte de Godes, vivante dame de l'Épinay, est mon homme de foy lige pour.... le pré des Noës et le pré du petit Saint Jean...

Item, noble homme Estienne Le Clerc, sieur du Lattay, père et tuteur naturel de ses enfans et de deffunte Andrée Maugars, fille de Mʳᵉ René Maugars, sieur de la Grandinière, est mon homme de foy simple, à cause de sa métairie de la Belleraye en Saint Poix, pour raison de quoi, il me doibt chacuns ans VIII den. par une part, x sols par une autre, etc.

Les héritiers de deffunt Estienne Planson, et autres détempteurs du village des Poiriers et terre des Peaunières et autres en dépendant, me doivent chacun ans IV boisseaux d'avoyne et IV s. de taille et debvoir.

Item, N. Hayneufve et cohérittiers, héritiers de deffunte Françoise Le Cordier, veufve en premières nopces de deffunt, N. Hayneufve, et femme en secondes nopces de Jean Planchenault, pour les lieux et closeries de la Broullière et la Roche, pour le pré d'Anjou seullement sont mes hommes de foy simples.

Item, René de la Chevallerie, escuyer, sʳ de la Touschardière, pour sa cour de Bigot, est mon homme de foy simple.

Item, Jean de la Barre, escuyer s^r de la Roullaye à cause de son fief, domaine et seigneurie du Deffais, en la paroisse de la Chapelle-Craonnaise, et me doibt chacuns ans au terme d'Angevine xxiv s. de taille et debvoir.

Lesquelles tailles et debvoirs mes hommes et subjets sont tenus me rendre et payer chacuns ans, au terme d'Angevine, à ma recepte de Saint Péan, à peine de l'amende indictée par la coustume.....

Sensuit les subjects qui relèvent de moy censivement, et les charges, cens, rentes et debvoirs qu'ils me doibvent chacuns ans, etc.

Premier, la fabrice de Saint Péan, pour la Tremelière....

Item le s^r curé de Saint Péan, à cause de sa maison presbytéralle, me doibt ii sols de cens.

Item, noble homme Jacques Lefauscheux, mary de damoiselle Gilette Maugars, à cause de sa métairie du Pas Louis, qui fut aux Chalopins, me doibt vi boisseaux un quart et un tiers de bled seigle, etc, (1).

Item, damoiselle Anne de la Primaudaye, veufve de défunt Gilles de la Chevallerie, vivant escuyer sieur de la Motte, pour son lieu de l'Empoignardière, me doibt v boisseaux d'avoyne.

Item messire Jacques Josset, prebtre, pour le lieu de la Ménagerie, dépendant du temporel de la chapelle de la Ménagerie, désservie en la chapelle de la maison seigneurialle de la Motte Bois Rahier, me doibt xii sols vii deniers.

Item noble homme, N. sieur du Fraisier, mary de damoiselle N. Cantin, pour iiii^{xx} v^{ll} de rente foncière sur le lieu de la Touche Bidot, prise audit tiltre par mon deffunct père, pour raison, à la recepte dudit fief de Saint Péan, vii sols.

Item, noble Nicolas. Gilles, abbé de la Grue, pour sa maison,

---

(1) Rentes assises sur quatre maisons au bourg de Saint-Péan, et sur les lieux de la Houssais en Laubrière, la Renauderie, en Méral, la Fromagerie, les Barres, les Gaudinières, le Chêne Tort, le Haut et Bas-Chastellier, le Poirier.

appellée la Maison Neuve, et jardins, sise dans mon bourg de Saint
Péan qui fut défunt maître René Goisbaut, vivant notaire, doibt XIII
deniers.

Item, noble homme Claude Bernier, sieur de Glatigné, lieutenant
criminel à Château Gontier, à cause des parties de son moulin de la
Roche, et régalles au dessoubs, qui sont en la paroisse de Méral.

Item, les hoirs de deffunct Mᵉ Magdelon du Chemin, vivant avocat
à Laval, à cause de N. Herbert, héritière de deffunte Françoise
Courte, pour leur métairie du Bas Bignon en Saint Poix, me doibt
XIV sols.....

Item, les héritiers de deffunt François François Le Clerc, pour un
pré situé prez la Mare Crottier, II sols VIII den.

Item, pour la métairie du Sollier, vendue par décret en la
séneschaussée d'Anjou, sur deffunt Mᵉ Nicolas Chevalier, vivant sʳ de
Malaunay, XIII deniers.

Item, noble homme Hiérosme Boussard, sʳ de la Geslinière, mary
de Françoise Rouvraye, fille et héritière de deffunt noble homme
François Rouvraye pour sa métairie du Breil... VII sols V deniers obole.

...Item, noble homme René Le Tessier, mary de damoiselle Louise
de la Rouvraye, pour la closerie de la Viotterie, me doibt II sols
VI deniers par une part, IV solz IV den. obolle par autre.

...Rentes foncières qui me sont deues [sur neuf fermes en closeries
villages des Chasteliers, la Boulaye, Haut Pingenay, l'Eveillardière, la
Tionnière, la Haute Éveillardière, les Hauts et Bas Chastellier, Le
Breil..]

Item, ay droict de mettre ban en mon bourg de Saint Péan, qui
dure quarante jours, à commencer au jour de la Magdeleine ; durant
lequel temps nul ne peut et ne doibt vendre vin en détail audit bourg,
sans mon congé ou mes gens serviteurs ou fermiers dudit ban, sur
peine d'amande inditée par la coustume.

Item, ay droict de quintaine, c'est à scavoir tout homme qui se marie à femme héritière en mondit fief doibt faire et tenir les quintaines, ainsi qu'on a accoustumé en cette province d'Anjou, et m'en payer et à mes officiers les droicts et amandes anciennes ;

Item, ay droict de garennes deffensables, paulx et .... (1), en mondit dommaine de Saint Péan et autres lieux cy dessus déclarez, tant en hayes qu'ailleurs.

Item, ai droict de chasse à grosses bestes et la poursuite d'icelles jusqu'à la rivière de Maye.

Item, ay droit de prendre ou faire prendre par mon sergent ou officier de Saint Péan, le larron ou malfaiteur, garny de fers, ou de présent méffaict, et le garder un jour et une nuict, et contraindre mes hommes et subjects estaigers à la garde dudit larron, et lesdits jour et nuit passez, le faire mener et rendre à Craon et bailler à vos officiers au Pont Montaigu, appelé à présent le Pont Soubrard, sur le tiers carreau d'iceluy, pour en faire par votre justice, ce que verrez estre à faire par raison.

Item, ay droict de voyrie, justice et seigneurie èsdictes choses, tant en fief qu'en domaine ; c'est à scavoir droict de bailler et mettre mesure à bled et à vin par le merc et patron que je prends de vous.

Item, ai droict de cognoissance d'actions personnelles entre mes hommes, subjects étaigers, droict de donner tutelles et curatelles.

Item, ai droict d'espaves mobilières et fonçières, la petite coustume appellée levage, toute justice foncière, et les droicts qui en dépendent et peuvent dépendre selon la coustume du pays.

Et pour raison desdictes choses, vous doibs et suis tenu payer par chacun an, au terme d'Angevine, neuf livres un sol, deux deniers de taille, avenant demande, requérir ou semondre ; Et avec ce vous doibs et suis tenu faire semondre par mon sergent ou autres mes hommes subjects estaigers de mondit fief, qui tiennent censivement de moy, à

(1) Mot illisible.

vous faire les gardes à vostre chastel de Craon en temps de guerre, et les vous présenter et faire présenter par mon sergent ou autres mes officiers, et ou cas qu'aucuns fissent deffault, je serai tenu le vous faire savoir, affin de les traicter par votre court; et avec ce vous doibs pleiges, gaige, droit, debvoirs et obéissance telle que homme de foy simple doibt à son seigneur de fief, et les loyalles tailles, quand elles y adviennent, par jugement selon la coustume.

§ II.

AVEU DE LA MOTTE DE BALLOTS

Et outre, confesse tenir à foy et hommage simple, à cause de vostre dicte baronnie de Craon, ma terre, fief et seigneurie de la Motte de Ballots, tant en fief qu'en domaine, en tant et pourtant qu'il y en a tenu de vous, à ladite foy et hommaige simple, du droict d'usaige que j'ay en vos forest dudict lieu de Craon ; desquelles choses la déclaration s'en suit :

Et premier, mon herbergement avec la Motté, maison, cours et courtil, vergers, comme les fossez l'enlèvent, contenant le tout un journau de terre ou environ ;

Item, un jardin, estant au derrière de la grange, contenant vingt cinq cordes ou environ, joignant d'un costé le jardin de Pierre Néant, m° chirurgien, abuttant d'un bout les jardins du lieu de Paradis, d'autre bout le chemin comme l'on va au bourg.

Item, le jardin à potaige contenant XL cordes de terre ou environ, abuttant d'un bout audit jardin dudit lieu de Paradis, et joignant des deux costez les terres dudit lieu ;

Item un grand courtil.... contenant II journaux ;

Item un autre courtil.... contenant XX cordes ou environ ;

Item une pièce de terre labourable contenant xxx cordes ou environ... ;

Item, une pièce de terre nommée les Pannetières, joignant d'un costé le grand chemin de Craon à la Guierche, et d'autre costé et bouts les terres dudit lieu du Clairay, contenant ɪ journeau ou environ....;

Item, un verger joignant les douves et terres, contenant xv cordes ou environ.....;

Item, une pièce de terre contenant deux jours ou environ ;

Item, une pièce de terre appellée les Champs du Bois, contenant xx cordes, ou environ.

Une pièce de terre nommée les Guinefolles, contenant deux journaux ou environ.

Item, deux portions de prée dans la pièce des Grandes Masses, contenant un journeau et demy ou environ, abuttant le pré du presbitaire dudit Ballots.

Item, je m'advoue tenir par le moyen du fief de la Bodinière et Rocher Vollaine, lesquelles relèvent de mon fief de Sainct Péan, qui relève nuement de votre baronnie, trois pièces de terre, la première nommée Le Faux du Tail, la seconde et troisiesme les pièces de Gaubert, contenant en tout deux journaux et demy ou environ.

Item, quatre portions de pré.., comme aussi, par le moyen du fie de la Touschardière, une pasture en landes dans la commune des Landes de Riossau.

Item, s'en suivent le nom des subjects qui relèvent de mon fief, et les debvoirs par chacun an au terme d'Angevine ;

Et premier : René Minault, escuyer, mary de damoyselle Jacquine Chevillard, sa femme, pour sa maison, sittuée au bourg de Ballots, me doibt en fraresche, xxv sols ;

François Chevillard, les héritiers Pierre Besnard, qui sont Marin et Pierre les Besnard, pour leurs maisons et choses audit bourg, sont contribuables en fraresche auxdits xxv sols ;

Item, René Cinoir pour raison d'une grange couverte d'ardoises.

Item, les héritiers Yves Cinoir, pour raison [de] certaines maisons et jardins.... ;

Item, les chanoines et chapitre de sainct Nicolas de Craon, pour raison de leurs granges et courtils qu'ils tiennent par le bourg de Ballots, me doivent trois sols de debvoir, qu'ils me contredisent et débattent, et y a procès intenté entre ledict deffunct sieur du Buat, mon père, et ledict chapitre.

Item, s'en suit la déclaration dudict droit d'usaige que j'ay en vos dictes forest de Craon et de Saint Michel de la Roë, excepté au Paux de Poiltrée, la Haye de Mauny et la Trouesserie et Saint Aignan, pour mondict herbergement, lieu et appartenances de la Motte de Ballots ;

C'est à scavoir à bois mort, à bois sec et à mort bois, et aux espoinctes de la cour[onne] après le charpentier, et aux estrouesses, et rompuz, où il n'a merrain à vin, pour mon chaufaige et usaige à toutes mes nécessaires dudict lieu, et au four et aux cloisons, enclos [de] mondict herbergement, lieu et apartenance, sans merc et sans montre ; et à bois vert et vif, pour tenir en estat et réparer les maisons dudict lieu, et édiffier comme il est accoustumé, à quatre deniers de monstre payez au ségrier ou à son commis qui monstreroit ledit bois ; et à cueillir feilles et littières èsdictes forests pour mectre en mes terres audict lieu, et y pasturer et exploitter o mes bestes dudict lieu, excepté chèvres, brebis, franches et quittes, excepté ès ventes et taillis soubz sept ans à un moys, après que la vente y aura esté faicte, et commencée par bannie et par... en la my-avril, my-may, que mes bestes aumailles ne doivent point aller èsdicts taillis, après ledict terme, jusques à temps raisonnable, comme il est accoustumé, et le passaige et le pasnage à mes porcs de la noriture dudit lieu ou y estants, par avant la Saint Jean, pour mon usaige seullement.

Et cognois que je vous doibs le parc à mettre les bestes prises en meffaict èsdictes forests au cartier de mondit lieu, comme il est accoustumé, en me baillant bois à faire ledict parc, et tenir en estat. Et aussy doibz un denier payé en la main de votre ségreier, le jour que mes porcs sont mis en écript pour mettre en pasnage, quant il y a pesson èsdictes forests.

Et si je vendois aucun de mes porcs dudict lieu, engressiez de la pesson desdictes forests, je serois tenu vous en rendre et payer ou à vos officiers ou fermiers dedans huict jours après la vente faicte le pasnage, selon la coustume ancienne.

Et au regard de mondit fief, j'ay justice foncière et les droicts qui en dépendent et peuvent dépendre, selon la coustume du pays, et droict de bailler mesures à bled et à vin à mes subjects estaigers, pour vendre et pour achepter en prenant patron de vous; et droict de les faire exécuter, par mon sergent, de meubles pour mes debvoirs non payez, et pour les amandes taxées en ma cour, ou prendre et saisir en ma main lesdictes choses de mondict fief; et pour autres causes raisonnables, toutefois que bon me semble; et droict de chasser, tendre et thesurer *(sic)* à lièvres et à connils et autres menus gibier en mondict lieu et féage.

Et pour raison desdictes choses, vous doibs et suis tenu rendre et payer, par chacun an au terme d'Angevine, sept sols six deniers de taille, semblable pleige, gage, droict, serte et obéissance, telle que homme de foy simple, et les légaulx tailles, jugées quant elles y adviennent par jugement, selon la coustume du pays.

§ III.

AVEU DE L'HOMMEAU-LA-HART.

Et outre que dessus, cognois, en ladicte qualité, estre vostre homme de foy simple, pour et à cause des fief et seigneurie de l'Hommeau la Hard, [en la]dite paroisse de Ballots, dont la déclaration des noms, surnoms des subjects tenans terres de moy, en mondit fief et seigneurie de l'Hommeau la Hart, et qui me doivent cens, rentes, debvoirs.... sensuit :

Et premier, Mᵉ Jean Chevillard, Mᵉ Pierre Le Seure et René Goullier, sont mes hommes de foy simple pour raison de mon lieu de l'Hommeau, et me doibvent chacun an au terme d'Angevine six deniers de taille.

Item Guillaume Paillard et Jacques Lefeuvre sont mes subjets en nuepce, pour raison de leur lieu des Tesnières, et m'en doivent neuf sols audit terme d'Angevine (1).

Sur lesquels mesdits subjects, et au dedans de mondit fief et seigneurie, j'ay droit d'épave et petite coustume, et autres droits tels qu'à seigneur bas justicier appartiennent, selon la coustume du païs ; Et de ce vous dois gaiges, droicts, serte et obbéissances, telle que homme de foy doibt à son seigneur de fief et foy simple, et les loyaux tailles jugées quand elles y adviennent, selon la coustume du pays, sans autres charges ni debvoirs.

Et lequel ce présent adveu, je vous rends et baille de mesdictes terres fiefs et seigneuries de Saint Péan, la Motte de Ballots (2), et l'Hommeau la Hard, sans toutefois faire aucune consolidation d'iceux. Et vous plaise scavoir, très haute dame et très puissante dame, que cy dessus sont contenues les choses que je tiens de vous à ladite foy et hommage, et les sertes et obbéissances que je suis tenu vous en faire, selon que je m'en suis diligemment enquis, o protestation toutefois que, s'il se trouvoit par adveu ou adveuz rendus par mes prédécesseurs

(1) Suivent dix autres redevances de même nature sur le Cruchet, sur le Chevrollaye, le Flechay, les Bazinières, le Chapelain de l'Ecorcherie,... xx sols et xiv boisseaux d'avoine, la Brochardière (pré), les pièces de la Vigne, la Morinière, l'Hommeau, l'Ouche de la Tombe.

(2) Il n'est pas sans intérêt de comparer cet aveu rendu en 1677 à celui de 1442, reproduit plus haut, page 140.

à messeigneurs les vôtres, qu'autre chose je tenusse à ladite foy et hommage simple, ou que plus grand service je vous deusse ou fusse tenu faire faire, je ne m'en désadvoue pas, mais m'en advoue, et veux vous en servir et obéyr ; laquelle protestation, je fais, mondit seigneur, afin qu'il ne me soit imputé qu'autrement que deuement je ne vous aie rendu par adveu mesdites terres, fiefs, seigneuries de Saint Péan, la Motte de Ballots, et mon fief et seigneuries de l'Hommeau la Hard.

En tesmoing de quoy, j'ai signé ces présentes et faict sceller du scel de mes armes, et encore faict signer à ma requeste du sing manuel de M° Jacques Gastineau, notaire royal, demeurant en cette dite ville de Craon, le troisième jour d'aoust mil six cens soixante et dix sept.

(Signé) : Charles Joseph du Buat et Gastineau.

XXXVII.

RECOMMANDATION DE LA FAMILLE DU BUAT ET DES MAISONS ALLIÉES AU PRÔNE DE LA MESSE PAROISSIALE DE SAINT-POIX. 1664-1672 (1).

Pour les âmes de deffunct messire Jean du Buat, vivant chevalier, seigneur de la Subrardière, Chantail, La Motte de Ballots, et de dame Magdeleine de Birague, son espouse.

(1) La seigneurie de paroisse à Saint-Poix était inhérente au titre de seigneur de la Motte de Saint-Poix, porté par Charles du Buat, mari d'Elisabeth de la Corbière. Cette qualité donnait droit à la recommandation au prône de la messe paroissiale. Charles du Buat et sa femme usèrent largement de cette prérogative, comme le prouve la pièce ci-jointe.

Archives de la Subrardière, Titres de noblesse n° 17. Papier. Au dos on lit : Mémoire pour ferre les prières des deffuncts seigneurs et dames du Buat, de Birague, de la Corbière. — Il existe une copie de cet acte, écrite de la main d'Audouys aux archives d'Angers, série C, n° 2311.

Pour les âmes de deffunct René du Buat, en son vivant chevalier, seigneur de la Subrardière, Cramaillé et Mingé, et de dame Anne de la Roussardière, son espouse.

Pour les âmes de deffunct Guillaume du Buat, en son vivant chevalier, seigneur de la Subrardière, Cramaillé et Mingé, et dame Jeanne de Mauviel, son espouse.

Pour les âmes de deffunct Georges du Buat, en son vivant chevalier, seigneur de la Subrardière, Cramaillé et Brassé, et dame Perrine de Bois Joulain, son espouse.

Pour les âmes de deffunct Gilles du Buat, en son vivant chevalier, seigneur de Brassé et Cramaillé, et de dame Catherine Pinson, son espouse.

Pour les âmes de deffunct Jean du Buat, en son vivant chevalier, seigneur de Brassé et Cramaillé, et dame Jeanne de Charnassé, son espouse.

Pour les âmes de deffunct Jean du Buat, en son vivant chevalier, seigneur de Brassé et Cramaillé, et de dame Jeanne de Lamboul, et de dame Louise de la Touschardière, ses espouses.

Pour les âmes de deffunct Jean du Buat, en son vivant chevalier, seigneur de Brassé et Cramaillé, et de dame Colette de Saint Agnian, son espouse.

Pour l'âme de deffunct Charles du Buat, en son vivant chevalier, seigneur de Landal.

Pour les âmes de deffunct messire Jean de Romillé, en son vivant chevalier, seigneur de la Chainaye *[sic]*, d'Ardenne, vice-chancelier de Bretagne, et de dame Marie du Buat, son espouse.

Pour l'âme de deffunct messire Charles du Buat, en son vivant, chevalier, seigneur du Plessis, mestre de camp d'un régiment entretenu par messieurs les Estats d'Hollande.

Pour l'âme de deffuncte Marie du Buat, en son vivant dame de Langron.

Pour les âmes de deffuncts Louis de Champagné, en son vivant, chevalier, seigneur de la Motte Ferchaut, gouverneur de Château-Gontier, et dame Perrine du Buat, son espouse.

Pour l'âme de deffunct Marin du Buat, en son vivant escuyer, seigneur de la Rivière, de Bois-Hubert, et pour l'âme de deffuncte Marie du Buat, dame du Tailleul.

Pour les âmes de deffuncts François et Ancelme du Buat, père et fils, en leur vivant, escuyers, seigneurs du Taillié (Teillay).

Pour les âmes de deffuncts Clément et Guillaume du Buat, père et fils, en leur vivant, escuyers, seigneurs de Barillé et de Chantelou.

Pour les âmes de deffunct Jean l'Enfant, en son vivant escuyer, seigneur de Montarnauld et la Glannerie *(sic)*, et dame Marie du Buat, son espouse.

Pour les âmes de deffunct Claude de Langelerye, en son vivant escuyer, seigneur dudit lieu, et dame Marthe du Buat, son espouse.

Pour les âmes de deffunct haut et puissant seigneur, messire François de Birague, en son vivant chevalier, seigneur baron d'Entrame, Montigné et la Morlaye, et de dame Jeanne de la Pommeraye, son espouse.

Pour les âmes de deffunct messire René de Birague, vivant chevalier, seigneur baron d'Entrame, Montigné et la Morlaye, et de dame Françoise d'Erbrée, son espouse.

Pour l'âme de deffunct messire Jean, marquis de Birague, en son vivant lieutenant-général de l'artillerie de France.

Pour les âmes de deffunct messire Hiérosme de Birague et Marguerite de la Tour, son espouse.

Pour les âmes de deffunct messire César de Birague, vivant marquis de Marillan, et grand chambellan du duc de Milan et de madame son espouse.

Pour l'âme de deffunct César de Birague, chevalier de l'ordre de Saint-Jean de Jérusalem.

Pour l'âme d'André de Birague, colonel de l'infanterie italienne.

Pour l'âme de deffunct Pierre de Birague, chevalier de l'ordre du Roy, escuyer de son escurie.

Pour l'âme de deffunct Horace de Birague, évêque de Lavors (1).

Pour l'âme de deffunct Pompée de Birague, abbé de Saint-Vincent (2) et assistant du pape.

Pour l'âme de deffunct Louis de Birague, abbé de Savigné (3).

Pour l'âme de deffunct Hiérosme de Birague, abbé d'Ures (*sic*).

Pour l'âme de deffunct Charles de Birague, chevalier de Malthe, tous neuf frères de messire François de Birague.

Pour l'âme de messire René de Birague, chancelier de France et cardinal.

Pour les âmes de deffunct messire Louis de Birague, lieutenant pour le roi de là les monts, et de messire Charles de Birague, lieutenant pour le Roy en Piedmont, tous trois oncles dudit deffunct François de Birague.

Pour l'âme de deffunct haut et puissant seigneur Guy de Laval, marquis de Meslay *(sic)*, et dame Marguerite de Birague, son espouse (4).

Pour l'âme de deffunct messire César de Birague, vivant abbé d'Ours (5) et prieur d'Entrame.

Pour les âmes de deffunct Brandelis et François de Birague, lesdits René, César, Brandelis et François, tous quatre frères de la dite dame Magdeleine de Birague.

Pour les âmes de deffunct messire Jean de la Pommeraye et de Jeanne de Rosmadek, son espouse, ayeuls de ladite dame Magdelaine de Birague.

---

(1) Evêque nommé de Lavaur en 1583, décédé en 1601. *Gallia Christiana*, t. XIII, col. 348.

(2) Au diocèse de Milan, en Italie.

(3) Il faut lire Flavigny, abbaye du diocèse d'Autun.

(4) Marguerite de Birague, femme de Guy de Laval, marquis de Nesle (et non de Meslay), était fille unique de René de Birague, chancelier de France.

(5) Lecture incertaine.

Pour les âmes de messire Gilles de la Pommeraye, maistre d'hostel du roy et dame Marguerite le Jeune, son espouse.

Pour les âmes des seigneurs de Rosmadek, du Plessis Jousseau, de Laval, de Rohan, de Coasquin, des Cartes Bouillye ?, de Leny de Coëdeletz, de la Rongère, Quatrebarbes, d'Angrie, d'Andigné, de Voisins, de Paroneau, de la Tour Landry, tous proche parans et aliés desdits deffunct et dame de la Subrardière.

Pour l'âme de deffunct messire Charles de la Corbière, chevalier seigneur de la Benichère, et de dame Marie Pidoux, et dame Marie de la Rochère (?) son espouse.

Pour l'âme de messire Claude de la Corbière, vivant conseiller du roy au parlement de Bretagne, seigneur de Juvigné.

Pour l'âme de deffuncte demoiselle Marguerite de la Corbière, vivante damoiselle de la Benichère.

Pour les âmes de deffunct messire René et Gabriel de la Corbière, vivants seigneurs dudit lieu, et dame Renée de la Corbière dame de Vautmorin.

Pour les âmes de deffunct messire Charles de la Corbière, et dame Françoise de Mégaudais, vivants seigneur et dame de Mortelève.

Pour les âmes de deffunct messire Nicolas de la Corbière et dame de Cornesse, seigneur et dame de Mortelève.

Pour les âmes de deffunct messire Gilles de la Corbière et dame Gevrine Le Cornu, seigneur, et dame de Mortelève.

Pour les âmes de deffunct Bertrand de la Corbière et dame Ambroise de Charnassé, seigneur et dame de Mortelève.

Pour les âmes de deffunct messire René de la Corbière et dame Aliénor de Villiers, seigneur et dame de Mortelève.

Pour l'âme de deffunct messire Pierre de la Corbière, et dame Françoise de la Roche, seigneur et dame de la Corbière.

Pour les âmes de deffunct messire Lancelot Pidoux et dame Elisabeth de Tudet (*sic*), seigneur et dame de la Rochefatton.

Pour les âmes de deffunct messire René Pidoux et dame Magdeleine de Port de la Porte, seigneur et dame de la Rochefatton.

Pour les âmes de deffunct messire Mathurin Pidoux et dame Marie des Quatrevaux, seigneur, et dame de la Rochefatton.

Pour les âmes de deffunct messire René Pichet et Philippe Pichet. père et fils, seigneurs de la Roche Picher.

Pour l'âme de deffuncte dame Renée Pidoux, dame de Coulenné.

Pour l'âme de deffunct messire François Pidoux, vivant chevalier, seigneur de la Rochefatton.

Pour l'âme de deffunct messire René Pidoux, vivant conseiller au parlement de Paris et abbé de Valence (1).

Pour l'âme d'autre deffunct messire René Pidoux, aumosnier du Roy et abbé de Bois Grosland (2).

Pour les âmes de deffunct messire Claude de Tuder, vivant conseiller en parlement de Paris, et de dame Nicole Henquin, son espouse, seigneur et dame de la Bournallière.

Pour l'âme de deffunct messire Nicolas Tuder, vivant conseiller au parlement de Paris et doien de Nostre-Dame-de-Paris.

Pour les âmes de deffunt messire Pierre Séguier, vivant conseiller du Roy en tous ses conseils, président au mortier au parlement de Paris, et de dame Marie de Tuder, son espouse, seigneurs, et dame d'Autry.

Pour l'âme de deffunct illustrissime et revérendissime père en Dieu, messire Dominique Séguier, évesque de Meaux.

---

(1) Chargé par le roi de l'administration temporelle de l'abbaye de Valence, au diocèse de Poitiers, de 1595 à 1597, René Pidoux en fut ensuite nommé titulaire, et signala son passage dans cette charge par d'importants travaux de restauration. Claude de la Corbière était son successeur en 1649, *Gallia Christiana*, t. II, col. 1560.

(2) Rectifions en passant la *Gallia Christiana* qui n'a fait à tort qu'un seul personnage de l'abbé de Valence et de l'abbé de Bois-Grosland, au diocèse de Luçon. Promu dès 1540, au titre d'abbé de Bois-Grosland, René Pidoux doit être distingué de son homonyme René Pidoux, abbé de Valence sous Henri IV. Cfr. *Gallia Christiana*, t. II, col. 1439, 1440.

Pour les âmes de deffunct messire René de Gourgues, vivant premier président au parlement de Bourdeaux, et de dame Marie Séguier, son espouse.

Pour les âmes de deffunct messire Jacques de Ligny, vivant conseiller d'Estat, et maistre des requestes et de dame Charlotte Séguier, son espouse.

Pour les âmes des seigneurs du Lailleul, de l'Espinottière, Boix-le-Houx, du Grand Ménil, de Fontenelle, de la Girouardière, du Plessis-de-Cosme, Sumerainne, Paisé (?), Montéclair, de la Cochardière, de Meaune, de la Tour Aymont, des Vaux, d'Avrillé, de la Jaille, de la Courbe de Braye, de Molé, l'Huillier, de Morly, de Villarcaux, de Brillac, de Taisé, (*sic*), de Coulenné, de Cambourg, de Coaslin, et de Laval-Bois-Dauphin.

XXXVIII.

ÉTAT DE LA PAROISSE DE BALLOTS EN 1694 (1).

Montant de la taille 2,372 livres 22 sols ; savoir 2,280 livres en principal, 57 livres pour les 6 deniers par livres, attribuées au collecteur.

Ecclésiastiques ; François de Breslay, curé, Jean Richard, Jean Néant, André Froger, vicaire.

Nobles : Madelon Hyacinthe du Buat, chevallier, seigneur de Ballots ; Mathurin Hullin, écuyer, seigneur de Saint-Amadour ; Jacques de Farcy, écuyer, seigneur du Roseray ; René de la Chevallerie, écuyer, seigneur de la Mancellière ; d^lle Marguerite de Mondière, veuve Julien Grandin.

(1) Archives de Laval. Communication de M. J. Planté.

XXXIX.

CONTRAT DE MARIAGE ENTRE FRANÇOIS DU BUAT, ET JEANNE
DE TESSÉ. 1ᵉʳ JANVIER 1545 (n. st.) (1)

Saichent tous, présens et advenir, que comme en traictant,
et acordant le mariaige estre faict et acomply entre nobles personnes,
Franczoys du Buat, escuyer, seigneur de Cramaillé d'une part, et
damoiselle Jehanne de Tessé, damme du Teillay d'aultre part, et tout
avant que fiances soinct faictes par main de prebtre, ny bénédiction
nupcialle soict faicte et aconplye en notre mère saincte église entres
lesdites parties ; et pour ce est-il que, en notre court de Sainct-
Laurens de Mortiers, en droict par davant nous, personnellement
estably noble homme René de Tessé, seigneur de Margot (2), et frère
germain de la dite damoiselle Jehanne de Tessé, soubmettant luy, ses
hers, avecques tous et chacuns ses biens meubles et immeubles,
présens et advenir, quelz quelz soinct, o povair, ressort, district et
juridiction de notre dicte court, quant à ces faits, confesse de son bon
gré, sans nul pour forcement, que, pour et en faveur dudit mariaige
fesant, et pour les bons et loyaulx services que luy a faictz ladite
damoiselle, auroit aujourdhuy donné, quicté cédé et transporté, et
encores par devant nous et par la teneur de ces présentes donne,
quicte, céde et transporte, dès maintenant à présent et à tousjoursmès,
perpétuellement, par héritaige aus dessusdits Franczoys et Jehanne,
pour eulx, leurs heirs, ayans cause, c'est à scavoir : tel droict, non,
raison, accion, part et portion qui luy peult compecter et appartenir ou
lieu, dommaine et mestairie du Teillay, sans riens y réserver, ledit
lieu situé en la paroisse de Saint Gault. Et à la charge d'en poyer par

(1) Archives de la Subrardière, Titres du Buat du Teillay, nº 16. Parchemin.
(2) Le Margot en Myré, et non le Margat en Contigné, comme nous l'avons dit
p. 109.

les dessusdits, au temps advenir, les cens, rentes, debvoirs et charges que ledit seigneur pourra debvoir à cause dudit lieu, transportant, donnant, quictant, cédant et délaissant dudit seigneur donnateur ausdit Franczois et Jehanne le fons, propriété et seigneurie desdites choses, pour en jouyr par yceulx au temps advenir, comme de leur aultre propre héritaige.

Et quant et à tout ce que dessus est dit tenir et accomplir, garir, garantir, saulver, délivrer, deffendre, oblige le dit seigneur donnateur luy, ses heirs, avecques tous et chacuns ses biens présens et advenir, que encontre tout ce que dessus estant et divisé ne viendra en aulchune manière, renonciant par davant nous à toutes et chacunes les choses à cest faict contraires, par la foy et serment de son corps. Dont nous l'avons jugé et condampné à sa requeste par le jugement et condampnation de notre dicte court.

Donné faict et passé audit Margot paroisse de Myré, ès présence de nobles personnes Guillaume du Buat, seigneur de Brassé, Robert de Tessé, seigneur de la Mardelle, messire Nicolas Denouault, et messire Louys Roullet, prebtres, le premier jour du moys de janvier, l'an mil cinq cens quarante et quatre. Et sont signez avec nous en la vraye mynute : G. du Buat, R. de Tessé, N. de Nouault L. Roullet.

(Signé) : P. CROYER.

XL.

INSINUATION DU PRÉCÉDENT CONTRAT PAR LA SÉNÉCHAUSSÉE D'ANJOU. 7 FÉVRIER 1545 (n. st.) (1)

Aujourdhuy en jugement la court et juridiction de la séneschaulcée

(1) Archives de la Subrardière, Titres du Buat du Teillay, n° 17. Pièce en parchemin, scel brisé. — On lit au dos : Parafé, *Ne varietur*, Voysin de la Noyraie.

d'Anjou, à Angiers, tenant, a esté insignué, leu, publié et registré, suyvant l'ordonnance royal, le contrat de mariaige d'entre Françoys du Buat, escuyer, seigneur de Cramaillé, et damoiselle Jehanne de Tessé, dame du Teillay, faict et passé le premier jour du moys de janvier derrenier, soubz la court de Saint Laurens des Mortiers; signé P. Croyer et scellé sur queue double en cyre verd etc...

Faict donné et expédié au dit Angiers, au pallays royal dudit lieu, par davant nous Guillaume Le Rat, docteur ès droitz, conseiller du Roy, nostre syre, lieutenant général de monseigneur le sénéchal d'Anjou, soubz notre scel et signé de seing, le sabmedy septiesme jour de febvrier l'an mil v^c quarante-quatre.

XLI.

PRISE DE POSSESSION DU TEILLAY PAR FRANÇOIS DU BUAT ET JEANNE DE TESSÉ, SA FEMME. 1er AVRIL 1545 (1).

A tous celx qui ces présentes lettres verront, Jehan Roucceau, notaire des seaulx de Sainct Laurens des Mortiers, salut.

Scavoir faisons, que, aujourdhuy premier jour d'apvril cinq cens quarante quatre, avant Pasques, que moy estant au lieu et dommaine du Grand Taillay, en la paroisse de Saint-Gaud, auquel lieu estoinct noble homme Franczois du Buat, escuyer, sieur de Cramaillé, mari et espoux de damoyselle Jehanne de Tessé, elle présente, lesquelx en la présence de nobles hommes René de Tessé, seigneur de Margot, et Robert de Tessé, seigneur de la Marelle, Franczois de la Morelière, seigneur de la Buhegnerie, Guillaume du Buat, seigneur de Brassé, Jehan de la Morelière et de Jehan Coysmes, il ont prins pocession et saysine réelle et actuelle et corporelle des drappes dudit lieu de

(1) Archives de la Subrardière, titres du Buat du Teillay n° 18.

Taillay ou environ, entrant en la maison dudit lieu, et en estaingnyant du feu estant en ladite maison, et en mectant Jehan Rabeau, métayer du dit lieu, et en le mectant hors de ladite maison, et en le remectant en ladite maisson de par elx ; et aussi en entrant en ung jardin estant audit lieu, et en rompant, couppant et enportant du boys des arbres estant oudit jardin, elx dissant lesdites chousses leur appartenir, à cause du patrimoihgne de ladite Jehanne sa femme. Et auxi, ont prins pocession comme desus du droict dudit lieu que noble homme René de Tessé, seigneur de Margot, leur a baillé, tant en faveur du mariaige faissant dudit du Buat et de ladite de Tessé que aultrement.

Et de tout ce, il m'en ont .demandé atestacion ; ce que leur ay baillé et signé pour leur servir et valloir en lieu et en temps au fins que de raisson. Et tout ce je certifye estre vroy, tesmoing mon seing manuel cy mis, le jour et an que dessus, ès présence des dessusdits.

Et signez en la minute: R. de Tessé, R. de Tessé, F. de la Morelière, G. du Buat et J. de la Morelière.

(Signé) ROUSSEAU.

XLII.

CONTRAT DE MARIAGE ENTRE ANSELME DU BUAT, FILS AÎNÉ DE FRANÇOIS DU BUAT, SEIGNEUR DU TEILLAY, ET DE JEANNE DE TESSÉ, D'UNE PART, ET MARIE DE CHAUVIGNÉ, FILLE DE FEU FRANÇOIS DE CHAUVIGNÉ, SEIGNEUR DE L'ESPRINIÈRE ET DE JEANNE DE MANDON. 16 AVRIL 1573 (1).

Le séziesme jour d'apvril, l'an mil cinq cens soixante et treze,

(1) Archives de la Subrardière, titres du Buat du Teillay, n° 23, parchemin, scel perdu.

comme en traictant, parlant et acordant le mariaige estre faict,
consommé et accomply entre noble homme, Anceau du Buat, filx
aisné de noble homme François du Buat, et de damoiselle Jehanne de
Tessé, son espouze, seigneurs du Teillay, des Aulnais et de la
Hamelynière, demeurans et soy tenans au lieu et maison seigneurial
dudit lieu du Teillay, paroisse de Sainct Gault d'une part, et
damoiselle Marie de Chauvigné, fille de deffunct noble homme François
de Chauvigné, luy vyvant seigneur de l'Esprynière, la Hunaudière et
de Terretient, et de damoiselle Jehanne de Mandon, son espouze,
lequel mariaige aultrement ne se fust faict acordé, consommé
et acomply, sinon au moyen des acords qui s'en suivent :
Pour ce est-il que, en la court de Craon, par devant nous
Guillaume Thevreau, notaire de ladicte court, en droict personnellement honorable homme Pierre Blanchet, seigneur de la Jarriaye,
demeurant au bourg de Pommerieux, ou nom et comme stipulant et
foy de noble homme Olyvier de la Roë, seigneur de Vaulx, et de
damoyselle Jehanne de Chauvigné, son espouse, demeurans et soy
tenans en la paroisse de Chaumont pays d'Anjou, et damoiselle Jehanne
de Mandon, veufve dudit deffunct François de Chauvigné, père et mère
de ladite Marie de Chauvigné, leur fille et soy tenant et demeurant audict
lieu de Terretient, paroisse de Charencé, et ladite Marie de Chauvigné
d'une part, et lesdictz nobles hommes François du Buat et Jehanne de
Tessé, et de luy suffisamment aucthorisée par davant nous quant ad ce,
et ledit Anceau du Buat, leur filz, demeurant et soy tenant audict
lieu de Teillay, dicte paroisse de Sainct Gault d'autre part,
soubzmectant lesdictes parties eulx et chacun deulx, soul et pour le
tout, sans division de biens ne departie, eulx, leurs heirs, et ayans
cause, biens et choses présens et advenir quelz ils soint. Et lesquelz
ont renoncé et renoncent par ces présentes audict bénéfice de division
et ordre de droict, priorité et postériorité, confessent de leurs bons
grez, sans nulle contraincte, avoir aujourd'huy faict, avecques le

consentement et advis de noble homme René du Buat, seigneur de la Soubrardière, Cramaillé et du Puysat, et de chacuns de nobles et discrets frère Jacques de la Roë, prieur claustral de l'abbaye de Sainct Carge (*sic*), d'Angiers, et Robert de la Roe, seigneur de la Tuffière demeurant audit Angiers, et de ladite Jehanne de Chauvigné, femme et espouse dudit seigneur de Vaulx, les accords et convencions dudict mariaige, ainsi que s'ensuyt, lequel aultrement ne se fust faict et acomply.

C'est à scavoir que ledict Blanchet audict nom, Jehanne de Mandon, veufve de feu François de Chauvigné, ont donné et donnent par ces présentes, promectent rendre poyer et bailler ausdicts Anceau du Buat et à ladite Marie de Chauvigné, future espouse, et en faveur dudict mariaige, faict entre eulx noblement et comme gens nobles, la somme de sept mil trois cens livres tournois, scavoir est, la somme deux mil livres tournois dedans le jour Sainct André prochain venant, la somme de huict cens livres tournois dedans le quinziesme jour de may prochain venant, et la somme de trois mil trois cens livres tournois dedanz d'huy en deux ans prochainement venant, et le reste des dits sept mil trois cens livres tournois ladicte Jehanne de Chauvigné, femme et espouse dudit seigneur de Vaulx, a sollue et poyée content, en notre présence, et au veu et sceu de nous ausdits François et Anceau du Buat, qui icelle ont prinse et reçeue, et s'on sont tenuz pour contens, et en ont quicté et quictent lesdits seigneur de Vaulx, sadite espouse et ladite de Mandon. Pour laquelle somme de sept mil trois cens livres tournois, ledit François du Buat et sadite espouse ont cédé et transporté à ladite Marie de Chauvigné, future espouse, la moytié du lieu mestairie et appartenances du Grand Teillay, et le lieu et appartenances de la Hamelynière, lesquelz lieux et icelle somme de sept mil trois cens livres tournois sont réputez le propre patrymoyne de ladite Marie de Chauvigné; lesquelz lieux lesdictz François et Anceau du Buat pourront rescoure et rémérer, et

rendre icelle somme de sept mil trois cens livres tournois dedans deux
ans après le décès Anceau et Marie de Chauvigné ou de l'un d'eulx, au
cas qu'ilz n'ayent enffans d'eulx et d'eux procréez de leur chair.

Et au moyen de ce que dict est, lesdictz Anceau du Buat et ladicte
Marie de Chauvigné, future et espoulx, ont renoncé et renoncent par
ces présentes à tous droictz de successions desdits feu François de
Chauvigné et de ladicte Jehanne de Mandon, qui est encores à eschoire
et advenir, père et mère de ladite de Chauvigné, et de tout aultres ses
prédécesseurs tant de ligne paternel, maternel, directes ou collatéralles
jà eschues ou advenues pour et au proffit desdits Olyvier de la Roë
et de Chauvigné son espouse, ce acceptant, stipullant ledict Blanchet
pour lesdits Olivier de la Roë et de Chauvigné, son espouse. Et ou cas
que ledict Anceau décéderoit auparavant ladite Marie de Chauvigné,
ladite de Chauvigné aura son droict de douaire sur les biens desdits
Anceau et François les du Buat, suyvant la coustume du pays. Et ont
lesdits François du Buat et sadicte espouse, baillé, quicté, ceddé et
transporté audict Anceau du Buat, leur filz et en advancement de
droit successif le lieu clouserie et apartenances des Aulnaiz, sis en la
dite paroisse de Saint Gault, ou la somme de cent livres tournois, que
lesdicts François du Buat et sadite espouse ont promis poyer par
chacun ans à l'advenir, au terme de Toussainctz, au choix dudit
Anceau du Buat.

Et lesquelz François et son espouze nouriront et entretiendront
lesdits Anceau et son espouse selon leur estat. Et ont lesdits François
du Buat et son espouse marié et marient ledict Anceau, leur filz ainé,
et comme héritier principal. Et lequel Blanchet a promis et promect
faire ratiffier et avoir pour agréable ces présentes ausdictz Olyvier de
la Roë, sr de Vaulx, et à ladite Jehanne de Chauvigné, son espouse,
dedans huyct jours prochainement venant, à la peine de tous intérestz,
ces présentes demeurans en leur force et vertu. Et oultre a promis le
dit Blanchet oudit nom payer et bailler ausditz futurs espoulx, dedans le

jour de leurs espousailles, la somme de deux cens livres tournoys ; laquelle somme est de don de nopces et non raportable, forsque ou cas que ledict Anceau ou ladicte Marie ou l'un deulx décedroynt auparavant lesdicts François du Buat et sadicte espouse. Et ont lesdictz Anceau du Buat et Marie de Chauvigné promis s'entre prendre en mariaige l'un l'aultre, ou cas qu'il ny ait empeschement légitime, et que notre mère saincte église se y acorde. Et dont lesdites parties sont demeurées à ung et d'acord par devant nous ; ausquelles choses susdictes tenir, garder et acomplir bien et deuement, sans jamais y contrevenir en aulcune manière, et les choses ainsi baillées et dessus spécifiées garantir et deffendre par lesdits François du Buat et de Tessé de tous empeschemens et obligations ad ce contrayres obligent lesdites parties, elles, leurs hoirs et ayans cause, biens et choses présens et advenir, quelz qu'ilz soint, renontians pardavant nous à toutes choses ad ce contraires, par espécial audict bénéfice de dyvision, d'ordre et de discution, et lesdits femmes au droict Velléyen et à tous aultres droictz introduicts en faveur des femmes, et à l'authentique « *si qua mulier* ». En son tenuz par la foy et serment de leurs [corps] sur ce donné en notre main, jugez et condampnez à leurs requestes.

Faict et passé audict lieu seigneurial de Terretient, présens honnestes personnes ; Olyvier Verron, paroissien de ladite paroisse de Chaumont et Jean Joullayn, demeurant audict Saint Sarge, les jours et an que dessus.

Et sont signez en la minutte, F. du Buat, M. de Chauvigné, F. du Buat, Jehanne de Mandon, J. de Chauvigné, René du Buat, J. de la Roë, R. de la Roë, P. Blanchet, O. Verron, G. Joulayn, et G. Thevreau, notaire.

XLIII.

LAISSER-PASSER DONNÉ PAR DU MATS DE MONTMARTIN, GOUVERNEUR
DE VITRÉ, EN FAVEUR DE ANSELME DU BUAT DU TEILLAY, PRI-
SONNIER DE GUERRE DE L'ARMÉE ANGLAISE. 5 OCTOBRE 1591 (1).

Le sieur de Montmartin, conseiller et chambellan ordinaire du
Roy, maréchal de camp, en ses armées, cappitaine de cinquante
hommes d'armes de ses ordonnances, et gouverneur pour sa majesté
de la ville, château et baronnye de Vittré.

Nous gouverneurs, leurs lieutenants, cappitaines, chefs et
conducteurs de gens de guerre tant de cheval que de pied, à tous ceux
esquels appartiendra, salut.

Nous vous prions, requérons, commandons à ceux qui sont soubz
notre authorité et pouvoir, de laisser librement passer et s'en retourner
Anceau de Buart, sieur du Teillay, prisonnier de guerre, entre les
mains du sieur Ant. Wing.... sergent-major de l'armée angloise;
auquel après avoir payé sa rançon, luy a esté donné liberté de se retirer
en la ville de Craon, vous pryant ne luy faire aucun desplaisir,
destourbier, ny empeschement ; ains, en nostre faveur, luy donner
toute ayde, secours, et assistance, qu'il aura besoin, tant pour luy que
pour deux hommes avec luy et leurs chevaux, équippage, promettant
faire de semblable en toutes les occasions qui s'en présenteront.

Faict à Vittré, le v⁰ jour d'octobre mil v⁰ iiij^xx onze.

(Signé) : MONTMARTIN.

Par le commandement de mondit seigneur,

DES PLACES.

(1) Archives de la Subrardière. Titres du Buat du Teillay, nᵒ 25. Pièce en papier,
scellée d'un sceau effacé. — On lit au dos de l'acte, parafé *ne varietur*, Voysin de
la Noyraie.

XLIV.

BREVET ACCORDÉ PAR HENRI IV EN FAVEUR DE ANSELME DU BUAT, SEIGNEUR DU TEILLAY, PORTANT AUTORISATION DE CHASSER. 10 JANVIER 1600 (1).

Aujourd'huy, xᵉ jour de janvier l'an mil six cens, le Roy estant à Paris, désirant gratiffier et favorablement traiter le sieur du Teillay, luy a permis et accordé qu'il puisse et luy soit loisible de tirer ou faire tirer de l'harquebuse, par ses gens et serviteurs domestiques, sur l'estendue de ses terres et seigneuryes et de celles de ses voysins, pourveu que ce soit de leur consentement, aux oiseaulx de rivière, canarts, pluviers, ramiers, loups, renards blaireaulx et autres bestes et gibier non deffendu par les ordonnances depuis naguères faictes, dont sa Majesté l'a excepté et réservé.

Et commande luy en expédier le présent brevet, qu'elle a pour ce voullu signer de sa main, et faict contresigner, par moy son conseiller et secrétaire de ses commandemens et finances.

(Signé) : HENRY.

(Et plus bas) : POTIER.

(Dans l'angle) : En faveur du sʳ Maréchal de BOIS DAUPHIN.

XLV.

CONTRAT DE MARIAGE ENTRE FRANÇOIS DU BUAT, SEIGNEUR DU

(1) Archives de la Subrardière, Titres du Buat du Teillay, n° 26. Pièce en parchemin, avec signature autographe du roi Henri IV.

TEILLAY , ET DEMOISELLE PERRONNELLE DU CHASTELET.
5 JUILLET 1610 (1).

Sachent tous, présens et advenir, que le lundy cinquiesme jour de juillet mil six cens dix, devant midy, comme propos et traicté de mariaige soyt entre Françoys du Buat, escuyer, fils ayné de Anceaulme du Buat, escuyer, sieur de Tellay et de Sainct Gault, et de damoyselle Marye de Chauvigné, son expouse d'une part ; et damoyselle Perronnelle du Chastelet, fille de déffunct François du Chastellet, escuyer, vivant sieur du Chastellet et de la Chifollière, et de damoiselle Marye Amyot, son expouse d'aultre ; ont esté faict les acords , pactions et conventions sy apprès.

Pour ce est-il que en la court de Craon, en droict par davant nous Maurille Menard, nottaire d'icelle, demeurant audict Craon, ont esté présens et personnellement establys lesdits Anceaulme et Françoys du Buat , père et fils , et elx faisant fort de ladicte de Chauvigné, demeurant en la maison seigneurialle de Tellay, paroisse de Sainct-Gault d'une part ; et Françoys Blondeau, escuyer, sieur de Beauregard, à présent mary de ladicte Marye Amyot, tant en son nom privé que luy soy faisant fort de ladicte Marye Amyot, et de ladicte damoyselle Perronnelle du Chastellet, demeurant au lieu et maison seigneurial du Feu paroisse de Liffré (2), pays de Bretagne d'aultre, soubzmectant respectivement chacun èsdits noms seul et pour le tout, elx, leurs hoyrs , biens et chosses meubles et immeubles quelz qu'ilz soient, confessent de leur bonne vollonté, sans contraincte, en traictant et accordant le mariaige futur d'entre lesdits Françoys du Buat filz et de ladite Perronnelle du Chastelet, faict l'accord, paction et conventions, comme sy après s'ensuit ;

(1) Archives de la Subrardière, Titres du Buat du Teillay nᵒ 27, parchemin.
(2) Arrondissement de Rennes.

C'est assavoyr que ledict du Buat filz en la présence, authorité et consentement dudict Anceaulme du Buat, père, et soy faisant fort de la dicte de Chauvigné ; et ledict Blondeau pour ladicte damoiselle Perronnelle du Chastelet, par l'advis de Françoys de Courjaret, escuyer, curateur de ladicte Perronnelle, présent, et consentement des parens sy après nommez, promis mariaige l'un à l'aultre, et icelluy mariaige solenniser en l'église catholicque, apostollicque et romayne. En faveur duquel mariaige, ledict Anceaulme du Buat, père, tant pour luy que pour ladicte de Chauvigné, a maryé et marye ledict Françoys du Buat, son filz aisné, avecques ladicte damoyselle Perronnelle du Chastelet, comme son filz aysné et principal héritier, o les droictz de la coustume estant personnes nobles. Oultre, promet nourrir lesdictz futurs expoux en sa maison du Tellay, avecquesce serviteurs et chevaulx, pendant qu'ilz y vouldront demourer, et en cas qu'ils voulussent aller demeurer ailleurs, ledict Anceaulme du Buat, père desdits nommés a donné à sondict filz en advencement de droit successif le lieu, domayne de la Tartinyère avecques ses bestiaux et sepmences estans sur ledict lieu, etc.

Ont esté a ce présens nobles escuyers : Louy de Champaigné, sieur de la Mothe-Ferchault, de la Lysière, Jehan du Buat, sieur de la Soubrardière, tant son nom que soy faisant fort de Françoys Mauviel, escuyer, sieur du Tremblay, Nicollas Amyot, sieur de L'Ansaudière, proches parens de ladicte Perronnelle, qui ont donné leur advis et consentement audict mariaige. A ledict Blondeau promis faire ratiffier le contenu sy dessus à ladicte Marye Amyot son expouse, etc...

Faict et passé à Craon, en la maison ou pend pour enseigne le Chappeau Rouge, en présence de Jullien L'Enfant, escuyer, sieur de la Porcherie, demeurant paroisse de la Selle Craonnoyse, de honorable homme Abraham Lanyer, sieur de Villeneufve, demeurant audit Craon, témoings à ce appelés.

XLVI.

RECONNAISSANCE DE NOBLESSE ACCORDÉE PAR JÉROME DE BRAGELONGNE
EN FAVEUR DE FRANÇOIS DU BUAT, SEIGNEUR DU TEILLAY.
25 AVRIL 1635 (1).

Les commissaires généraux, depputez par le Roy pour le règlement
de tailles de la généralité de Tours : A tous ceux qui ces présentes
lettres verront, salut.

Scavoir faisons que, veu la requeste à nous présentée par François
du Buat, escuier, demeurant en la paroisse Saint Gault, eslection de
Château Gontier, tendant à ce qu'il nous plaise lui donner acte de la
représentation de ses tiltres, et ordonner qu'il jouira des privilèges
atribuez aux autres nobles de ce royaulme, comme estant ledit
François du Buat issu de Anceau du Buat ; lequel Anceau, de François ;
ledit François, de Georges ; ledit Georges, de Gilles ; veu aussy le
contrat de mariage de Georges du Buat, escuier, fils de Gilles du Buat,
avecque damoiselle Perrine de Boisjollain, du vingtième apvril mil
cinq sens sept ;

Transaction sur le partage faict par François du Buat à Guillaume
du Buat, escuier, de la succession de ses père et mère, du dixième
janvier mil cinq cent quatre vingt quatre *(sic)*.

Contract de mariage de François du Buat, escuier, sʳ de Cramaillé,
et damoiselle Jeanne de Tessé, dame du Teillay, du premier jour de
janvier mil cinq cent quarante et quatre ;

Contract de mariage de Ancelme du Buat, fils aisné de noble
homme François du Buat, avec damoiselle Marie de Chauvigny, du
treiziesme avril mil cinq cent soixante et treize.

(1) Archives de la Subrardière, Titres du Buat du Teillay nº 1. Pièce en parchemin, scellée d'un sceau aux armes de Jérôme de Bragelongne.

Autre contract de mariage de François du Buat, fils aisné d'Ancelme du Buat, escuier, avec damoiselle Perronnelle du Chastelet, du cinquiesme juillet mil six cent diz.

Partage noble faict entre François du Buat avec Anne et Louis du Buat, aussi escuier, ses puisnés, de succession dudit Ancelme du Buat, du vingtième febvrier mil six cent trente et deux ;

Conclusions du procureur du roy, et tout considéré, nous, commissaires susdits, avons donné acte audit François du Buart, escuier, de la représentation de ses titres de noblesse, et ordonné que luy et les siens naiz et à naistre en loyal mariage jouiront des privilèges attribuez aux autres maisons nobles de ce royaume, tant et si longtemps qu'ilz viveront noblement et ne feront acte desrogeant à noblesse.

Donné à Château Gontier, par nous, Hyérosme de Bragelongne, sieur de Haut Saille, conseiller du roy en la court des Aydes, commissaire susdit, le vingt cinquiesme avril mil six cent trente et cinq.

Par mondit seigneur, LECLERC.

(Signé) De BRAGELONGNE.

XLVII.

CONTRAT DE MARIAGE ENTRE ANSELME DU BUAT, SEIGNEUR DU TEILLAY, ET ANNE ÉVEILLARD. 23 MAI 1647 (1).

A tous ceux qui ces présentes lettres verront Louis Boylève, seigneur de la Gillière, conseiller du roi en ses conseils d'estat et privé, lieutenant général de monsieur le séneschal d'Anjou, salut.

_____

(1) Archives de la Subrardière, Titres du Buat du Teillay, nº 29. — Expédition en parchemin.

Scavoir faisons que, le jeudi vingt et troisiesme jour de may mil six centz quarante sept, après midy, devant nous Louis Charon, notaire royal à Angers, furent présents establis et duement soubzmis, Ancelme du Buat, escuyer sieur du Teillay et du Chastelet, fils aisné et principal héritier de deffunct François du Buat, vivant aussi escuyer, sieur du Teillay, et de damoiselle Perrine du Chastelet, demeurant en sa maison seigneurialle du Teillay, paroisse de Sainct Gault, païs du Maine, procédant soubz l'auctorité, advis et consentement de noble et discret messsire Louis du Buat, prebtre, curé recteur de la paroisse du Bailleul, y demeurant, son oncle paternel et curateur à ce présent d'une part ; noble et discret Maistre Pierre Esveillard, prestre, conseiller du roy, et juge magistrat au siège présidial de cette ville, et damoiselle Anne Esveillard, sa fille et de deffuncte damoiselle Perrine Frain, quand elle vivoit son espouse, demeurant en cette ville, paroisse de Sainct Maurille d'autre part.

Lesquelz, traictant du futur mariage d'entre lesdictz sieur du Buat du Teillay, et damoiselle Anne Esveillard, ont faict et accordé les conventions matrimonialles qui en suivent.

En faveur duquel mariage, ledict sieur Esveillard père a donné et donne à ladicte demoiselle, future espouse, sa fille, la somme de dix huict mille livres tournois, dans le jour de la bénédiction nuptialle....

La petitte maison ou ledict sieur Esveillard faict sa demeure ordinaire, située en la rue du Figuier de cette ville etc...

Ce fut faict et passé audict Angers, maison et demeure dudict sieur Eveillard, présentz messire François de Meulles, chevalier, sieur de la Forest, beaufrère dudict sieur futtur espoux, demeurant en sa maison seigneurialle de la Durbelière, paroisse de Saint Aubin, près Mauléon ; Michel de Scepeaux, escuyer, s^r de Challonge, son cousin, demeurant paroisse de Chastelais, monsieur Me Charles du Tramblier, s^r de la Varanne, conseiller du roy, juge magistrat audict siège présidial, gendre dudict sieur Esveillard, Monsieur Mre François Esveillard, sieur de Pignerolle, conseiller du roy, président au siège de la prévosté de cette ville, Jean Gaultier, écuyer, sieur de Brullon, conseiller et secrétaire du roy, et auditeur en sa chambre des comptes en Bretagne, noble Nicolas Cornuau de la Grandière, oncles paternels de ladicte damoiselle future espouse, Pierre Frain, escuyer, sieur du Planty, conseiller du roy et assesseur en l'élection d'Angers, noble homme René Trouillet, conseiller du roy et recepveur du dommaine d'Anjou, ses oncles maternels, Monsieur Me Guillaume Ménage, conseiller et advocat du roy audict siège présidial, grand oncle paternel de ladite demoiselle futture espouse, Monsieur Me Pierre Le Chat, conseiller du roy, et lieutenant-général criminel en la séné- chaussée et siège présidial de cette ville ; messire François de la Forest, chevallier, seigneur du dict lieu, conseiller du roy en ses conseils et en son parlement de Bretaigne, messire Me Jacques Goureau, s^r de la Blanchardière, René Trouillet, s^r de l'Eschasserie, et Jean Jacques Lanier, s^r de Vernusson, conseillers et juges magistrats audict siège présidial d'Angers, Pierre Ayrault, escuyer, cousins de la dicte damoiselle futture espouse, noble homme François Tartaret et Jacques Bottier, pratticien demeuranctz audict Angers, tesmoings à ce requis et apelez.

XLVIII.

ATTESTATION DE SERVICE MILITAIRE DONNÉE PAR FRANÇOIS SERVIEN, SEIGNEUR DE SABLÉ, EN FAVEUR DE FRANÇOIS DU BUAT, S^r DU TEILLAY. 21 SEPTEMBRE 1689 (1).

Nous, Louis François de Servien, chevalier, marquis de Sablé, seigneur du Bois Dauphin, baron de Chasteauneuf, conseiller du Roy

(1) Archives de la Subrardière, Titres du Buat du Teillay, n° 5.

en ses conseils, grand sénéchal d'Anjou, certiffions que messire François du Buat, chevalier, seigneur du Teillay, de Saint Gault a servi dans le ban convoqué par sa majesté pendant tout le temps porté par les ordres. En foy de quoy, nous luy avons faict expédier ce présent certificat, signé de nous, et scellé du cachet de nos armes.

Faict à nostre quartier de Montfaulcon, ce vinctiesme septembre mil six cent quatre vinct neuf.

(Signé) : SERVIEN.

XLIX.

CERTIFICAT DE NOBLESSE DONNÉ PAR TURGOT EN FAVEUR DE FRANÇOIS DU BUAT DU TEILLAY. 1er JUILLET 1703 (1).

Jacques Estienne Turgot, chevalier, seigneur de Soumons, Bons, Ussy, Brucourt et autres lieux, conseiller du roy en ses conseils, maistre des requestes ordinaires de son hôtel, intendant de justice, police et finances, en la généralité de Tours ;

Veu l'inventaire des titres de noblesse produit par le sieur du Buat du Teillay, par devant monsieur Voisin de la Noiraye, le désistement du traictant, et l'ordonnance de monsieur Voisin, qui donne acte de la représentation desdits titres, et en conséquence qu'il sera inscrit au catalogue des nobles ; veu aussi le certifficat du lieutenant général de Chasteau Gontier, comme le sieur du Buat est en paisible possession de la noblesse, nous certiffions que ledit sieur du Buat du Teillay est au nombre des gentilhommes de l'élection de Château Gontier.

(1) Archives de la Subrardière, Titres du Buat du Teillay, n° 9. Pièce en papier.

Fait à Tours, ce premier jour de juillet mil sept cent trois.

TURGOT.

Nous conseiller du roy, subdelegué de monsieur Turgot, pour l'élection de Châteaugontier, certifions la copie cy-dessus estre conforme à l'original à nous représenté par ledit sieur du Teillay, et à lui rendu pour envoyer à Rochefort. A Château Gontier ce septième jour de juillet mil sept cent trois.

DOUART.

L.

PARTAGE DE SUCCESSION DE MARIE CH. DU MORTIER, ÉPOUSE DE GASPARD L'ENFANT. 2 DÉCEMBRE 1743 (1).

Nous soussigné, Madelon Hyacinthe du Buat, chevalier, seigneur de la Subrardière, et Marie Renée du Mortier, mon épouse, non commune des biens, de moy autorisée, Angélique du Mortier, demoiselle sa sœur, tant pour nous que pour les demoiselles du Mortier nos sœurs, Marie Anne Brillet, veuve de messire Jaques Urbain Turpin, chevalier, sieur de Crissé, Marie Le Bel, veuve de Théophiaste de Mongaudin, écuier, tutrice de mes enfants tous héritiers en la ligne paternelle de dame Marie Chrétienne du Mortier, décédée femme de messire Gaspard L'Enfant, chevalier, seigneur de Saint-Gilles d'une part ; René de Limesle, chevalier, seigneur de la Bouvraye, mari de dame Françoise Renée de la Poëze, et comme fondé de procuration de messire René de Poëze, chevalier, seigneur

(1) Archives de la Subrardière, Titres du Teillay, nº 15, pièce en papier.

de la Collessière, et faisant pour mes autres frères sœurs et tantes,
et Bernard du Buat, chevalier, seigneur du Teillay, au nom et comme
fondé de procuration de dame Anne Marie Préseau, mon épouse...;
et faisant pour François Guérin, seigneur de la Gendronnière,
et dame Lucie Angélique Préseau, son espouse, ma belle-sœur, et
encore pour Joseph Préseau, écuier, seigneur de la Haye, et la
dame de Bois Foucaut sa sœur, tous héritiers maternels de laditte
dame de Saint Gilles d'autre part, pour terminer l'instance pen-
dante à la sénéchaussée d'Angers, entre nous Bernard du Buat du
Teillay, demandeur, et Madelon Hyacinthe du Buat de la Subrardière
deffendeur, au sujet du partage de la somme de 9,300 livres, prix
principal de la terre de la Ruchenières, vendue par ladite dame de
Saint Gilles et son mari, et des intérest de la dite somme, sommes
convenus de partager par moitié ladite somme principalle et intérests,
scavoir moitié pour les héritiers paternels, et l'autre moitié pour les
héritiers maternels, sauf à subdiviser en chaque ligne...

Fait Angers sous nos sings, en quatre expéditions, le deux
décembre mille sept cent quarante trois.

LI.

MONTRE DE JEAN DU BUAT, REÇUE A PONTOISE LE 1er FÉVRIER 1356 (n. st.) (1).

La monstre Jehan du Buat, escuier, ung autre escuier, et archier
avec li, reçeue à Pontoise, le premier jour de février MCCCLV.

Le dit escuier, cheval tout noir, labouré en l'espaule destre, LXl.

Jehan de Mongarnon, cheval gris, jambes noires, xxvl.

Symon Alemant, archier, cheval bay, c. q. jambes noires xxvl.

(1) Bibliothèque nationale. Pièces originales, vol. 545. Dossier 12,300.

LII.

QUITTANCE DONNÉE PAR JEAN DU BUAT, ÉCUYER, POUR LES GAGES
DE ˌSA COMPAGNIE. 11 AVRIL 1356 (1).

Sachent tuit que je Jehan du Buat, escuier, ay eu et reçeu de
Aymart Bourgeoise , trésorier général des impositions et gabelles
ordené pour les guerres ès bailliages de Caen et de Costentin, en prest
sur les gaiges de moy et des gens de ma compagnie deservis et à
deservir en ces présentes guerres, ès parties de Normendie, par devers
la Bretaigne, souz le gouvernement de monseigneur Jehan, sire de
Hangest, lieutenant du roy, notre syre ès dictes parties, dix deniers
d'or à l'escu, du coing de Jehan. Desquiex VI deniers d'or à l'escu, je
me tieng à bien paié.

Donné à Pontourson, soux mon scel, le XI⁰ jour d'avril, l'an
mil CCCLV.

LIII.

MONTRE DE ROBERT DU BUAT, ÉCUYER, ET DE SA COMPAGNIE, PASSÉE
SOUS LES MURS DE PARIS, LE 18 SEPTEMBRE 1410 (2).

La monstre de Robert du Buat, l'aisné, escuier, de dix huit autres

(1) Bibliothèque nationale. Pièces originales, vol. 545. dossier 12,300. Parchemin
scellé d'un petit sceau rond en cire rouge que nous avons décrit plus haut (p. 22).
(2) Bibliothèque nationale. Pièces originales, vol. 545. — Original en parchemin.

escuiers et de cinq archiers de sa compaignée, reçue devant Paris, le xviii° jour de septembre, l'an mil cccc et dix.

Le dit Robert du Buat, Robert du Buat le Jeune, Jehan Balu, Ambroys de Chantepye, Nicolas Gournaut, Jehan Clément, Gervaise de la Barre, Jehan d'Auteville, Guillaume de Beauffront, Robin de Torcay, Jehan de Merbeson, Jehan de Torcay, Raoulet du Temple, Juliot d'Auteville, Guillaume de Houssemaine, Robin de la Barre, Jehan de Cantepie, Jehan des Hayes.

Archiers.

Jehan du Pré, Abraham de Lignyes, Baudet de Limons, Jehan Longieul, N. Morel.

LIV.

QUITTANCE DONNÉE PAR ROBERT DU BUAT, ÉCUYER POUR LA SOLDE DE SA COMPAGNIE. 23 SEPTEMBRE 1410 (1).

Sachent tuit que je Robert du Buat, escuier, confesse avoir eu et reçeu de Jean de Pressy, trésorier des guerres du roy, notre syre, la somme de neuf vins livres tournois, en prest et paiement, sur les gages de moy, escuier, de xviii autres escuiers et de v autres archiers de ma compaignie, desserviz et à desservir, en ceste présente année à la garde, féauté et déffense de la ville de Chartres, du pais environ et partout ailleurs où ledit sire ordonnera, en la compaignie et soubz le gouvernement de Charles de Vendosme, vidame de Chartres. De

_____

(1) Bibliothèque nationale. Pièces originales, vol. 545. Parchemin scellé d'un sceau décrit plus haut (p. 21.)

laquelle somme de ɪxxx livres tournois, je me tien pour content et bien paié, et en quicte ledit trésorier et tous autres.

Donné en tesmoing de ce, soubz mon sceel, le xxɪɪɪᵉ jour de septembre, l'an mil cccc et x.

LV.

ACCORD AU SUJET DE LA SUCCESSION DE MARQUISE L'ÉVÊQUE, ÉPOUSE DE JEAN DU BUAT, ENTRE JEAN DU BUAT, CHEVALIER, SEIGNEUR DU BUAT ET DE LA FOSSE AUX LOUPS, ET FRANÇOIS D'UST, SEIGNEUR D'UST ET DU MOLANT. 3 OCTOBRE 1470 (1).

Sur le débat qui estoit, et plus grant se peust ensuivre, entre nobles gienz missire Jehan de Buat, chevalier, sʳ dudit lieu de Buat et de la Fousse ès Loups d'une partie, et Franczois d'Ust, sʳ dudit lieu d'Ust et du Molant, d'aultre, sur et par cause de ce que ledit de Buat disoit et povoit dire que au mariaige feissent de deffuntz Jehan du Buat, sʳ dudit lieu, et Marquise l'Evesque aieull et aieulle dudit missire

(1) Cette copie est suivie de la mention suivante transcrite au bas de l'acte :
Fidellement collationné par nous, notaires du roy à Rennes soussignés, à l'original écrit sur une longue feuille de parchemin, (à) nous apparu par messire René Henry, comte du Boberil, chevalier de l'ordre royal et militaire de Saint-Louis, ancien major de dragons, demeurant à Rennes en son hôtel, près le Bas des Lisses ; lequel original nous avons remis à mondit seigneur du Boberil, qui a signé avec nous dits notaires, ce jour, quatorze mars mil sept cent quatre-vingt-huit. Signé : du Boberil, Jolivel, Porquet le Jeune. Controllé à Rennes le 14 mars, 1788, Herbert.

Jehan, et dont il est héritier principal et noble, par représentation de son père et aultrement, sauff à déclérer que deffunct missire Guillaume l'Evesque, chevalier, en son temps seigneur dudit lieu du Mollant, père de ladite Marquise, avoit donné et promis bailler et assoir à ladite Marquise, sa fille, le numbre de quarante livres de rante en juridicion et obbéissance, et dempuix ledit missire Guillaume, missire Mahé l'Evesque, son fils et son héritier, en avoit fait assiecte jucques au nombre de trante et trois livres de rante, et le parsur, qui est sept livres de rante et obbéissance, rester et estre deuz, et en avoir esté celui missire Mahé confeissant,..... et esté condempné les assaes à ladite Marquise et les arréraiges et leveix estre deuz desdits sept livres de rente, danpiux ladite promesse et condenpnacion dudit messire Mahé, qui fut en l'an mil quatre cens diez sept, le quart jour de juign, et que dudit missire Mahé ledit Franczois, seigneur d'Ust est héritier, par représentation de sa mère et autrement, sauff à déclérer, demandent ledit missire Jehan de Buat assiecte des dits sept livres et obbéissance et poesment des dits aréaiges vers ledit Franczois seigneur d'Ust, comme héritier dudit deffunct missire Mahé, et estre desdommaigé ;

Item que ledit deffunct monsieur Mahé L'Evesque avoit esté tuteur et garde dudit missire Jean du Buat, et tiel se porter, soubs onbre de laquelle tutelle avoit eu et repçeu, peu avoir et recepvoir des biens et leveix appartenans audit missire Jehan du Buat, au montement et valleur de diez livres monnoie ou dedans, demandant ledit messire Jehan du Buat vers ledit s^r d'Ust, comme hoir dudit deffunct missire Mahé l'Evesque, le compte de ladite tutelle et reliqua.

Lequel le s^r d'Ust et du Molanc, passant pour cognu les lignaiges et airies desursuposées, et au parsur disoit et povoit dire ne savoir rien du parsur des faitz allégués par ledit s^r de Buat, et, supposé qu'il en fut apparu ou informé, disoit que assiecte avoit été faicte de plus grant numbre que lesdits trente et trois livres de rante, d'environ soixante soulz de rante, et que les airéaiges en avoient esté poyez à celle Marquise durant sa vie et l'avoit cogneu par son testament. Et au regard de ladite tutelle, suposé que en seroit apparu ou informé, disoit que la mère dudit sieur de Buat décédée, et dont il est hoir principal et noble, avoit esté instituée tutrice dudit seigneur de Buat et pour telle ce seroit portée, avoit eu lesdits biens meubles et leveix, dont la demande en estoit infuse audit s^r de Buat. Mesmes ledit deffunct missire Mahé l'Evesque avoit fait plusieurs misses et poesmens pour ledit de Buat, et pour lui porté plusieurs charges dont povet demander vers ledit de Buat restitucion ; et aussi que deffunct Jehan, s^r d'Ust et du Molanc, père dudit Franczois, avoit restitué audit de Buat les biens meubles dudit de Buat et en avoir esté confeissant ; Par quoy et plusieurs autres raisons disoit et povet dire ledit Franczois, seigneur d'Ust, que ledit de Buat n'estoit recepvable ausdites questions et demandes ; sur débat de quoy en estoint en ploit et proceix qui entr'elx porroit longuement durer.

Pour et à quoi eschiver et pour tousjours de bien en mieulx entretenir les amour et considéracion d'entr'elx, par nostre court de Montfort furent présens en droit davent nous en personnes lesdits de Buat, et Franczois, seigneur d'Ust, se submectans et deffait se submisdrent...... et font transaction, composicion et appointement ensemble par cause desdites choses en la fourme et manière qui ensuilt ;

C'est à savoir que pour estre et demourer quicte, ledit Franczois, s^r d'Ust, vers ledit de Buat, desdites questions et demandes desur supposées ledit Franczois, s^r d'Ust, a promis bailler et assoirs audit de Buat ledit numbre de sept livres de rentes, au désir des lectres et condempnacions dudit de Buat, en dabte que dessur, passées par Alain le Jambu ; et pour lesdits airéaiges et demandes mobiliaires a promis et s'est obligé poyer et rendre audit de Buat le nombre de trois cens escuz neuffs ou monnaye à la valleur, à estre poyé par trois ans prochains venens, par chacun d'iceulx ans cent escuz, et de cent escuz en oultre, que diront et ordenneront nobles gens Jehan de Romillé, Vincent l'Evesque, et en cas de discord de saiges personnes, maittre Pierre de Romelin, s^r de la Lande, sans ressort, ni reproche leur en faire, etc.

Et oultre, ledit s^r d'Ust a promis rendre audit de Buat tous les proceix, lettres et ensaignement qu'il a et porra recouvrer appartenants audit s^r de Buat. Et tout ce que dessur lesdits Franczois, seigneur d'Ust, et missıre Jehan du Buat ont promis et juré tenir, renuncians et renuncient deffait à jamès sur ce sequelles et despendances quérir, ne avoir terme de parlier, jour jugé, se pleiger, exoine dire ne mander, et à toutes aultres dillacions et opposicions qu'ilz porroient avoir et demander, en inspechant ou retardent le contenu en ses présentes; et de leurs assentimentz y furent et sont par nostre dite court et par leurs serments condenpnez, tesmoign les sceaux des contratz de notre dicte court.

Faict en la ville de Rennes, en la meson dudit s^r du Molanc, le tiers jours de octobre, l'an mil quatre cens saixante et dix. Signé : G. Coialu, passe ; Geoffroy le Saige, passe, et N. Caffors, passe.

LVI.

QUITTANCE DONNÉE PAR JEAN DU BUAT, SEIGNEUR DU BUAT, DE LA GUIERCHE ET DE SAINT MAHÉ, DE LA SOMME DE 68 LIVRES VERSÉE PAR GUYONNE DE MAILLÉ, FEMME DE FRANÇOIS D'UST. 5 JANVIER 1481 (n. st.)

Je Jehan dou Buat, s^r dudit lieu dou Buat, de la Guierchie et de Saint Mahé, confesse avoir eu et repçeu de François, s^r de Ust, du Molanc et de Talhouet, par la main de Guionne de Maillé, compaëgne, espouse doudit, sᵣ de Ust, damme desdits liex, le nombre et somme de sexante et ouyt libvres sex solz ouyt deniers, tant en ors que monnoye, restans de la somme de trois cens escuz neuffs que debvoit à mon feu seigneur et père, par certaens transaccion faite par mondit feu père et ledit sieur de Ust; repçeuz lesdits troais cens escuz, savoir cent esceuz à la main de mon feu père, et cent à la main de madamme, ma mère, et le sourplus, qu'est cent esceuz, repçeuz par ma main. De laquelle somme desdits trois cens esceuz, repceuz comme dit est, ledit de Ust est demouré quicte, et l'an quite deffait, tesmoin mon signé manuel cy mis, le cinquiesme jour de janvier l'an mil quatre cens quatre vignt.

Dequoy des cent esceuz que feu mon seigneur et père repceut, ledit de Ust a quitance signée de la main de Jeffroy le Saige, en dabte dou douxiesme jour de febvrier l'an mil quatre cens saexante douze, en vertu de mandement doudit feu seigneur du Buat s'adresante audit Geffroy, signée de la main dudit du Buat en dabte le septième jour de febvrier l'an 1472 ; et lesdits cent escuz, quelx furent poiez à madame ma mère, fut par quitance de la main de missire Guy de la Bouecière, en dabte dou vingtièsme jour de janvier, l'an mil quatre cens saexante quinze, lesquelles quitancez sont demourées devers ledit de Ust.

Donné comme dessus, avecques le signé manuel de Jehan de la Roche, sᵣ de Cahiot, et de Jehan de la Tourneraye. Donné comme dessus. Signé du Buat, Jehan de la Roche et de la Tourneraye (1).

(1) Archives de la Subrardière. Cahier de papier. Cette pièce est suivie d'une attestation, émanant de M. le comte de Boberil et des deux notaires Jolivel et Porquet, comme dans l'acte précédent.

LVII.

QUITTANCE DONNÉE PAR FRANÇOIS DU BUAT, ÉCUYER, ARCHER
DE LA COMPAGNIE DE THOMAS D'AMBLEVILLE. 21 MAI 1568 (1).

Françoys du Buat, escuier, archier de la compagnie de noble
homme Thomas d'Ambleville, seigneur de Plassac, vice bailly de Caen,
Costentin et Mortaing, reconnait avoir eu, reçeu contant en ceste ville
de Caen de honneste homme Mᵉ Jehan de Laroque, fermier général
des tailles de l'élection de Caen, ... la somme de XLV livres tournois, pour ung quartier de ses gages de sondit estat d'archier, des moys
de janvier, febvrier et mars dernier passés, qui seroit XV livres tournoys
pour chascuns desdits moys ; dont et de laquelle somme de XLV livres t.
pour ledit quartier, ledit du Buat s'est tenu à content et bien payé,
et en a quicté et quicte ledit de la Rocque, fermier, et tous autres.

Promettant etc. sur l'obligation etc.

Faict audit Caen en l'escript comme dessus, le vendredi XXIᵉ jour
de may, l'an MᵛᶜLXVIII.

Présens : Fleury Benard, Christofle Aubert dudit Caen, tesmoings.

(Signé) : BACON, BECOY ?

LVIII.

QUITTANCE DONNÉE PAR FRANÇOIS DU BUAT, ARCHER DE LA COMPAGNIE
DU MARÉCHAL DE COSSÉ, POUR JEAN DE LA VOVE. 17 SEPTEMBRE 1575.

En la présence des notaires du Roy, notre syre, en son Chastelet

(1) Bibliothèque nationale. Pièces originales vol. 545, dossier 12,297. Cette pièce
et la suivante nous ont été communiquées par M. le vicomte S. Menjot d'Elbenne.

de Paris soubsignés, noble homme François du Buat, homme d'harmes de la compagnie de M^r le Maréchal de Cocé, ou nom et comme procureur de noble homme Jehan de la Vove, cidevant archer de ladite compagnie, fondé par lettres de procuration passées par devant Guillaume Fresnier et Guillaume Nepveu, tabellions jurez pour le roy et Monseigneur le duc d'Allençon et Evreulx, en la vicomté de Verneil et seigneurie de Laigle, signée Fresnier et Nepveu, dattée du iie jour des présens mois de septembre et an, ayant pouvoir par icelle de passer ce qui ensuict, ainsi qu'il a été déclaré par lesdites lettres, desquelles est apparu ausdits notaires, a confessé avoir eu et reçeu comptant de Me Estienne Debraye, conseiller du roi et trésorier ordinaire de ses guerres, la somme de cent livres tournois, audit de la Vove, ordonnée par ledit jour et par lettres patentes de la royne, mère du roy, estant régente en France, du xixe juillet mv^cLXXIIII, pour ses gages et solde d'archer d'icelle compagnie du quartier de janvier, février, et mars mv^c LXXIII; duquel monstrée fut faicte d'icelle au camp devant la Rochelle. De laquelle donnée de cinquante livres tournois ledit du Buat s'est tenu et tient pour content, et en quicte ledit sieur De Bray, trésorier susdit et tous autres ; obligent et renoncant etc.

Fait et passé le xviie jour de septembre, l'an mv^c soixante quinze.

(Signé) FRESNYER.

LIX.

CONTRIBUTION A L'ÉQUIPEMENT D'UN FRANC ARCHER PAR JEAN BARATON, PAR RENÉ PELAULT ET AUTRES. 19 JUILLET 1543 (1).

Nobles personnes Jehan du Mas, seigneur de Boyère, pour raison

(1) Archives de Maine-et-Loire. Série E., n° ,3435, Parchemin.

des choses qu'il a eu en ce ressort d'Angers, Jehan de Mondières de Fredefonds, seigneur de Crays, nommé du Chesne, René de Chaufour, Ysabeau de la Mothe, Jean et Baptiste les de Mondotz, Symon de Champigné de Saint Martin du Boys, ... la veuve feu Jehan Berard, damoyselle Marye de la Faucille, Pierre le Commandeur, seigneur de la Raguynière, Alexandre Le Maire, seigneur de la Roche Jaquelin, Thibaude de la Perretière, veufve du feu seigneur de la Picoullaye, et ses enffans, Nycollas des Biards, Guillaume de Baubigné de Saint Gault........ Jehan de Neufville , seigneur de Fontenelles........ Jehan Baraton , de la Chapelle Craonnaise..... les héritiers feu Joachim de la Morelière, sieur de la Buignerye, la veuve feu Mre Loys Mauviel, Bastain d'Avoines, sieur de la Jaille, René Pelault, escuyer, sieur de Boisbernier, feront un archer pour servir le roy, nostre syre, en son ban et arrière ban du pays d'Anjou.

Faict à Angers, ès monstres desdits bans et arrière ban, tenues et reçues par devant nous, Guillaume Le Rat, docteur en droictz, conseiller du roy, nostre sire, lieutenant général d'Anjou, commissaire en ceste partye..... le XIXe jour de juillet, mil cinq cens quarante et troys.

LX.

PARTAGES DE SUCCESSION ENTRE RENÉ DE CHAUVIGNÉ ET JEANNE DE CHAUVIGNÉ SA SŒUR, FEMME DE GUYON DU BOUCHET. 12 MAI 1470 (1).

Saichent tous présens et avenir que comme en la succession de Jean, seigneur de Chauvigné et de Méral, escuyer, et damoiselle Marie du Bois Froust, sa femme, eussent eu droit de venir ; c'est à

(1) Bonne copie sur papier du premier tiers du XVIIe siècle. Archives de Maine-et-Loire, E. 3,965.

scavoir René de Chauvigné (1), escuyer, fils aisné et héritier pour les deux parts avec advantage à aisné noble appartenant, et damoiselle Jeanne de Chauvigné, sa seulle sœur, héritière pour la tierce partye, ladicte Jeanne de présent mariée à Guyon du Bouschet, escuyer, s^r de la Haye de Torcé..., »

« Lesquelles partyes, en procédant audict partage de ladicte succession dudit feu seigneur de Chauvigné, ont appointé que audit René seul fils pour son partage... appartiendroit.... la cour, terre, fiefs et seigneurie de Chauvigné, les lieux de la Noë, de la Turbertière, la Petite Perrine, la Pallechère? les moulins et pescheryes du moulin blérez de Quinquampoist, le moulin foullerez à draps, et les moulins blérez de Chauvigné, d'Athée, situez en la rivière d'Oudon, le lieu de la Marqendrière, les fiefs de la Barronnerye sur Chebucé, etc., etc...

Et audict Guyon, à sadicte femme comme pour leur tiers est et demeure .... la cour, terres, fiefs, et seigneurie de Méral, tant ce qu'il y a en Anjou que en la conté du Maine, la coustume, bouteillage et estallage dudict lieu, et l'estange de Vaucours, chargées desdictes charges anciennes. Et pour tant que de ladicte terre de Méral, y en avoit sous l'hommage lige de Chauvigné deu à la Motte Cheorchin, a

---

(1) Outre la seigneurie de Méral, une branche de la maison de Chauvigné a possédé à la fin du XVe siècle et pendant la plus grande partie du siècle suivant la seigneurie de Fontenailles, en Ecommoy au Maine. Ce fief important, auquel la seigneurie d'Ecommoy était attachée, donnait les droits de patronnage et de litre ou ceinture funèbre dans l'église de cette paroisse. Dès 1843 et avant la destruction de l'église d'Ecommoy, M. E. Hucher, président honoraire de la Société historique et archéologique du Maine, avait eu le soin de relever toute une suite de blasons peints sur les murs du vieux monument condamné à disparaître. Les armes de Chauvigné : *d'hermines à deux fasces de gueules, surmontées de trois tourteaux de même, rangés en chef,* occupaient une place d'honneur. Nous reproduisons d'après le précieux croquis de M. E. Hucher, les armes de Chauvigné, soutenues par deux lions, surmontées d'un casque dont le heaume est orné d'un cygne, et accompagné de lambrequins d'un beau caractère. Ce blason est précédé d'un autre écusson aux mêmes armes ; une mître d'évêque le domine. Il appartient à Christophe de Chauvigné, successeur de Guy le Clerc, abbé de la Roë, sur le siège de Saint-Pol-de-Léon en Bretagne (1521). Cfr. Planche V.

esté appoincté que ledict Guyon et sa ditte femme à cause d'elle' tendront laditte terre et féage de Méral pour ce qu'il y en a en avou et sous lesdis hommaiges lige et parrage, et y sera garanty par ledit sieur de Chauvigné. Item, la cour, féage et domaine de Puis Germain, l'Esveillardière, la Naillerie, la Thelourie, le Breil, le Souchay, la Bouverie, o leurs appartenances et despendances, et tant maisons, jardins, estangs, vignes, bois, garennes , terres arables non arables, prés pastures, lices, landes, pescheryes, fiefs, hommages, honneurs, profits, aventures, droit de patronnage, o leurs appartenances etc... obligent etc.

Donné en notre main, jugez et condampnez par le jugement et condampnation de notre dicte court à leurs requestes, présent ad ce, Révérend père en Dieu, Yves, humble abbé du moustier et abbaye de la Notre-Dame de la Roë, vénérable et discret, maistre Guy du Boucher, trésorier de la Magdelainne de Vitré, Mᵉ Aymery Cornilleau et autres. Ce fut fait et donné audit lieu de Craon, le douziesme jour de may l'an mil quatre cens soixante et diz.

LXI.

DÉCLARATION DES TERRES ET SEIGNEURIES DE BERTRAND DE LA CORBIÈRE, SEIGNEUR DE MORTELÈVE, SOUS LA DÉPENDANCE DE LA SÉNÉCHAUSSÉE D'ANJOU. 3 AVRIL 1540 (1).

Déclaration faite devant le lieutenant général de la sénéchaussée d'Anjou à Angers par Bertrand de la Corbière, demeurant au lieu de Mortelève, près Sablé, des choses héritaux qu'il tient à fief ou arrière fief de la sénéchaussé d'Anjou.

(1) Archives de Maine-et-Loire, E. 2,080. Note d'Audouys.

Premier, le manoir ancien de sondit lieu de la Corbière, sis paroisse de Saint-Quentin, avec les estrages, jardins, vergers, garennes, tenu à foi simple du s^r de la Gastenelière, qui tient du seigneur de Gyé, à cause de son fief de Mortier Croulle, lequel tient du roi à cause de sa duché d'Anjou.

Secondement, partie de la métairie de la Corbière ;

Troisièmement, le lieu et métairie du Petit Chastelier en Pommerieux, tenu à foi et hommage du s^r de Gaubert ;

Quatrièmement, partie de son lieu et appartenances de Saulcoigné, paroisse de Saint-Quentin, évalué 140 livres de revenu.

Duquel lieu de la Corbière, ledit Bertrand a depuis xx ans plus ou moins, pour le mariage de l'une de ses sœurs, vendu la métairie des Périers, en Loigné, à Jean Doublart.

Item, a baillé à Guillaume Hardouin, écuyer, sieur de la Girouardière, le mariage faisant de lui et de Allyette de la Corbière, sa fille, la closerie de la Maison Neuve en Chambellé.

LXII.

GÉNÉALOGIE DE LA MAISON LA MORELLIÈRE PRODUITE DANS UN MÉMOIRE PRÉSENTÉ PAR FRANÇOIS DE LA MORELLIÈRE, DEVANT LA SÉNÉCHAUSSÉE D'ANJOU. 1551 (1).

Moyens d'opposition et déffences que fournit noble homme François de la Morellière, seigneur de la Cour Fouvrée, de la Béhuignerie, déffendeur, devant M. le lieutenant de M. le sénéchal d'Anjou...

(1) Archives de Maine-et-Loire, E, 3,435, copie en papier du XVIe siècle. Les premiers mots entre crochets sont une analyse.

[Il produit ainsi a sa généalogie :]

Noble homme Jehan, abave du défendeur, décédé depuis 200 ans environ, lequel a été lui et ses prédécesseurs suivant les guerres pour le roy, notre sire, et est mort en bataille à la journée de Flandre, portant l'enseigne du seigneur de Laval, a toujours vécu noblement, avec les princes et grans seigneurs de France, riches et puissants en biens, ayant de revenu trois ou quatre mille livres de rente et revenu, demeurant au pays du Mayne, en la paroisse de l'Huisserie, ayant littre en laditte église, banc ou chanceau, où sont les armoiries des seigneurs de la Morellière, que le deffendeur à présent porte, pareillement fondateurs et augmentateurs du prieuré de Pord Ringeard audit pays du Maine.

Item, duquel Jehan de la Morelière sont issus quatre enfants, scavoir est : Jacques, Guillaume, Charles et Gilette de la Morelière, lesquels ont respectivement vescu noblement, et faict tous actes de noblesse, mariez et prins alliance de maisons nobles, et partagé noblement la succession de deffunct Jehan de la Morelière, leur père ;

Item, en laquelle succession ledit Jacques, aisné, a baillé lotz à les puisnés, au tiers et deux parts, comme étant ladite succession noble. Et a été marié noblement avecques Jaquette de la Roche, seigneur de Courtandon, en la paroisse de Néau, pays du Maine, noble et anxienne maison.

Item, desquels Jacques et sa femme sont yssus Jaquette et Jehanne de la Morelière, qui ont esté maryées et emparaigées noblement en la maison du Grès ; ont partagé la succession dudit Jacques leur père noblement au tiers et au deux parts ;

Item, et au regard de Charles, fils puisné de Jehan, il a pareillement vécu toute sa vie noblement, suivi et fréquenté les armées et guerres, comme noble avec les princes et grands seigneurs, et est mort au service du roy en bataille à la journée de Gycourt (*sic*), sans hoirs issus de sa chair et sa succession partagée noblement au tiers et aux deux parts ;

Item, et quant est de Guillaume, grand ayeul du deffendeur, fils puisné dudit Jehan, il a pareillement tout son temps suivi les armées et été au service du roy et des princes, vécu noblement, et fait tous actes de noblesse, sans faire aucun acte y dérogeant, tenu, censé et reputé noble, et mort en possession de noblesse, a été marié avecques demoiselle Agathe Chevallier, fille ainée de feu noble homme Jehan Chevallier, vivant sieur de la Rivière en la paroisse d'Athée et des Aunays d'Ailé, noble et ancienne maison.

Item, au mariage dequelz sont issus nobles hommes Louys, Guillaume et Marye de la Morrelière.

Item, lesquels enfants dudit Guillaume l'aisné auroient partagé la succession dudit Guillaume l'aisné noblement, au tiers et au deux parts, avecques rétention de préciput pour l'aisné. Et estoit aisné en ladite succession, ledict Louys, lequel auroit tenu ledit préciput et les deux parts, pour luy en ladicte succession, et baillé le tiers à ses puisnez ;

Ont esté respectivement chacun d'eux mariez en maisons nobles ; scavoir est : le dict Guillaume avecques damoyselle Katherine de Champeaux, de la maison de Champeaux, maison noble et anxienne. Et ladicte Marie de la Morelière en la maison du Mortier, paroisse d'Ampoigné, aussi maison noble.

Item et au regard dudict Louys, l'aisné, ayeul dudit deffendeur, il fut marié en premières noces avecques damoyselle Jehanne de la Barre, fille aisnée de deffunct noble homme N. de la Barre, seigneur des Fougerays, parroisse de Livré, dont ne seroient yssus aulcuns enfans ; et en secondes nopces avecques damoyselle Jehanne du Layeul, fille aisnée de deffunct noble homme N. du Layeul, seigneur des Alleux, paroysse de Quocé, pays du Mayne, noble anxienne maison, lesquelz ont tout le temps vescu noblement, faisant tous actes de nobles, etc.

Item, desquelz Louys de la Morelière et Jehanne du Layeul, sont yssuz nobles personnes Jouachin de la Morelière, père dudict deffendeur, et Jehan de la Morelière ; qui ont succédé scavoir est ledict Jouachim, comme aisné, et ledit Jehan, comme puisné, ont partagé les biens de la succession noblement, etc...

Item, lequel Jouachim auroit esté marié avecques damoyselle Renée d'Espeaux, fille aynée de noble homme Jehan D'Espeaux, et damoyselle Calherine de Lancro, ses père et mère, nobles et d'anxienne maison.

Item, lesquels deffunct Joachim de la Morelière et D'Espeaux, père et mère dudit déffendeur, ont tousjours vescu noblement faict tous actes de noblesse, ayant prééminence, comme nobles sur le commun, ayans les premiers lieulx et places ès églises et parroysses où ils ont demeuré, honorez et révérez, tenuz, censés et réputez nobles, sans avoir jamais faict acte dérogeant à leur noblesse.

Item, en entretenant et suyvant le dit estat, le dit déffendeur, leur filz aisné a tousjours et de tout son temps vescu noblement, comme encores il faict, suyvy les armes, obéy aux arrière bans, et comme noble faict service au roy, lorsqu'il luy a plu lever l'arrière ban ou pays d'Anjou, où le deffendeur est demeurant.

Item, a esté marié avecques deffuncte damoyselle Françoise du Buat, fille de la maison de Brassé, maison noble et bien anxienne, avecques laquelle il a vescu noblement, jusques à son décès, et toujours depuis sans en rien déroger à noblesse.

LXIII.

CONTRAT DE MARIAGE ENTRE PIERRE DU MORTIER, FILS DE PIERRE DU

MORTIER, SEIGNEUR DE LA RUCHENIÈRE, ET DE SIMONNE LEMOYNE,
ET MARGUERITE DE CHIVRÉ. 4 AOUT 1484 (1).

Sachent touz, présens et advenir, que en notre court de Chasteau
Neuf sur Sarte, en droit par devant nous personelement establiz,
nobles personnes Pierre du Mortier, escuier, et damoyselle Symonne
Moyne son espouse, seigneur et dame de la Ruchesnière, ladite
damoyselle suffisamment auctorisée dudit escuier, son mary et espoux,
quand ad ce d'une part, et Franczois de Chivré, escuier, et damoiselle
Michelle de Launay, son espouse, seigneur et dame de la Roche et de
Facé, ladite demoiselle suffisamment auctorisée dudit seigneur de la
Roche, son mary et espoux, par davant nous quant à ce d'autre part,
soubzmectant eulx, leurs heirs et aians cause, avecques tous et chacuns
leurs biens et chouses présens et advenir, ou povoir et juridicion de
notre dicte court, quant à cest faict, lesqueulx, de leur bon état et
franche volonté, sans aucun pourforcement, ont congneu et confessé,
cognoissent et confessent que, en traictant, parlant et accordant le
mariaige d'entre noble homme Jehan du Mortier, leur fils aisné et
héritier principal desdits sieur et damme de la Ruchesnière, d'une
part, et damoyselle Margarite de Chivré, fille aisnée desdits seigneur
et damme de la Roche et de Facé, et tout avant que fiances aient esté
prinses entre eulx, ne bénédiction nupcial célébrée en saincte église,
avoir fait et par ces présentes font entre eux les traictés et appoinc-
tements tels qui s'ensuivent.

C'est assavoir que lesdits seigneur et damme de la Ruchesnière
ont voulu, consenti et octroié, et par ces présentes voullent,
consentent et octroyent leur dit fils estre et avoir marié à ladite
damoiselle Margarite, comme leur dit filz aisné et héritier principal,
touchant leur patrimoigne et matrimoigne seulement. Et ledit Françoys

(1) Archives de la Subrardière, Titres du Mortier. Parchemin.

de Chivré et ladite damoiselle Michelle, en faveur dudit mariaige et
pour ce bien estre acomply, ont donné et octroié, et par ces présentes,
donnent et octroient à ladite damoiselle Margarite, leur dite fille aisnée,
les choses héritaulx et meubles qui s'en suivent ; C'est assavoir le lieu
et appartenances de Graudine ? sis en la paroisse de Cheffe, ainsi qu'il
[se] poursuit et comporte tant en fié que en dommayne, garny ledit
lieu de bestiail, tant grox que menu, et aussi la chambre dudit lieu
garnye de lit et couchette et autres utencilles, ainsi qu'il appartient à
ladite chambre. Et avecques ce, le lieu et appartenances de la
Boutinière, sis en la paroisse de Champigné, tant en fié que en
dommaine, garni de bestail ainsi qu'il appartient audit lieu, et avecques
ce deux quartiers de vigne en bonne faczon et assiète sis en la paroisse
de d'Escuillé ; lesdites vignes chargées de ung denier de franc devoir
pour toutes charges ou fié et seigneurie dudit sieur de la Roche, et
lieux cy-dessus nommés aux devoirs et charges acoustumées ; et
prendront lesdits Jehan du Mortier et la dite Margarite le revenu dudit
de Cheffe et des desdites vignes, dès ceste présente année. Et après le
décès de Pierre de Chivré, escuier, père dudit Franczois, ou le décès
de la damme de Limaynière, de ladite damoiselle Michelle, lesdit
Franczois de Chivré et ladite demoiselle Michelle, son espouse, après
le premier décédé des deux, ont donné et octroyé et par ces présentes
donnent et octroient audit Jehan du Mortier et à ladite Margarite, sa
femme future, à leurs heirs et aians cause, quatre quartiers de vigne en
bonne faczon et assiette le cas advenir.

Et avecques ce, ont donné et octroié, et par ces présentes donnent
et octroient audit Jehan du Mortier et à ladite demoiselle Margarete,
oudit mariaige faisant, la somme de cinq cens livres tournois, sur
laquelle somme lesdits Franczoys et sadicte espouse ont promis poier
et bailler audit Jehan du Mortier, huyt jours davant les espousailles,
la somme de deux cens livres tournois qui seront pour meuble, don de
nopces, et la somme de troys cens livres tournois dedans ung an

prochain après lesdites espousailles. Et en cas de deffault dudit poiement lesdits de Chivré et sa femme ont promis et seront tenus bailler, audit Jehan du Mortier et à ladite Marguerite, la somme de quinze livres tournois de rente en assiète bon et suffisant, et aussi voistir, honorer leur dite fille ainsi que à fille noble et de bonne maison appartient. Et au regart des troys cens livres tournoys reçues par ledit Pierre du Mortier et sondit filz, ils ont promis et seront tenuz les meptre et emploier en acquest, et en déffault de ce faire, bailler et assigner quinze livres tournois de rente sur toutes et chacunes leurs choses immeubles et héritaulx, qui sera réputé le héritaige de ladite Margarète et de ses hoirs et aians cause.

Et oultre lesdits seigneur et damme de la Ruchenière ont baillé et assigné, et par ces présentes baillent et assignent pour douaire à ladite damoiselle Margarète, ou cas qu'elle sourvint ledit Jehan du Mortier, leur fils, durant la vie desdits seigneur et dame de la Ruchenière, la somme de quinze livres tournois de rente sur leur lieu et appartenances des Esperonnaiz, sis en la paroisse de Cherré. Et après le décès desdits sieur et damme de la Ruchesnière, ladite damoiselle Margarite aura et prendra son douaire coustumier, tel que à fille noble appartient, sur tous les biens de père et de mère. Et quant à tout ce que dessus est dit tenir, enteriguer et accomplir de point en point, d'article en article, sans jamès venir encontre en aucune manière sur lesdites choses héritaulx, baillées par lesdits seigneur et damme de la Roche, oudit mariage faisant, convenir garantir, sauver, deffendre et délivrer vers touz et contre touz, touteffoiz que moistier en sera, de toutes charges et obligacions, et sur ce en garder lesdits Jehan du Mortier et Margarète, leur dite fille, leurs heirs et aians cause, de touz dommaiges, ont obligé et obligent eulx leurs hairs et aians cause, avesques touz et chacuns leurs biens et choses présens et advenir, renuncians chacun desdites parties par davant nous quant ad ce, et espéciallement lesdites damme de la Ruchenière et de la Roche au droit Sénath

Velléyen et à l'espitre *Divi Adrien* et *si qua mulier*, et à tous aultres droitz faitz et introduits en faveur des femmes, et généralement à toutes et chacunes les choses qui auroint esté dictes ou alléguées à venir contre la teneur. Et la foy et serment de leur corps en noustre main doné, nous, à leur requeste, les avons jugez, et condampnez par le jugement et condampnacion de notre dicte court.

Ce fut fait, donné et jugé à tenir, ès présences de noble homme Guillaume de Saltun, escuier, seigneur de la Burellière, messire Louys Heygion prebtre, Guillaume Hureau, seigneur de la Lugerie et autres, le quatriesme jour d'aoust l'an mil iiij^{cc} quatre vingts et quatre.

(Signé) : RENART.

LXIV.

LETTRES DE PROVISION DONNÉES PAR LOUISE DE SAVOIE, DUCHESSE D'ANJOU, EN FAVEUR DE FRANÇOISE MOREL, VEUVE DE JEAN DU MORTIER, POUR RÈGLEMENT DE LA SUCCESSION DE MARGUERITE DE CHIVRÉ. 11 DÉCEMBRE 1516 (1).

Loyse, mère du Roy, duchesse d'Anjou et d'Angoulmoys, et comtesse du Maine, au premier notre huissier ou sergent sur ce requis, salut.

De la partie de Françoise Morel, damoiselle veuve de feu Jehan du Mortier, en son vivant escuyer, seigneur de la Ruchenière, nous a esté exposé, que autreffoiz ledit feu du Mortier en premières nopces a esté conjoinct par mariage avecques feue Margarite de Chivré, en son vivant demoyselle et fille aisnée de Franczois de Chivré, escuyer,

(1) Archives de la Subrardière, Titres de la maison du Mortier. Parchemin, scel perdu.

et damoyselle Michelle de Launay, son espose, ouquel mariage faisant fut promys audit feu du Mortier la somme de cinq cens livres tournois c'est assavoir la somme de deux cens livres tournois devant les espousailles, et la somme de trois cens livres tournois dedans ung an ensuivant. Et en cas de deffault de poiement de ladite somme de trois cens livres tournois dedans ledit temps, lesdits de Chyvré et sa femme promisdrent, eulx obligèrent et demourèrent tenuz pour la somme de quinze livres tournois de rente par chacun an audit du Mortier et sa première femme.

Laquelle somme de cinq cens livres tournois n'auroit jamais esté paiée ni baillée audit feu du Mortier, parquoy seroit deu la somme de deux cens livres tournois ; aussi seroient deuz et escheux les arréraiges de ladite somme de quinze livres tournois de rente, depuis la création d'icelle jusques au décès dudit feu du Mortier, qui fut ung an ou environ. Laquelle Margarite de Chyvré, première femme d'iceluy du Mortier seroit décédée dix ans ou environ, délaissé en vie ledit du Mortier, son mari, qui l'auroit survécue, et quatre leurs enfans mineurs d'ans ou bail et garde naturel d'iceluy feu du Mortier, leur père. Lequel du Mortier auroit depuis convollé en secondes nopces avec ladite suppliant ouquel mariage, ils auroient esté par cinq ans ou environ, dont et duquel mariage seroient pareillement yssus autres enfans, et tellement que communauté de biens meubles et debtes auroit esté acquise entre eulx. Après le décès duquel du Mortier, qui serait décédé, comme dit est, depuis ung an encza ou environ, et par appoinctement faict entre ladite suppliant et les tuteurs donnez par justice aux enfans mineurs dudit feu du Mortier et de sa première femme, auroit esté appoincté, par appoinctement judiciel et pour les causes contenues ès lettres sur ce faictes et données, que les meubles et debtes demourans, après le décès dudit feu du Mortier, se départiroient et seront départiz et divisez entre la dite suppliante et lesdits enfans du premier maryaige et leurs tuteurs moictié par moictié. Au moyen de

20

quoy, à la dite suppliante appartiendroit la moictié de ladite somme de deux cens livres tournois, ensemble la moitié des arréraiges de ladite rente. Ce qui sera monstré avoir été poié sur lesdites somme et arréraiges. Et doubte ladite suppliante, que les obligez au poiement de ladite somme et rente facent difficulté d'en poier à ladite suppliante ce que luy en compecte et appartient par les moyens dessusdits, si elle n'avoit sur ce nos lettres de provision, raisonnablement requérant icelluy.

Pourquoy nous, ces choses considérées, désirans subvenir à nos subjectz selon l'existence des cas, te mandons, et par ces présentes commectons que, à la requeste de ladite suppliante, tu faces commandement de par nous à eux obligez et tenuz èsdites sommes et arréraiges ou leurs héritiers et chacun d'eulx en droit soy, respectivement et incontinent, fin de l'an, poier à ladite suppliante la moictié des dites sommes et arrérages escheuz desdites rentes, depuis le temps de la création d'icelle jusques au temps du trespas dudit feu du Mortier, sauf à leur déduire et rabatre ce qu'ilz monstreront vallablement avoir esté poié sur lesdites sommes et arréraiges. Et en cas d'opposition, reffuz ou délay, adjourner les opposans, reffusans ou délayans à comparoir par devant notre séneschal d'Anjou, ou son lieutenant à Angiers, pour dire et déclairer leurs causes d'opposition, refuz ou délay et procéder selon raison.

Auquel nous mandons, et pour ce que lesdites parties sont demourans au dedans de son ressort et baillage, commectons, s'il luy apert desdittes lettres, par lesquelles ledit de Chyvré et sa femme se soient obligés et aient promis poier lesdites sommes de deniers et rente et aultres choses dessusdites ou de icelle, tant comme suffire doye oudit cas, contraindre et faire contraindre, par toutes voyes et manières dues et raisonnables, tous ceux qui seront à contraindre, rendre et poier à ladite suppliante la moictié de ladite somme de deux cens livres et arréraiges dessusdits, ou telle autre portion qui compecte et appartient à la dite suppliante, pour les causes dessusdites. Et en cas de délay faire faire garnison de main, ainsi que requis sera par la coustume du païs, et prendre les parties en assise et débat par briefs et compectans termes et délaiz, nonobstant us, stille, rigueur et coustume du pays ad ce contraires, car ainsi nous plaist il estre faict.

Donné soubz notre scel, le xɪᵉ jour de décembre, l'an mil cinq cens et seize.

Par Madame, à la relacion du conseil ;

(Signé) : COUÉ.

LXV.

ÉCHANGE ENTRE RENAUD DE SAINT-AIGNAN, SEIGNEUR DE BARILLÉ, ET GUILLAUME DE LA LANDE. 29 AOUT 1389 (1).

Du 29 aoust 1389, acte d'échange signé Le Sellier, passé en cour de Bour Nouvel, par lequel Guillaume de la Lande, clerc, donne et baille à Regnaut de Saint Aignen, seigneur de Barillé, pour et ou nom de Jehenne, sa fille, ʟx sols tournois de rente avec les arrérages échus que Guillaume Le Bigot, paroissien de Loueré, lui doit, sur tous et chacuns ses choses héritaux, et dix francs d'or... que ledit Guillaume a payé audit Regnault.

LXVI.

TRANSPORT PAR RENAUD DE SAINT-AIGNAN, SEIGNEUR DE BARILLÉ, EN FAVEUR DE GUILLAUME DE PRINCÉ, MARI DE JEANNE DE SAINT-AIGNAN. 6 MAI 1408 (2).

Le 6 mai 1408 devant N. de Lisle, notaire en court de Craon, acte

(1) Archives de Maine-et-Loire, E, 3,894. Notes d'Audouys.
(2) Archives de Maine-et-Loire, E, 3,894. Notes d'Audouys.

de cession et transport, par Regnaut de Saint Aignan, seigneur de Barillé, d'une hommée et demie de pré sis au pré de l'Ouseraye, près le domaine de Barillé, au profit de Guillaume de Princé, à cause de Jeanne de Saint Aignan, sa femme, et fille dudit Regnaut de Saint-Aignan ; [pour] demeurer quitte, envers lesdit Princé et sa femme, de la somme de 20 solz tournois de rente ; lesquels ledit Regnaut avoit cy-devant vendus et transportés, et lesquels étoient de l'héritage de sa ditte fille, à cause de sa mère.

LXVII.

MÉMOIRE DE JEAN DE SAINT-AIGNAN, ÉCUYER, AYANT LE BAIL DES ENFANTS DE FEU YSABEAU VALLEAUX, SA FEMME, PRODUIT A LA COUR D'ANGERS. 1419-1442 (1).

Affin que par vous, monseigneur le juge ordinaire d'Anjou, . [pour haute et puissante dame Yolande d'Aragon . . . . roine de] Jérusalem et de Sécille, du chesse d'Anjou et comtesse Maine . . . . . Jean de Sant-Aygnen, seigneur du Boullay, escuier, ou nom et comme bail des enfants issus de lui et de feue Ysabeau Valleaux, sa femme, déffendeur et applégeur en tiers partie de saisine et de novalité, à l'encontre de messire Robert Morin, chevalier, soy disant demandeur et applégeur en tiers partie de saisine et de novalité ;

C'est assavoir que ledit deffendeur soit maintenu et gardé, au regard dudit demandeur, en possession et saisine du domaine et appartenance de la Guiternière, sis en la paroisse de Méral, et de plusieurs cens... féaus près lesdites choses, comme plus à plain cy-après sera faicte déclaration. Et lesquelles choses sont de présent

(1) Archives de Maine-et-Loire, E, 3,894. Rouleau de papier, dont le commencement est très détérioré.

et paravant contenciées entre messire Jehan de Feschal, chevalier, et messire Guillaume de Sévigné, ainsi que dit sera cy après.

Et premièrement, pour mieulx entendre la matière, présuppose les dessusditz deffendeurs la demande qu'a fait dire et proposer contre lui ledit demandeur, disant que feue dame Margarite Machefer, naguères femme de messire Guyon de Laval, seigneur de Montejehan, fut damme et héritière de son droit héritage en la lignée de feu dame Agaïce de Forges, sa mère, des terres de Forges, de la Canterie, de Bigoez, et aussi de la Haye de Gastines, et mesmement des domaines du Pineau, et de la Guiternière, et des rentes que ladicte dame avoit illecques environ, dont question est entre les parties.

Item, et que èsdictes choses du Pineau et de la Guiternière, rentes et devoirs déclairez, ladicte dame Margarite Machefer, en est moitié damme voisénée et saisie environ Nouël MCCCCXIX.

...Item, et si est-il vray que iceluy Jehan de la Haye eut deux seurs, dont l'une fut mariée au seigneur de la Tousche, laquelle alla de vie à trespassement sans hair de son corps.

Item, et l'autre seur fut mariée au seigneur du Chastelier, qui lors estoit. Desquelx et du mariage yssit une fille, laquelle fut conjoincte par mariage avecques Jehan de Valleaux.

Item, dudit Jehan Valleaux et d'elle yssit feu Simon Valleaux, leurs fiz et héritier principal; et dudit Simon et de mariage yssit feue Ysabel Valleaux, sa fille, naguères femme dudit Jehan de Saint Aignan, deffendeur, laquelle durant ce procès est allée de vie à trespassement, et a delaissé plusieurs enfants mineurs de lui et d'elle.

...Item, et pareillement ladicte dame Marguerite Machefer, fille de ladite Agaïce, dist plusieurs fois que ledit Valleaux et aussi ladicte Ysabel, fille dudit Simon, femme dudit deffendeur, estoient ses prochains parens et cousins, et s'entrebaisoient par lignaige, en congnoissent qu'ils estoint ses plus prochains héritiers en la ligne de la Haie, si elle n'avoit hoir de son corps.

Item, aussi congneut et confessa plusieurs fois et en plusieurs lieu, qu'elle savoit bien et estoit certaine, que ledit Valleaux estoit son plus prochain parent, et héritier en celle ligne ; et qu'elle avoit oy dire plusieurs foiz à ladite Agaïce, sa mère, et à plusieurs aultres gens anxiens que ladite Agaïce avoit esté fille d'une des filles de la Haye de Gastines : Et que par ce moien ladicte terre de la Haie et les dits domaines du Pineau et de la Guiternière et les autres choses d'environ leur estoient descendues et avenues...

LXVIII.

AVEU RENDU PAR GEOFFROI TOUSCHARD, A JEAN DE LA ROE, CHEVALIER, POUR LE FIEF DE BESNÉART. 8 FÉVRIER 1415 (n. st.) (1).

De vous noble homme, monseigneur messire Jehan de la Roue, chevalier, Je, Geffroy Touschart, congnois que suys homme de foy simple, au regard de vos féages de Livré, à cause et par raison de mon herbergement, dommaine et appartenances de Besnéart, sis en la parroisse de Baloz, tant en fié que en dommaine, o telle seigneurie comme mes prédécesseurs et moy avons accoustumé ; ayant, c'est assavoir, justice foncière pour mesdites ventes et amendes, contenant mondict herbergement, dommaine et appartenances tant en estrage, vergers, courtils, pastures, terres labourables et non labourables que autres, cent journaulx de terre ou environ, et journaulx de quatorze hommes faucheurs de pré ou environ, avecques les hais, garennes, arbres fruitiers et autres apppartenances auxdictes chouses.

Et cy apprès s'ensuivent la déclaration des deniers qui me sont deuz à cause du féage de mondit lieu de Besnéart ; premier Perrin

(1) Archives de la Subrardière, pièces diverses. Parchemin, scel perdu.

Martin me doit chacun an à l'Angevine, à cause des chouses qu'il tient de moy, xviii deniers. Item les détenteurs des chouses de la Sorinière me doivent par chacun an au audit terme x d. Thomas Suszenne me doit, à cause de ses héritages du Boisgire, chacun an audit terme x deniers. Item, m'est deu chacun audit terme, sur les choses de la Foresterie, ij sols qui me sont déniez, o protestacion que ou cas que ilz me seront congneuz, que je avoins à les tenir de vous. Et par raison desdites chouses, vous doy et suy tenu rendre et paier par chacun an au terme de l'Angevine quarante souls de tailles, [o avenant semonce], et xv s, que je vous paie en la descharge de la dame de la Souberardière, laquelle les me sert à ma main.

Et o tout ce, vous en doy plege, gaige, droit, serte et obbéissance, telle comme homme de foy simple, doit à son seigneur de fié et de foy simple, et les tailles jugées quant elles aviennent par jugement, selon la coustume du pais. Et ce je vous baille par avou, scellé de mon scel, o protestacion de moy que ou cas où il seroit trouvé que autres chouses tendroie de vous à ladite foy et hommenage, que celles qui sont contenues en cest présent avou, que je ne m'en désavoue pas de vous ; mes m'en avoue à vous ; et aussi ou cas que, s'il estoit trouvé deuement contre moy que plus grants devers, services et obbéissances vous en fussent deues, de les vous payer incontinent au temps avenir, ouffrant de vous faire vray par mon serment, que oncques ne vint à ma congnoissance que autres chouses tenisse de vouz à ladite foy, ne hommonage, que celles qui sont contenues en cest présent escript.

Et seellé cest présent avoit le vijj^e jour de feuvrier, l'an mil iiij^c et quatorze.

TABLES

TABLE DES MATIÈRES

TABLE DES PIÈCES JUSTIFICATIVES

TABLE DES PLANCHES ET GRAVURES

TABLE ALPHABÉTIQUE

A

C

Cocimbre (la), fief en Ballots, 33, 50, 53, 133-135, 138, 139, 163, 164.

Colas (Jacquet), 161.

Colessière (René de la Poëze, seigneur de la), 260.

Combour, 105.

Commer (seigneur de), 73, 202.

Condé, ville, (Nord), 6.

Congrier (Mayenne), paroisse, 65.

Congrier (Nicolas de la Chesnaye, seigneur de), 65.

Contigné (paroisse), 109.

Corbière (la), seigneurie, 139, 163.

Corbière (la), terre patrimoniale de la famille de ce nom, en Saint-Quentin (Mayenne), 273.

   (Alyette de la), femme de Guillaume Hardouin de la Girouardière, 273.

   (Bertrand de la), seigneur de Morteléve, 48, 239, 272.

   (Charles de la), abbé de Valence, prieur de Bois-Grosland, 85, 86, 89.

   (Charles de la), seigneur de la Benichère et des Alleux en Juvigné, 15, 81, 88, 219-221, 239.

   (Charles de la), seigneur de Morteléve, 82, 220, 239.

   (Charles-François), chevalier, seigneur de Kerjégu, 89.

   (Claude de la), seigneur de Juvigné, 84, 86, 239.

   (Elisabeth de la), femme de Charles du Buat de la Subrardière, 13, 15, 17, 81-84, 219-221.

   (Gabriel de la), seigneur dudit lieu, 82, 220, 238.

   (Gilles de la), seigneur de Morteléve, 239.

   (Marie-Elisabeth de la), 15.

   (Marguerite de la), demoiselle de la Benichère, 89, 239.

   (Nicolas), seigneur de Morteléve, 239.

   (Pierre de la), seigneur dudit lieu, 239.

   (René de la), 239.

   (Renée de la), dame de Vaumorin, 239.

   (Zacharie de la), 82.

Cordeliers (couvent de), cfr. couvent des Anges.

Cordon (Susanne de), femme de Jean du Bois-Bérenger, 73.

Corniers (Jean du Bois, seigneur des), 53.

Cornuau de la Grandière (Nicolas), 257.

Coron (Jeanne), femme de René Mauviel, 65.

D

F

Feschal (Louis de), seigneur de Thuré, 67.

Feu (le), fief à Liffré en Bretagne, 119, 252.

Feudonnière, métairie, 70.

Flandre (journée de), 61, 274.

Flavigny (Louis de Birague, abbé de), 238.

Flée (l'Hôtellerie de), 59.

Fleschay (le), aujourd'hui le Fléchet en Ballots, 192, 234.

Fleurardière (la), fief, 77.

Fleury (Bénard), 268.

Fontaine (Gabrielle de la), femme de Malo-Marie du Buat, 86.

    (Julien de la), seigneur du Tertre, 86.

Fontaine-Couverte (Mayenne), paroisse, 195.

Fontenailles, terre seigneuriale à Ecommoy (Sarthe), 271.

    (Tristan de), seigneur de Marigné, 71, 206.

Fontenelles, fief en Laigné (Mayenne), 220.

    (Jean de Neuville, sieur de), 270,

Forêt (la), fief, 120, 123, 221.

    (François de la), conseiller au Parlement de Bretagne, 123, 257.

Forêtrie (la), château à la Croixille, 101.

Forges (Agaïce de), 285, 286.

Forterie (la), ferme, 165.

Fosse (la), métairie en Beaulieu, 210.

Fosse-aux-Loups (la), fief à Trévérien (Ille-et-Villaine), 79, 263-268.

Foucault (Bertrand), curé de Ballots, 218.

Fougerais (les), fief en Livré, 56, 65, 275.

Fougères, ville, 43.

Foulgeresche, terre, 42.

Fournier (Jean), 155.

Fracquère (la), terre en Loiré (Maine-et-Loire), 220.

Frain (Pierre), seigneur du Planty, 123, 257.

Frain du Tremblay (Perrine), femme de Pierre Eveillard, juge au Présidial d'Angers, 122, 256.

Fraisier (N. du), 227.

François I, roi de France, 57, 61, 90.

Freslonnière (Abel Baraton, seigneur de la), 56, 210.

Fresnaye (seigneur de la), 66.

Fresne (Louis de Meulles, seigneur du), 120, 121.

    (Pierre de Meulles, chevalier, seigneur du), 120, 121.

Houillot (Geoffroi), 166.

Houllière (Renée de), femme de René d'Aubert, seigneur de Launay-de-Beaulieu, 77, 79.

Houssay (Thibaud du), écuyer, 48, 149.

Houssemaine (Guillaume de), écuyer, 8, 262.

Huchedé (Guillaume), 192.

Hucher (Eugène), archéologue, 271.

Hugues, évêque d'Angers, 176.

Huisserie, cfr. l'Huisserie.

Hullin (Jean), seigneur de la Fresnaye, 65.

   (Mathurin), seigneur de Saint-Amadour, 226, 241.

Hunaudaye (la), baronnie, 59, 170, 171, 211.

Hunaudière (la), fief, 222, 246.

Hunauld (Charles), curé du Bourg-aux-Nonains 134.

Hunauld (Pierre), notaire à Craon, 66, 77, 211.

Hunault (Marin), notaire à Craon, 67, 171.

Hureau (Guillaume), seigneur de la Lugerie, 280.

I.

Isle (Catherine de l'), femme de Georges de la Trémoille, seigneur de Craon, 48.

   (Louis de l'), 57.

   (Louis de), seigneur du Grand-Montrouveau, 47.

Isle-Baraton, seigneurie en Athée, 57.

   (Louis Baraton, seigneur de), 57.

Isle-Bouchart (Jeanne de l'), femme de Perceval Chabot, seigneur de la Turmelière, 29.

   (Baron de), 199.

Isle-Tyson (François de la Blanchardaye, seigneur de l'), 65.

Ivedy (Jean), prêtre, 161.

J.

Jacques II, prétendant au trône d'Angleterre, 125.

Jagault (Jean), 149.

K.

L

24

N

Nantes (religieuses de Saint-François de), 74.

Naples (siège de), 61.

Néant (Etienne), vicaire de Ballots, 218.

    (Pierre), chirurgien, 230.

Nepveu (Guillaume), tabellion, 269.

    (Perrine), femme de Jean du Buat, seigneur de Barillé, 38, 182.

Nesle (Guy de Laval, marquis de), 238.

Neufville (Jean de), seigneur de Fontenelles, 270.

    (Louis de), homme d'armes, 9.

Niellière (la), fief, 66.

Noë (la), terre, 271.

Nouault (Geoffroi), notaire, 210.

    (Nicolas de), 110.

Noyer (le), fief en Normandie, 24.

Noyers (les), fief, 98.

Noiraye (Voysin de la), commissaire du roi, 31, 58, 70, 154, 164, 167, 196, 250, 258.

Nyoiseau, abbaye (Maine-et-Loire), 57, 130, 134.

O

Ogereau (Pierre), licencié ès lois, 201.

Ouche-de-la-Tombe (l'), pièce de terre, 234.

Oudon (l'), rivière, 271.

Ouilly, seigneurie en Normandie, 5.

Oustelier (Maurice des Aulnais, dit l'), 33.

Ouvrard (Françoise), femme de Jean de Valleaux, 106.

P

Paillard (Guillaume), 234.

Paiston, ancienne forme de Peuton. Cfr. Peuton.

Palliot, héraut d'armes, 26.

Pannetières (les), pièce de terre, 231.

Paradis (le), lieu en Ballots, 230.

Paris, 261, 262.

Simon (René), notaire, 219.

Simplé, paroisse, 220.

Solesmes, prieuré, 51.

Sorinière (la), 287.

Souchay (le), 272.

Souvigné, seigneurie, 220.

    (Aimard de Seillons, seigneur de), 65.

Subrardière (la), château en Méral, VI, 17, 53, 63, 71, 166, 287.

    (chapelle de la), 100, 101.

    Cfr. du Buat de la Subrardière.

Suède, 48.

Suhardière, seigneurie, 66, 176.

Sully (Georges de la Trémoille, seigneur de), 48, 191, 199, 200.

Suzanne (Michel), curé d'Athée, 210.

    (Thomas), 287.

Symon (Pierre), notaire, 210.

T.

Taillebourg, seigneurie, 64, 191, 199, 200.

Tailleul ou Teilleul (le), seigneurie, 65, 237.

    (Jamet du), 42.

Talhouet (François d'Ust, seigneur du), 266.

Tallemond (Louis de la Trémoille, prince de), 64, 191, 199, 200.

Tartinière (la), fief, 253.

Teillay (le), seigneurie en Saint-Gault (Mayenne), 108-130, 237.

    Voir du Buat du Teillay.

Teilleul, Cfr. Tailleul.

Temple (Raoulet du), écuyer, 8, 262.

Tendron (Anne), femme de Guillaume Prézeau, écuyer, 129.

Terchant, seigneurie, 114-115.

Terchant (Jean du Mats, chevalier, seigneur de), 114, 115.

Terretient, château en Charencé, 114, 246, 249.

Tertre (le), fief, 86.

    (Bertranne du), femme de Jean Cheminart, 51, 151-153.

Tesnières (les), terre en Livré, relevant de Ballots,

    (les), terre relevant de l'Hommeau-la-Hart, 192, 234.

U

W

FINIS

ADDITIONS ET CORRECTIONS

Page   5, ligne 7 des notes, *lisez* : père de plusieurs enfants.

— 6, ligne 2 des notes, *lisez* : chevalier de Saint-Louis.

— 23, ligne 6, *supprimez* : en 1624.

— 25, lignes 5 et 6, *lisez* : des Buats.

— 38, lignes 7 et 8, *lisez* : Pierre Lambert, seigneur de la Pommeraye.

— 57, ligne 5 des notes, *lisez* : Montgaugier.

— 59, ligne 21, *lisez* : l'Hôtellerie de Flée.

— 60, ligne 6, *lisez* : paroisse de la Chapelle-Craonnaise.

— 66, ligne 5 des notes, *lisez* : du lieu de la Rivière.

— 68, ligne 13, *lisez* : Marie figure.

— 74, ligne 9, *lisez* : Jean du Buat.

— 85, ligne 13 des notes et page 89 ligne 4, *lisez* : Bois-Grosland.

— 86, lignes 2 et 7 des notes, *lisez* : Trémelin, Juvigné.

— 87, ligne 1 des notes, *lisez* : Rasnée.

— 94, ligne 16, *lisez* : chapellenie de la Ronciverie.

— 97, ligne 5, *lisez* : Hullin.

— 98, ligne 1, après Elisabeth Serin, *ajoutez* ;

— 101, ligne 19, *lisez* : Il laissait quatre enfants.

— 107, note. Les armes modernes d'Anthenaise se blasonnent tantôt : *Bandé d'argent et de gueules de huit pièces ;* tantôt : *d'argent à quatre bandes de gueules.*

— 109, ligne 10 et notes, *lisez* : Château du Margot en Myré, *au lieu de* : Margat en Contigné.

— 114, dernière ligne des notes *ajoutez* une virgule et continuez la phrase.

— 155, ligne 24, *lisez* : Jehan Bourdin.

— 167, ligne 2 du titre, *lisez* : Jean de Boisjoulain.

— 175, ligne 12, *lisez* : Bernier.

— 213, ligne 6, *lisez* : iceux dits de Birague.

— 228, ligne 11, *supprimez* la répétition de François.

— 240, ligne 2, *lisez* : du Port.

— 274, ligne 21, après Jacquette de la Roche, *ajoutez* : sœur de noble homme Robert de la Roche.

— 276, dernière ligne, *lisez* : entre Jean du Mortier, fils de Pierre.

Achevé d'imprimer

Le quinze Mai mil huit cent quatre-vingt-six

Par G. Fleury et A. Dangin

A Mamers

ÊTRE UTILE

G. B.

MAMERS. TYPOGRAPHIE G. FLEURY ET A. DANGIN.

www.ingramcontent.com/pod-product-compliance
Lightning Source LLC
Chambersburg PA
CBHW071048280326
41928CB00050B/1686